Exercices D'analyse Grammaticale Et D'analyse Logique...

Charles Constant Le Tellier

Nabu Public Domain Reprints:

You are holding a reproduction of an original work published before 1923 that is in the public domain in the United States of America, and possibly other countries. You may freely copy and distribute this work as no entity (individual or corporate) has a copyright on the body of the work. This book may contain prior copyright references, and library stamps (as most of these works were scanned from library copies). These have been scanned and retained as part of the historical artifact.

This book may have occasional imperfections such as missing or blurred pages, poor pictures, errant marks, etc. that were either part of the original artifact, or were introduced by the scanning process. We believe this work is culturally important, and despite the imperfections, have elected to bring it back into print as part of our continuing commitment to the preservation of printed works worldwide. We appreciate your understanding of the imperfections in the preservation process, and hope you enjoy this valuable book.

EXERCICES
D'ANALYSE GRAMMATICALE.

Cet Ouvrage est divisé en deux parties. La première comprend les Exercices d'*analyse grammaticale*, précédés d'un Traité de la *construction de la phrase*; la seconde comprend les Exercices d'*analyse logique*, précédés d'un Traité de la *proposition*.

Chaque partie se vend séparément 1 fr. 80 cent.

Les ouvrages suivants de M. Charles-Constant Le Tellier sont adoptés pour l'usage des Demoiselles élèves de la Maison royale de *Saint-Denis*, et des autres Maisons des Ordres royaux :

1° Nouveau Dictionnaire de la Langue Françoise, 5ᵉ édition.

2° Géographie des Commençants, 23ᵉ édition.

3° Histoire-Sainte, 5ᵉ édition.

4° Histoire Ancienne, 2ᵉ édition.

5° Histoire de France, 10ᵉ édition.

6° Les divers ouvrages de Grammaire.

La Grammaire de M. Charles-Constant Le Tellier est adoptée pour l'usage de MM. les élèves de l'École royale militaire de Saint-Cyr.

Nouvel Ouvrage du même auteur.

Thèmes françois, ou Nouveaux Exercices de *Cacographie* et de *Cacologie*.

Le Corrigé de ces Thèmes se vend séparément. On peut regarder le Corrigé de la Cacologie comme un supplément de grammaire : il renferme des règles et des observations dont la réunion doit être utile, non seulement aux élèves, mais même aux personnes d'un âge plus avancé.

De l'Imprimerie de J. Gratiot, rue du Foin, maison de la reine Blanche.

EXERCICES

D'ANALYSE GRAMMATICALE

ET

D'ANALYSE LOGIQUE,

PAR CHARLES-CONSTANT LE TELLIER,

Professeur de Belles-Lettres.

7ᵉ ÉDITION.

PREMIÈRE PARTIE,

COMPRENANT LES EXERCICES D'ANALYSE GRAMMATICALE, PRÉCÉDÉS D'UN TRAITÉ DE LA CONSTRUCTION DE LA PHRASE.

Comment oser se dire Grammairien, si l'on ne se sent pas assez fort pour répondre à cette question : Étant donné un mot quelconque dans telle ou telle phrase, dire quel est le rapport ?

(LEMARE.)

A PARIS,

Chez
- LE PRIEUR, Libraire, rue des Mathurins Saint-Jacques, hôtel de Cluny ;
- BELIN-LE PRIEUR, Libraire, quai des Augustins, n° 55 ;
- Constant LE TELLIER, Libraire, rue de Richelieu, n° 35.

1824.

Note des Abréviations employées dans cet Ouvrage.

a.	actif.	invar.	invariable.
abs.	absolu.	locut.	locution.
activ.	activement.	m.	masculin.
adj.	adjectif.	modif.	modifie.
adv.	adverbe.	n.	neutre.
adverb.	adverbial.	nég.	négation.
adversat.	adversative.	nomb.	nombre.
apostr.	apostrophe.	numér.	numéral.
art.	article.	optat.	optatif, ive.
auxil.	auxiliaire.	ord.	ordre.
card.	cardinal.	ordin.	ordinal.
causat.	causative.	part.	participe.
circonst.	circonstanciel.	partic.	particule.
collect.	collectif.	partit.	partitif.
comp.	composé.	pass.	passé, passif.
compar.	comparaison.	pers.	personne.
comparat.	comparatif.	pl.	pluriel.
compl.	complément.	poss.	possessif.
condit.	conditionnel.	prép.	préposition.
conj.	conjonction.	prés.	présent.
conjug.	conjugaison.	prét.	prétérit.
copul.	copulative.	princip.	principal.
déf.	défini.	pron.	pronom.
dém.	démonstratif.	pronomin.	pronominal.
dét.	détermine.	prop.	propre.
dir.	direct.	qualif.	qualifie.
disjonct.	disjonctif, ive.	quant.	quantité.
ellipt.	elliptique.	réfl.	réfléchi.
explét.	explétive.	règ.	règle.
f.	féminin.	rel.	relatif.
fut.	futur.	simp.	simple.
genr.	genre.	sing.	singulier.
Gr. Gramm.	Grammaire.	sous-ent.	sous-entendu.
imparf.	imparfait.	s. subst.	substantif.
impér.	impératif.	substantiv.	substantivement.
indéf.	indéfini.	subj.	subjonctif.
indic.	indicatif.	superl.	superlatif.
inf.	infinitif.	unip.	unipersonnel.
interj.	interjection.	unipersonn.	unipersonnellement.
interr.	{ interrogatif. interrogation.	v.	verbe.

EXERCICES D'ANALYSE GRAMMATICALE.

DE LA CONSTRUCTION GRAMMATICALE.

1. La *construction* est l'arrangement des mots dans l'ordre le plus convenable à l'expression de la pensée.

2. On distingue deux espèces de *construction*, la construction directe, et la construction inverse.

3. La construction est *directe*, lorsque touts les mots de la phrase sont disposés selon l'ordre de subordination ou de succession qu'ils doivent avoir entr'eux. On énonce d'abord le *sujet*, ensuite le *verbe*, puis le *complément*, et enfin les *modificatifs*, qui marquent le temps, le lieu, la cause, et les autres circonstances de l'action que le verbe exprime.

EXEMPLE.

Condé vainquit Merci à Nordlingue, en 1645.

Voilà l'ordre direct : 1° le sujet qui fait l'action, *Condé*; 2° le *verbe* qui exprime l'action faite par le sujet, *vainquit*; 3° l'objet ou complément sur lequel tombe l'action, *Merci*; 4° les circonstances de lieu et de temps, *à Nordlingue, en 1645.*

4. Quand l'ordre de subordination est interrompu, la construction est *indirecte* ou *inverse*.

EXEMPLE.

Loin de la cour alors, en cette grotte obscure,
De ma religion je vins pleurer l'injure.
(HENRIADE, chant 1er.)

Il faudroit dire, dans l'ordre naturel, *je vins alors pleurer l'injure de ma religion, loin de la cour, dans cette grotte obscure.*

5. Nous avons fait connoître, dans la Grammaire, les principaux cas dans lesquels le sujet se transporte après le verbe. Nous y ajouterons encore les cas suivants :

1°. Lorsque le subjonctif est employé sans la conjonction *que*. Ainsi l'on dit : *Fasse Jupiter ! Fasse le ciel ! Puissent vos jours sereins ignorer la tristesse !*

2°. Lorsque le sujet est suivi de longs complémens, et que le verbe ne commence point la phrase.

Boileau nous fournit cet exemple :

Dans le réduit obscur d'une alcove enfoncée,
S'élève un lit de plume à grands frais amassée.
(LUTRIN, chant 1er.)

La Fontaine a dit :

Jadis vivoit en Lombardie
Un prince aussi beau que le jour.

Et Voltaire :

Là gît la sombre envie, à l'œil timide et louche.

6. La transposition des autres parties de la phrase n'a guère lieu que dans la poésie.

7. La *construction* se divise encore en construction pleine, et en construction elliptique.

La construction est *pleine* lorsqu'elle contient explicitement tous les mots nécessaires à l'expression de la pensée : *Dieu a créé tous les hommes.*

8. Si la phrase contient plus de mots que n'en exige rigoureusement l'expression de la pensée, il y a *pléonasme.*

9. La construction est *elliptique* quand on a retranché dans la phrase quelques mots que la régularité semble demander, mais que l'usage permet de supprimer.

10. Pour faciliter aux élèves l'intelligence de la *méthode analytique*, nous croyons devoir nous arrêter particulièrement sur le pléonasme et sur l'ellipse.

DU PLÉONASME.

11. *Pléonasme* vient du grec, et signifie *surabondance de paroles.*

12. Le pléonasme est *légitime* quand les paroles surabondantes sont requises ou autorisées par l'usage, ou bien, lorsqu'elles ajoutent à la phrase de la force ou de la grâce.

EXEMPLE.

Et *moi*, qui l'amenai triomphante, adorée,
Je m'en retournerai seule et désespérée.

(RACINE.)

Je, *moi*, voilà le même sujet répété. Mais cette

répétition est nécessaire, parce que les pronoms *je*, *me*, *tu*, *te*, *on*, etc., ne peuvent jamais servir d'antécédents aux relatifs *qui* ou *que*. Ainsi le veut le génie de notre langue. La construction a donc demandé le double emploi du pronom de la première personne, *je* et *moi*, pour sujet du verbe *m'en retournerai*. Ce pléonasme est donc légitime.

13. De même, dans cet exemple :

Il *a donc été déchiré*, ce matin, ce voile *qui te couvroit les yeux*.

Il et *voile* sont le même sujet répété du verbe *a été déchiré*; mais cette répétition donne plus d'énergie, plus de grâce au discours. Le pléonasme doit donc être encore admis.

14. Enfin, dans ce vers si connu,

Je *le tiens* ce nid de *fauvette*,

nous trouvons le même complément répété : *le*, pronom relatif à *nid*, et le substantif *nid* lui-même. Mais le double emploi de ce complément ajoute de la grâce au vers. Ce pléonasme est donc légitime.

15. Au contraire, le pléonasme est *vicieux* lorsqu'il est réprouvé par l'usage, ou qu'il n'ajoute rien à la phrase; comme si l'on disoit : *Les conquêtes d'Alexandre donnèrent lieu à ses capitaines de s'entr'égorger les uns les autres*. Ces mots, *les uns les autres*, sont inutiles avec le verbe *s'entr'égorger*. Le pléonasme doit donc être rejeté.

16. D'après ces notions, les élèves analyseront sans peine les phrases suivantes, qui leur serviront de règle pour touts les exemples semblables.

Les honneurs du triomphe lui furent décernés, honneurs dont personne n'avoit encore joui avant lui.

Le substantif *honneurs*, qui commence la phrase, est le sujet du verbe *furent décernés*. Ce substantif, dans le second membre, est encore le sujet du même verbe, et il est répété *par pléonasme*.

17. (On pourroit aussi regarder le substantif *honneurs* du second membre comme le sujet du verbe *étoient* sous-entendu : Ces honneurs *étoient* des honneurs dont personne n'avoit encore joui avant lui.)

18. *Cette grandeur qui vous étonne si fort, il la doit à votre nonchalance.*

Cette grandeur et le pronom relatif *la* représentent le même complément du verbe *doit*. Ainsi, *la* est un complément répété *par pléonasme*.

19. On pourroit encore analyser cette phrase en regardant les mots, *cette grandeur*, comme complément d'un verbe ou d'une préposition sous-entendue : *Remarquons*, *considérons* cette grandeur ; ou bien , *quant à* cette grandeur qui vous étonne si fort, etc.

20. Analysez de même la phrase, *moi, je t'aime!* dans laquelle vous trouverez le même sujet répété, *moi* et *je* ; et celle-ci, *je t'aime, toi!* dans laquelle le même complément, *te* et *toi*, est également répété *par pléonasme*.

Enfin, cette phrase ; *tu m'aimes, moi ; et lui, tu le détestes !*.... Le premier membre offre le même complément répété, *me* et *moi* ; le second présente pareillement le même complément répété, *lui* et *le*.

DE L'ELLIPSE.

21. *Ellipse* vient du grec, et signifie *omission*. Notre langue est pleine d'ellipses; il n'y a presque pas de phrase qui n'en offre une ou plusieurs.

ELLIPSE DE L'ARTICLE.

22. Nous avons fait connoître, dans la Grammaire, quels sont les cas dans lesquels l'article doit se supprimer. Il nous reste à indiquer les adjectifs déterminatifs qui tiennent lieu d'article. Les voici :

Adjectifs déterminatifs.

SINGULIER.		PLURIEL.	
Masculin.	Féminin.	Masculin.	Féminin.
Tout,	Toute.	Touts,	Toutes.
Chaque,	Chaque.	»	»
Aucun,	Aucune.	»	»
Nul,	Nulle.	»	»
Un,	Une.	»	»
Quel,	Quelle,	Quels,	Quelles.
Quelque,	Quelque.	Quelques,	Quelques.
»	»	Plusieurs,	Plusieurs.
Certain,	Certaine.	Certains,	Certaines.
Maint,	Mainte,	Maints,	Maintes.
Ce, cet,	Cette.	Ces,	Ces.
Mon,	Ma *ou* mon.	Mes,	Mes.
Ton,	Ta *ou* ton.	Tes,	Tes.
Son,	Sa *ou* son.	Ses,	Ses.
Notre,	Notre.	Nos,	Nos.
Votre,	Votre.	Vos,	Vos.
Leur,	Leur.	Leurs,	Leurs.

Il faut ajouter à cette liste tous les adjectifs de nombre cardinal, *deux*, *trois*, *quatre*, *dix*, *vingt*, *cent*, *mille*, etc.

23. Lorsque l'on supprime l'article, comme dans ces phrases, *J'ai vu de belles maisons*, *J'ai bu de bon vin*; la préposition *de* cesse de faire la fonction de préposition. Elle est employée alors comme un *article partitif*, et fait prendre le substantif qui suit dans un sens d'extrait : elle équivaut à *quelques*. Ainsi, dans l'analyse de la phrase, *j'ai vu de belles maisons*, dites : *de*, particule employée comme article partitif, équivant à *quelques*, et fait prendre le substantif *maisons* dans un sens d'extrait.

24. Les mots *des* et *du* doivent s'analyser de la même manière dans ces phrases : *des hommes sont venus*; *j'ai rencontré des femmes qui m'ont dit*; *j'ai acheté du vin*.... Ces mots ne se décomposent point alors en *de les*, *de le*. Dites donc, dans l'analyse : *des*, article partitif pluriel des deux genres, mis pour *quelques*, fait prendre le substantif *hommes*, le substantif *femmes*, dans un sens d'extrait; *du*, article partitif masculin singulier, mis pour *quelque*, une *certaine quantité de*, fait prendre le substantif *vin* dans un sens d'extrait.

25. Quand un substantif est employé sans article, parce qu'il a un sens indéfini, il faut l'indiquer dans l'analyse. Ainsi, dans l'exemple, *il a trahi parents, amis*, etc., dites : *parents*, substantif masculin plu-

riel, complément du verbe *a trahi*, employé sans article, parce qu'il est pris dans un sens indéfini.

ELLIPSE DU SUJET.

26. *Je plie et ne romps pas* (LA FONTAINE) ; pour : je plie et *je* ne romps pas.

Ci gît qui ne fut rien ; pour : ci gît *celui*, *un homme* qui ne fut rien.

Ces sujets se suppléent aisément, et doivent être mentionnés dans l'analyse.

ELLIPSE DU COMPLÉMENT.

27. *Devinez qui vous a frappé* ; pour : devinez *celui* qui vous a frappé.

Et j'aimerai qui m'aimera ; au lieu de : et j'aimerai *celui* ou *celle* qui m'aimera.

Voilà de quoi il s'agit entre nous ; au lieu de : voilà *ce dont* il s'agit.

Corneille étonne, Racine touche, Voltaire instruit et amuse ; suppléez : Corneille étonne *l'esprit*, Racine touche *le cœur*, Voltaire instruit *les hommes*, etc.

ELLIPSE DE L'ADJECTIF.

28. *Mais le fer, le bandeau, la flamme est toute prête.*   RACINE.

Au lieu de : le fer est *prêt*, le bandeau est *prêt*, etc.

ELLIPSE DU VERBE.

29. *Notre mérite nous attire l'estime des honnêtes gens, et notre étoile celle du public* ; il faut suppléer : et notre étoile *nous attire* celle du public.

Le cœur est pour Pyrrhus, et les vœux pour Oreste.

(RACINE.)

Et les vœux *sont* pour Oreste.

Le bruit cesse, on se retire, rats en campagne aussitôt.

(LA FONTAINE.)

Les rats *sont* ou *se mettent* aussitôt en campagne.

Le monde est vieux, dit-on : je le crois ; cependant
Il le faut amuser encor comme un enfant.

(LA FONTAINE.)

Il le faut amuser, comme on *amuse* un enfant.

Ainsi parla le loup, et flatteurs d'applaudir!

(LA FONTAINE.)

Et *les* flatteurs *s'empressèrent* d'applaudir.

Chat et vieux, pardonner! Cela n'arrive guère!

(LA FONTAINE.)

Il arrive d'être chat et vieux; et de pardonner, cela n'arrive guère.

Que vouliez-vous qu'il fît contre trois?.... qu'il mourût.

(CORNEILLE.)

Je voulois qu'il mourût.

Il est plus savant que moi ; suppléez : que *moi je ne suis savant*. Moi est donc sujet du verbe *suis* sous-entendu.

30. *Ils s'encensent l'un l'autre;* tournez la phrase en cette sorte : ils s'encensent, l'un *encense* l'autre.

ELLIPSE DE LA PRÉPOSITION.

31. *Par un orgueil et une vanité insupportable.*

VOLTAIRE.) Par un orgueil et *par* une vanité, etc.

5

32. *La nuit, quel vacarme horrible!* (BEAUMARCH.)
Dans la nuit, quel vacarme! etc.

33.   *Certain âge accompli,*
Le vase est imbibé, l'étoffe a pris son pli.
      (LA FONTAINE.)

Après certain âge accompli, etc.

34. *La garnison, sortit tambour battant, mèche allumée* (Acad.) : *avec* le tambour battant, et *après* la mèche allumée.

35. *Les parts étant faites, le lion parla ainsi.*
Après les parts étant faites, être faites.

Le bruit des exploits de Clovis étant parvenu jusqu'à Constantinople, l'empereur Anastase lui envoya, etc. *Après* le bruit étant, être parvenu, etc.

Dans toutes ces phrases, il y a nécessairement ellipse d'une préposition. Les substantifs *parts, bruit,* etc., ne peuvent pas être les sujets de *étant faites, étant parvenu;* car les verbes, à l'infinitif, n'ont ni nombres ni personnes. Il faut donc suppléer les prépositions *après, depuis, en, pendant, à cause, jusqu'à,* etc. *Paris étant la capitale de la France, l'usage a prévalu de ne mettre au rang des rois de France que ceux qui ont régné à Paris.......A cause de* Paris étant la capitale, etc.

36. *Paris, rue de Rivoli.... boulevart de la Madelène;* au lieu de : *à* Paris, *dans* la rue de Rivoli.... *sur* le boulevart de la Madelène.

37. *Il me parle;* pour : il parle *à moi.*

il leur a parlé; pour : il a parlé à eux, à elles.

Tu m'en donneras; pour : tu donneras à moi *de* ceci, *de* cela.

J'y ai pensé; pour : j'ai pensé à ceci, à cela.

38. *Je vais jouer*; au lieu de : je vais *à* jouer ou *pour* jouer. On dit : je vais *à Rome*; je vais *à la comédie*; je vais *au jeu*. On devroit dire de même : *je vais à jouer*. Mais après les verbes *aller, courir, venir*, et quelques unipersonnels, tels que, *il faut*, etc., on supprime la préposition devant l'infinitif.... Dans les autres cas, l'infinitif est complément du verbe qui le précède ou d'une préposition exprimée : *je veux jouer; il vous importe de partir promptement*.

39. On comprend ordinairement en une seule règle touts les infinitifs mis à la suite d'un verbe précédent, soit comme compléments de ce verbe, soit comme compléments d'une préposition sous-entendue; et l'on dit, pour les deux cas, *je veux partir, je vais partir*, que *partir* est à l'infinitif; parce que, *quand deux verbes sont placés par apposition, le second doit se mettre à l'infinitif*.

ELLIPSE SIMULTANÉE DE PLUSIEURS PARTIES
DE LA PHRASE.

40. *Endormi sur le trône, au sein de la mollesse,*
  Le poids de sa couronne accabloit sa foiblesse.
       (VOLTAIRE, Henr., chant 1er.)

Tournez ainsi cette phrase :
  Le poids de sa couronne, *de lui* endormi, etc.

Indomptable taureau, dragon impétueux,
Sa croupe se recourbe en replis tortueux.
(RACINE.)

Sa croupe *de lui* taureau, *de lui* dragon, etc.

C'est ainsi qu'occupé de mon nouvel amour,
Mes yeux, sans se fermer, ont attendu le jour.
(RACINE.)

C'est ainsi que mes yeux *de moi*, occupé, etc.

(Des critiques, faute d'être assez versés dans l'analyse, ont osé condamner ces phrases de *Racine* et de *Voltaire*.)

41. *Le premier janvier, an 1824;* pour dire : *dans le*, ou bien, *au premier jour* de janvier de l'an *faisant* dix-huit cent vingt-quatre *ans*.

Il est arrivé sur les une heure; il est arrivé sur les *parties du jour faisant* une heure.

42. *Un chapeau à la françoise;* pour dire : un chapeau *rétapé suivant* la mode françoise.

43. *Le Danube;* pour : *le fleuve appelé* Danube. Quand l'article est placé devant un nom *propre*, il y a toujours un nom *commun* sous-entendu. En effet, l'usage de l'article est de déterminer le substantif devant lequel on le place; mais, comme les noms *propres* sont nécessairement déterminés par eux-mêmes, l'article qui les précède ne peut être destiné qu'à déterminer le nom *commun* sous-entendu.

44. *Fasse Jupiter, fasse le ciel, puissent touts ses voisins ensemble conjurés;* au lieu de : *je souhaite que* Jupiter fasse, *que* le ciel fasse, *que* touts ses voisins puissent, etc.

Que de berceaux pour eux aux arbres suspendus !
Sur le plus doux coton que de lits étendus !
(Poëme de la Religion.)

Combien, quel grand nombre de berceaux *sont* suspendus aux arbres !

Combien, quel grand nombre de lits *sont* étendus sur le plus doux coton !

Les adverbes de quantité *combien*, *que*, *beaucoup*, *peu*, *assez*, *trop*, *plus*, *moins*, *tant*, etc., s'emploient quelquefois comme noms *collectifs*, et soumettent toujours, au nombre et au genre du substantif qui les suit, les mots correspondants.

Exemples.

Jamais tant de beauté fut-elle couronnée ?
(Racine.)

Tant de témérité seroit bientôt punie.
(Voltaire.)

Dans l'analyse des deux vers du *poëme de la Religion*, que sera donc considéré comme substantif, et sujet des verbes *sont suspendus*, *sont étendus*.

Dans l'analyse du vers de Racine et de celui de Voltaire, *tant* est un substantif collectif qui sert de sujet aux verbes *fut couronnée*, et *seroit punie*.

46. *C'est moi qui suis venu;* suppléez : *cette personne* qui est venue, moi *je suis cette personne*.

(Le pronom *ce* faisant la fonction de sujet, tient lieu de *cette personne* ou *ces personnes*, de *cette chose* ou *ces choses*. Il rappelle un nom quelconque singulier ou pluriel ; mais alors il faut que le verbe suivi d'un nom ou d'un pronom. Le pronom *ce* règle l'accord du verbe, quoiqu'il soit en concurrence avec un autre sujet. C'est *nous qui sommes venus*..... Le verbe *est* reste au singulier, à cause du sujet singulier *ce*. La phrase se décompose ainsi : *ces personnes* qui sont venues, nous *sommes ces personnes*.... Quand on dit, *ce sont eux qui sont venus*, *ce* fait toujours la loi. Il est regardé alors comme un collectif. En effet, il présente une idée de pluralité.)

Dans *c'est nous*, *c'est vous*, le pronom *ce* présente pareillement une idée de collection, et cependant le verbe *est* reste au singulier. La raison est que *ce*, sujet *primaire*, est de la troisième personne, et que tout seroit renversé, si l'on disoit : *c'êtes vous*, *ce sommes nous*. Le sujet primaire doit toujours faire la loi.... Mais le verbe *est* se met au singulier après *ce*, dans *si ce n'est*, signifiant *excepté* ; comme : *je ne connois personne, si ce n'est vos frères.* Il en est de même dans quelques phrases où l'*harmonie* s'oppose à ce qu'on mette le pluriel, comme dans ces exemples : *Fut-ce vos frères* qui firent cela ?... *Fût-ce nos propres frères ? s'ils sont tyrans, Brutus, ils sont nos adversaires.* On ne pourroit point dire : *furent-ce*, *fussent-ce* vos frères, etc.

47. Ainsi, toutes les phrases de cette espèce pourront s'analyser de la manière suivante : *c'est vous qui nous avez maltraités*. Ce sert de sujet au verbe *est*. *Vous* est le sujet du verbe *êtes* sous-entendu (*vous êtes ces personnes*).

48. *Il arrivera deux femmes* ; suppléez : *ce que je vais dire, ceci arrivera, deux femmes arriveront.*

(Il résulte trois choses de l'emploi de *il* absolu. 1º Il annonce un sujet subséquent : *deux femmes*. 2º Le verbe de ce sujet est sous-entendu : *arriveront*. 3º Le sujet factice *il* fait la loi, quoiqu'il y ait dans la phrase un autre sujet plus naturel. En effet, si l'on demande : *qui est-ce qui arrivera ?* la réponse doit être *deux femmes*. Cependant on met le verbe au singulier, en accord avec le sujet *il*.)

49. D'après ces principes, les élèves analyseront ainsi les phrases suivantes :

Il viendra dix hommes : .... *ceci* viendra, dix hommes *viendront*.

Il se trouvera ici dix hommes : .... *ceci* se trouvera ici, dix hommes *se trouveront* ici.

Il se tiendra ici, il tiendra ici dix hommes : .... *ceci* se tiendra ici, tiendra ici ; dix hommes *se tiendront, tiendront* ici.

50. *Il y aura dix hommes* ; tournez : *ceci se* aura, dix hommes *se* auront. (On néglige la particule explétive *y*.)

Il est des contre-temps : *ceci est, des contre-temps sont.*

Plusieurs Grammairiens disent que le verbe unipersonnel *il y a* doit se changer en *est*. *Il y a des hommes*, c'est-à-dire, *des hommes sont*.... *Il y eut un homme qui*, c'est-à-dire, *un homme fut, qui*, etc. Cette dernière explication me semble devoir être préférée. La langue latine exprime, *il y a des hommes*, de la même manière que *des hommes sont*, etc.

51. *Il y va de ma gloire :* .... *ceci* va, *l'objet* de ma *gloire va*.

Il s'agit du bonheur : .... *ceci* se *agit*, *l'objet du bonheur se agit*.

52. *Il fait beau*, *il fait froid*, *il fait chaud*, etc.; suppléez : *ceci se* fait, le beau *temps se fait*, le *temps* froid *se fait*, le *temps* chaud *se fait*.

Il pleut, il tonne, il neige, il éclaire, etc.; tournez : *ceci* pleut, le *ciel* pleut, ou le *nuage* pleut, etc.

On se sert si souvent du pronom *il* pour rappeler dans l'esprit la personne déjà nommée, que ce pronom a passé ensuite par imitation dans plusieurs façons de parler, où il ne rappelle l'idée d'aucun individu particulier : le mot *il* est alors un nom métaphysique idéal ou d'imitation. C'est un pronom *absolu*, c'est-à-dire, qui ne se rapporte à rien. Il est employé par analogie. C'est ainsi qu'on dit : il *pleut*, il *tonne*, il *faut*, il *y a*, etc.

53. *Il faut être juste :* .... *ceci* faut, *l'homme être juste* faut.

(Les verbes *falloir* et *faillir* viennent d'un verbe latin qui signifie *manquer*. Ainsi, quand on dit, *il faut être juste*, c'est comme si l'on disoit : *ceci manque, l'homme être juste manque*. Quand on dit, *il me faut mille francs*, c'est comme si l'on disoit : *ceci me manque, mille francs me manquent*.)

54. Sans décomposer ainsi le verbe *il faut*, et quelques autres verbes unipersonnels, on pourroit

analyser en joignant ensemble le pronom absolu *il* et le verbe lui-même. Ainsi, on diroit, *il faut*, verbe unipersonnel au présent de l'indicatif. Alors l'infinitif qui suit est censé le complément d'une préposition non exprimée (38); et s'il suit un substantif, ce substantif peut être regardé comme le complément d'un verbe sous-entendu. *Il me faudroit mille francs :....* il me faudroit *avoir*, il faudroit *que j'eusse* mille francs.

55. Lorsque les verbes unipersonnels sont construits avec la conjonction elliptique *que*, la décomposition est plus difficile. Ainsi, pour analyser les phrases, *les maladies qu'il y a eu, les chaleurs qu'il a fait*, il faut se rappeler que ces locutions, connues sous le nom de *gallicismes*, sont contraires au bon sens (Gramm. p. 173). On doit alors suppléer les mots qui manquent. *Les maladies qu'il y a eu*, c'est-à-dire, *qui ont eu lieu ;.... les chaleurs qu'il a fait*, c'est-à-dire, *qui ont été faites, produites* par le temps, etc. Disons donc : *que*, conjonction elliptique, qui tient la place de plusieurs mots ; *il y a eu, il a fait*, verbe unipersonnel au prétérit indéfini, etc.

EXERCICES
D'ANALYSE GRAMMATICALE.

PREMIER EXERCICE.

L'ÉTUDE et les connoissances propres à former l'esprit et le cœur doivent occuper avant tout les jeunes demoiselles. On a trop peu suivi jusqu'ici l'éducation des jeunes personnes du sexe. L'ignorance est également honteuse et funeste pour touts. Les femmes tiennent un rang distingué dans la société; elles ont la plus grande influence sur les destinées du genre humain.

ANALYSE.

La	art. simp. f. sing. détermine *étude*.
étude	s. f. sing. l'un des sujets du verbe *doivent*.
et	conj. cop. qui joint deux subst. en suj.
les	art. simp. pl. des deux genres, dét. *connoissances*.
connoissances	s. f. pl. autre sujet du v. *doivent*.
propres	adj. pl. des deux genres, qualif. *connoissances*.
à	prép. a pour compl. *former*. (Toutes les prép. qui ont un verbe pour compl. le veulent à l'infinitif.)
former	v. a. au prés. de l'inf. compl. de la prép. *à*. Il a pour compl. l'*esprit* et le *cœur*.

le	art. simp. m. sing. dét. *esprit*.
esprit	s. m. sing. compl. du v. *former*.
et	conj. copul. joint deux substantifs en compl.
le	art. simpl. m. sing. dét. *cœur*.
cœur	s. m. sing. compl. du v. *former*.
doivent	v. a. 3° conjug., au présent de l'ind. 3° pers. pl. Il a pour sujet *étude* et *connoissances*, et pour compl. l'inf. *occuper*.
occuper	v. a. au prés. de l'inf. compl. de *doivent*. Il a pour compl. *demoiselles*.
avant	prép. a pour compl. *tout*.
tout	s. collec. m. sing. pour *toutes choses*, compl. de la prép. *avant*.
les	art. simp. pl. des deux genres, dét. *demoiselles*.
jeunes	adj. pl. des deux genres, qualif. *demoiselles*.
demoiselles.	s. f. pl. compl. du v. *occuper*.
On	pron. indéf. m. s. sujet du v. *a suivi*.
a suivi	v. a. 4° conjugaison au prét. indéf. 3° pers. sing. Son sujet est *on* ; son compl. est *éducation*.
trop	adv. de quant. modif. l'adv. *peu*.
peu	adv. de quant. modif. le v. *a suivi*.
jusqu'ici	adv. de temps modif. le v. *a suivi*.
la	art. simp. f. sing. dét. *éducation*.
éducation.	s. f. sing. compl. du v. *a suivi*.
des	art. comp. pour *de les*, pl. des deux genr. *De* a pour compl. *personnes*.
jeunes	adj. pl. des deux genres, qualif. *personnes*.
personnes	s. f. pl. compl. de la prép. *de* dans l'art. comp. *des*.
du	art. comp. m. sing. pour *de le*. *De* a pour compl. *sexe*.

sexe.	s. m. sing. compl. de la prép. *de* dans l'art. comp. *du*.
La	art. simp. fém. sing. dét. *ignorance*.
ignorance	s. f. sing. sujet du v. *est*.
est	v. subst. au prés. de l'ind. 3ᵉ pers. sing. Son sujet est *ignorance*.
également	adv. de manière, qui modifie les adj. *honteuse* et *funeste*.
honteuse	adj. f. sing. attribut de *ignorance*.
et	conj. copul. qui joint deux adjectifs.
funeste	adj. sing. des deux genres, attribut de *ignorance*.
pour	prép. a pour compl. *touts*.
touts.	s. collect. m. pl. pour *toutes les personnes*, compl. de la prép. *pour*.
Les	art. simp. pl. des deux genres, dét. *femmes*.
femmes	s. f. pl. sujet du v. *tiennent*.
tiennent	v. a. 2ᵉ conj. au prés. de l'ind. 3ᵉ pers. pl. Son sujet est *femmes* ; son compl. est *rang*.
un	adj. num. m. sing. dét. *rang*, parce qu'il tient lieu d'article.
rang	s. m. sing. compl. du v. *tiennent*.
distingué	part. adj. m. sing. qualif. *rang*.
dans	prép. qui a pour compl. *société*.
la	art. simp. f. sing. qui dét. *société*.
société ;	s. f. sing. compl. de la prép. *dans*.
elles	pron. pers. rel. f. pl. tient la place de *femmes*, sujet du verbe *ont*.
ont	v. a. au prés. de l'ind. 3ᵉ pers. pl. Son sujet est *elles* pour *femmes*, et son compl. est *influence*.
la	art. simp. f. sing. dét. *influence*.
plus	adv. de compar. qui modifie l'adject. *grande*, et qui, précédé de l'art. *la*, marque le superl. relat.

grande	adj. f. sing. qualif. *influence.*
influence	s. f. sing. compl. du v. *ont.*
sur	prép. a pour compl. *destinées.*
les	art. simp. pl. deux genr. dét. *destinées.*
destinées	s. f. pl. compl. de la prép. *sur.*
du	art. comp. m. sing. pour *de le... De* a pour compl. *genre.*
genre	s. m. sing. compl. de la prép. *de* dans l'art comp. *du.*
humain.	adj. m. sing. qualif. *genre.*

II.e EXERCICE.

Les connoissances inspirent les goûts sérieux et solides, écartent les amusements frivoles, attachent aux devoirs domestiques. Quel esprit fin et délié, quelle étendue, quelle variété de connoissances, n'exige pas l'éducation des enfants, dont le premier âge est confié aux mères ! Et quels charmes ne répandent pas dans la vie ces femmes estimables, dont l'esprit orné réunit aux connoissances une douce aménité de caractère et touts les attraits d'une aimable modestie !

ANALYSE.

Les	art. simp. pl. des deux genr. dét. *connoissances.*
connoissances	s. f. pl. sujet de *inspirent, écartent,* etc.
inspirent	v. a. au prés. de l'ind. 3.e pers. pl. Son sujet est *connoissances* ; son compl. est *goûts.*
les	art. simp. pl. des deux genr. dét. *goûts.*
goûts	s. m. pl. compl. de *inspirent.*
sérieux	adj. m. pl. qualif. *goûts.*

et	conj. copul. qui lie deux adj.
solides,	adj. pl. des deux genr. qualif. *goûts*.
écartent	v. a. au prés. de l'ind. 3° pers. pl. Son sujet est *connoissances*; son compl. est *amusements*.
les	art. simp. pl. des deux genr. dét. *amusements*.
amusements	s. m. pl. compl. de *écartent*.
frivoles,	adj. pl. des deux genr. qualif. *amusements*.
attachent	v. a. au prés. de l'ind. 3° pers. pl. Son sujet est *connoissances*; le compl. n'est pas énoncé (27).
aux	art. comp. pl. des deux gen. pour *à les*. le compl. de la prép. *à* est *devoirs*.
devoirs	s. m. pl. compl. de *à* dans l'art. comp. *aux*.
domestiques.	adj. pl. des deux genr. qualif. *devoirs*.
Quel	adj. interr. m. sing. qualif. *esprit*, et le dét. parce qu'il tient lieu d'art.
esprit	s. m. sing. compl. de *exige*.
fin	adj. m. sing. qualif. *esprit*.
et	conj. copul. lie deux adjectifs.
délié,	adj. m. sing. qualif. *esprit*.
quelle	adj. interr. f. sing. qualif. *étendue*, et le dét. parce qu'il tient lieu d'art.
étendue,	s. f. sing. compl. de *exige*.
quelle	adj. interr. f. sing. qualif. *variété*, et le dét. parce qu'il tient lieu d'art.
variété	s. f. sing. compl. de *exige*.
de	prép. a pour compl. *connoissances*.
connoissances	s. f. pl. compl. de la prép. *de*.
exige	v. a. au prés. de l'ind. 3° pers. sing. Son sujet est *éducation*; son compl. est *esprit*, *étendue*, *variété*.
ne pas	adv. de nég. modif. le v. *exige*.
la	art. simp. f. sing. dét. *éducation*.
éducation	s. f. sing. sujet de *exige*, placé après le verbe, parce qu'il y a interrogation.

des	art. comp. pl. des deux genr. pour *de les*. *De* a pour compl. *enfants*.
enfants,	s. m. pl. compl. de la prép. *de* dans l'art. comp. *des*.
dont	pron. rel. à *enfants*, pour *de lesquels*; toujours invar.
le	art. simp. m. sing. dét. *âge*.
premier	adj. ord. m. sing. qualif. *âge*.
âge	s. m. sing. sujet de *est confié*.
est confié	v. passif au prés. de l'ind. 3ᵉ pers. sing. Son sujet est *âge*. Le participe passé *confié* s'accorde avec ce sujet. (1ʳᵉ règle).
aux	art. comp. pl. des deux genr. pour *à les*. Le compl. de *à* est *mères*.
mères !	s. f. pl. compl. de la prép. *à* dans l'art. comp. *aux*.
et	conj. cop. lie deux membres de phrase.
quels	adj. interr. m. pl. qualif. *charmes*, et le dét. parce qu'il tient lieu d'art.
charmes	s. m. pl. compl. de *répandent*.
répandent	v. a. au prés. de l'ind. 3ᵉ pers. pl. Son sujet est *femmes*; son compl. est *charmes*.
ne pas	adv. de nég. modif. *répandent*.
dans	prép. a pour compl. *vie*.
la	art. simp. f. sing. dét. *vie*.
vie	s. f. sing. compl. de la prép. *dans*.
ces	adj. démonst. pl. des deux genr. dét. *femmes*, parce qu'il tient lieu d'art.
femmes	s. f. pl. sujet de *répandent*, placé après le verbe, parce qu'il y a interrogation.
estimables,	adj. pl. des deux genr. qualif. *femmes*.
dont	pron. rel. à *femmes*, pour *de lesquelles*; ne change point.
le	art. simp. m. sing. dét. *esprit*.
esprit	s. m. sing. sujet de *réunit*.

orné	part. adj. m. sing. qualif. *esprit*.
réunit	v. a. au prés. de l'ind. 3⁰ pers. sing. Son sujet est *esprit*. Il a pour compl. *aménité* et *attraits*.
aux	art. comp. pl. des deux genr. pour *à les*. Le compl. de *à* est *connoissances*.
connoissances	s. f. pl. compl. de la prép. *à* dans l'art. comp. *aux*.
une	adj. numér. f. sing. dét. *aménité*, parce qu'il tient lieu d'article.
douce	adj. f. sing. qualif. *aménité*.
aménité	s. f. sing. compl. de *réunit*.
de	prép. a pour compl. *caractère*.
caractère	s. m. sing. compl. de la prép. *de*.
et	conj. copul. lie deux substantifs en compl.
touts	adj. collect. m. pl. qualif. *attraits*.
les	art. simp. pl. des deux genres, dét. *attraits*.
attraits	s. m. pl. autre compl. de *réunit*.
de	prép. a pour compl. *modestie*.
une	adj. numér. f. sing. dét. *modestie*, parce qu'il tient lieu d'article.
aimable	adj. sing. des deux genres, qualif. *modestie*.
modestie!	s. f. sing. compl. de la prép. *de*.

III⁰ EXERCICE.

Des matelots étoient en mer pendant une violente tempête. Les flots s'élevoient par-dessus le navire. Les mâts étoient rompus, les voiles déchirées. Il faisoit des éclairs épouvantables, et la foudre tomboit du ciel. Les pauvres gens, se croyant perdus, jetoient à la mer une partie de la charge du vaisseau, afin

te	pron. de la 2ᵉ pers. sing. des deux genr. mis pour *toi*, et compl. de *appelle*.
appelle,	v. a. au prés. de l'ind. 1ʳᵉ pers. du sing. Son sujet est *qui* pour *moi*; son compl. est *te* pour *toi*.
et	conj. copul. joint deux membres de phrase.
qui	pron. rel. à *moi*, sujet du v. *règle*.
règle	v. a. au prés. de l'ind. 1ʳᵉ pers. du sing. Son sujet est *qui* pour *moi*; son compl. est *cours*.
ton	adj. poss. m. sing. dét. *cours*, parce qu'il tient lieu d'article.
cours?	s. m. sing. compl. du v. *règle*.

IXᵉ EXERCICE.

Un homme de la maison de Thibault, roi d'Austrasie, s'étoit fort enrichi aux dépens du monarque; et, pour jouir de ses larcins, il demandoit sa retraite. Le prince le fait venir. — Écoute: un serpent se glissa un jour dans une bouteille remplie de vin, et en but tant qu'il s'enfla au point de ne pouvoir plus sortir. Alors le maître de la bouteille dit au serpent: rends ce que tu as pris, et tu sortiras ensuite tout aussi aisément que tu es entré; c'est le seul secret qui te reste.

ANALYSE.

Un	adj. numér. m. sing. dét. *homme*, parce qu'il tient lieu d'article.
homme	s. m. sing. sujet du v. *s'étoit enrichi*.
de	prép. a pour compl. *maison*.
la	art. simpl. f. sing. dét. *maison*.

C

maison	s. f. sing. compl. de la prép. *de.*
de	prép. a pour compl. *Thibault.*
Thibault,	nom prop. d'homme, compl. de la prép. *de.*
roi	s. m. sing. attribut de *Thibault.*
de	prép. a pour compl. *Austrasie.*
Austrasie,	nom prop. de pays, compl. de la prép. *de.*
s'étoit enrichi	v. réfl. au plusq.-parf. de l'ind. 3ᵉ pers. du sing. Son suj. est *homme.* Le part. *enrichi* s'accorde avec le pron. réfl. *se,* qui en est le compl. dir. (*avoit enrichi lui*).
fort	adv. de quant. modif. le v. *s'étoit enrichi.*
aux	art. comp. pl. des deux genr. pour *à les.* Le compl. de la prép. *à* est *dépens.*
dépens	s. m. pl. compl. de la prép. *à* dans l'art. comp. *aux.*
du	art. comp. m. sing. pour *de le. De* prép. a pour compl. *monarque.*
monarque ;	s. m. sing. compl. de la prép. *de* dans l'art. comp. *du.*
et,	conj. copul. lie deux membres de phrase.
pour	prép. a pour compl. *jouir.*
jouir	v. n. au prés. de l'inf. compl. de la prép. *pour.*
de	prép. a pour compl. *larcins.*
ses	adj. poss. pl. des deux genres dét. *larcins,* parce qu'il tient lieu d'article.
larcins,	s. m. pl. compl. de la prép. *de.*
il	pron. pers. m. sing. sujet du v. *demandoit.*
demandoit	v. a. à l'imparf. de l'ind. 3ᵉ pers. du sing. Son sujet est *il* pour *homme* ; son compl. est *retraite.*

sa	adj. poss. f. sing. dét. *retraite*, parce qu'il tient lieu d'article.
retraite.	s. f. sing. compl. du v. *demandoit*.
Le	art. simp. m. sing. dét. *prince*.
prince	s. m. sing. sujet de *fait*.
le	pron. rel. à *homme*, m. sing. compl. des deux verbes réunis et inséparables *fait venir*.
fait	v. a. au prés. de l'ind. 3ᵉ pers. du sing. Son sujet est *prince*.
venir.	v. n. au présent de l'inf. Quand deux v. se suivent, le 2ᵉ se met à l'inf.
Écoute :	v. a. à l'impér. 2ᵉ pers. du sing.
un	adj. numér. m. sing. dét. *serpent*, parce qu'il tient lieu d'article.
serpent	s. m. sing. sujet des v. *se glissa* et *but*.
se glissa	v. réfl. au prét. déf. 3ᵉ pers. du sing. Son sujet est *serpent*.
un jour	loc. adv. qui marque le temps, et mod. *se glissa*.
dans	prép. dont le compl. est *bouteille*.
une	adj. numér. f. sing. dét. *bouteille*, parce qu'il tient lieu d'article.
bouteille	s. f. sing. compl. de la prép. *dans*.
remplie	part. adj. sing. f. qualif. *bouteille*.
de	prép. a pour compl. *vin*.
vin,	s. m. sing. compl. de la prép. *de*.
et	conj. copul. lie deux membres de phrase.
en	pron. rel. à *vin*, équivaut à *de ceci, de cela*. Toujours invar.
but	v. a. au prét. déf. 3ᵉ pers. du sing. Son sujet est *serpent*; son compl. est *tant*.
tant	adv. de quant. employé comme subst. collect. pour *une si grande quantité*, compl. du v. *but*.
que	conj. dét.

il	pron. pers. m. sing. pour *serpent*, sujet du v. *s'enfla*.
s'enfla	v. pronominal au prét. déf. 3ᵉ pers. du sing. Son sujet est *il* pour *serpent*.
au	art. comp. masc. sing. pour *à le*. Le compl. de la prép. *à* est *point*.
point	s. m. sing. compl. de *à* dans l'article comp. *au*.
de	prép. a pour compl. *pouvoir*.
ne	adv. de nég. modif. *pouvoir*.
pouvoir	v. n. au prés. de l'inf. compl. de *de*.
plus	adv. qui marque cessat., et modifie *pouvoir*.
sortir.	v. n. au prés. de l'inf. Quand deux v. se suivent, le 2ᵉ se met à l'inf.
Alors	adv. de temps, modif. le v. *dit*.
le	art. simp. m. sing. dét. *maître*.
maître	s. m. sing. sujet du v. *dit*.
de	prép. a pour compl. *bouteille*.
la	art. simp. f. sing. dét. *bouteille*.
bouteille	s. f. sing. compl. de la prép. *de*.
dit	v. a. au prét. déf. 3ᵉ pers. sing. Son sujet est *maître*.
au	art. comp. m. sing. pour *à le*. Le compl. de la prép. *à* est *serpent*.
serpent :	s. m. sing. compl. de la prép. *à* dans l'art. comp. *au*.
rends	v. a. à l'impératif, 2ᵉ pers. sing. Son compl. est *ce*.
ce	pron. dém. m. sing. pour *cela*, compl. du v. *rends*.
que	pron. rel. à *ce*, compl. du v. *tu as pris*.
tu	pron. de la 2ᵉ pers. sing. des deux genr. sujet du v. *as pris*.
as pris,	v. a. au prét. indéf. 2ᵉ pers. sing. Son sujet est *tu*; son compl. est *que* pour *cela*.

et	conj. copul. qui joint deux membres de phrase.
tu	pron. de la 2ᵉ pers. sing. des deux genr. sujet du v. *sortiras*.
sortiras	v. n. au futur simp. 2ᵉ pers. sing. Son sujet est *tu*.
ensuite	adv. de temps, d'ord., modif. *sortiras*.
tout	adv. de quant. modif. *aussi*.
aussi	adv. de compar. modif. *aisément*.
aisément	adv. de manière, modif. *sortiras*.
que	conj. copul.
tu	pron. de la 2ᵉ pers. sing. des deux genr. sujet du v. *es entré*.
es entré;	v. n. au prét. indéf. 2ᵉ pers. sing. Son sujet est *tu* pour *serpent*. Le part. *entré* s'accorde avec ce sujet. (Première règle.)
ce	pron. dém. m. sing. pour *cela*, sujet du v. *est*.
est	v. subst. au prés. de l'ind. 3ᵉ pers. sing. Son sujet est *ce*.
le	art. simp. m. sing. dét. *secret*.
seul	adj. m. sing. qualif. *secret*.
secret	s. m. sing. sujet du v. *est*, censé répété (46 et 47), ou attribut de *ce*.
qui	pron. rel. à *secret*, sujet du v. *reste*.
te	pron. de la 2ᵉ pers. sing. des deux genr. pour *à toi*, comp. de la prép. *à* sous-ent.
reste.	v. n. au prés. du subj. 3ᵉ pers. sing. Son suj. est *qui* pour *secret*. Le pron. rel. *qui*, après l'adj. *seul*, veut le subjonctif.

X.e EXERCICE.

Il ne manquoit rien à *Turgot* de ce que les lettres peuvent desirer dans un homme en place : lumières étendues, savoir profond, probité sévère, mépris des préjugés de toute espèce, zèle actif pour l'avancement des connoissances en tout genre, sur-tout pour le progrès des lumières. Que faut-il davantage pour être contrôleur-général ? Il le fut. Tout le monde connoît sa lettre à Louis XV : *Point de banqueroute, point d'augmentations d'impôts, point d'emprunts.* « Il n'y a que monsieur Turgot et moi qui aimions le peuple, » ce fut la réponse du roi.

ANALYSE.

Il	pron. abs. m. sing. pour *ceci* (*ceci ne manquoit*), sujet du v. *manquoit*.
ne	adv. de nég. modif. *manquoit*.
manquoit	v. n. à l'imparf. de l'ind. 3.e pers sing. Son sujet est *il*, pour *ceci*.
rien	s. m. sing. sujet du v. *manquoit*, censé répété (rien ne manquoit) (49).
à	prép. a pour compl. *Turgot*.
Turgot	n. prop. d'homme, compl. de la prép. *à*.
de	prép. a pour compl. *ce*.
ce	pron. dém. m. sing. compl. de la prép. *de*.
que	pron. rel. à *ce*, compl. du v. *desirer*.
les	art. simp. pl. des deux genr. dét. *lettres*.
lettres	s. f. pl. sujet du v. *peuvent*.
peuvent	v. n. 3.e pers. pl. du prés. de l'ind. Son sujet est *lettres*.

desirer	v. a. au prés. de l'inf. Il a pour compl. *que* rel. à *ce*. Quand deux v. sont placés par apposition, le 2° se met à l'inf.
dans	prép. a pour compl. *homme*.
un	adj. numér. m. sing. dét. *homme*, parce qu'il tient lieu d'article.
homme	s. m. sing. compl. de la prép. *dans*.
en	prép. a pour compl. *place*.
place:	s. f. sing. compl. de la prép. *en*.
lumières	s. f. pl. sujet du v. *manquoient* sous-ent. (lumières ne *manquoient* point), employé sans article, parce qu'il est pris dans un sens indéterminé.
étendues,	adj. f. pl. qual. *lumières*.
savoir	s. m. sing. sujet du v. *manquoit* sous-ent. (savoir ne *manquoit* point), employé sans article, parce qu'il est pris dans un sens indéterminé.
profond,	adj. m. sing. qualif. *savoir*.
probité	s. f. sing. sujet du v. *manquoit*, etc.
sévère,	adj. sing. des deux genr. qualif. *probité*.
mépris	s. m. sing. sujet du v. *manquoit*, etc.
des	art. comp. pl. des deux genr. pour *de les*. La prép. *de* a pour compl. *préjugés*.
préjugés	s. m. pl. compl. de la prép. *de* dans l'art. comp. *des*.
de	prép. a pour compl. *espèce*.
toute	adj. f. sing. qualif. *espèce*, et le dét. parce qu'il tient lieu d'article.
espèce,	s. f. sing. compl. de la prép. *de*.
zèle	s. m. sing. sujet du v. *manquoit*, etc.
actif	adj. m. sing. qualif. *zèle*.
pour	prép. a pour compl. *avancement*.
le	art. simp. m. sing. dét. *avancement*.
avancement	s. m. sing. compl. de la prép. *pour*.

4

des	art. comp. pl. des deux genr. pour *de les*. *De* a pour compl. *connoissances*.
connoissances	s. f. pl. compl. de la prép. *de* dans l'art. comp. *des*.
en	prép. a pour compl. *genre*.
tout	adj. collect. m. sing. dét. *genre*, parce qu'il tient lieu d'article.
genre,	s. m. sing. compl. de la prép. *en*.
sur-tout	adv. qui modif. *manquoit*. (Le zèle ne manquoit, sur-tout, etc.)
pour	prép. a pour compl. *progrès*.
le	art. simp. m. sing. dét. *progrès*.
progrès	s. m. sing. comp. de la prép. *pour*.
des	art. comp. pl. des deux genr. pour *de les*. *De* a pour compl. *lumières*.
lumières.	s. f. pl. compl. de la prép. *de* dans l'art. comp. *des*.
Que	pron. interr. pour *quelle chose*, compl. du v. *avoir* sous-ent. (Que faut-il *avoir* de plus?) (54).
faut-il	v. unip. au prés. de l'ind. Le pron. abs. *il* est placé après le verbe, parce qu'on interroge.
davantage	adv. de quant. modif. le v. *avoir* sous-ent.
pour	prép. a pour compl. *être*.
être	v. subst. au prés. de l'inf. compl. de la prép. *pour*.
contrôleur-général?	subs. comp. m. sing., attribut du subst. *homme* ou *quelqu'un* sous-ent. (Que faut-il davantage à un *homme*, à *quelqu'un*, pour être, pour qu'il soit contrôleur-général?)
Il	pron. pers. m. sing. sujet du v. *fut*.
le	pron. rel. à *contrôleur-général*, m. sing. attribut de *il* (il fut cela, contrôleur-général).

fut.	v. subs. au prét. déf. 3ᵉ pers. du sing. Son sujet est *il*.
Tout	adj. collect. m. sing. qualif. *monde*.
le	art. simp. m. sing. dét. *monde*.
monde	s. m. sing. sujet du v. *connoît*.
connoît	v. actif, au présent de l'indicatif, 3ᵉ pers. sing. Son sujet est *monde*, son compl. est *lettre*.
sa	adj. poss. f. sing. dét. *lettre*, parce qu'il tient lieu d'article.
lettre	s. f. sing. compl. du v. *connoît*.
à	prép. dont le compl. est *Louis XV*.
Louis	nom. prop. d'homme, compl. de la prép. *à*.
XV:	adj. ordin. m. sing. pour *quinzième*; qualif. *Louis*.
Point	adv. de nég. modif. le v. *faites* sous-ent. (Ne *faites* point de banqueroute.)
de	partic. employée pour *quelque, une*, fait prendre le subst. *banqueroute* dans un sens d'extrait.
banqueroute,	s. f. sing. compl. de *faites* sous-ent.
point	adv. de nég. modif. le v. *faites* sous-ent. (Ne *faites* point d'augmentations, etc.)
de	partic. employée pour *quelques*, fait prendre le subst. *augmentations* dans un sens d'extrait.
augmentations	s. f. pl. compl. de *faites* sous-ent.
de	prép. a pour compl. *impôts*.
impôts,	s. m. pl. compl. de la prép. *de*.
point	adv. de nég. modif. le v. *faites* sous-ent. (Ne *faites* point d'emprunts.)
de	partic. employée pour *quelques*, fait prendre le subst. *emprunts* dans un sens d'extrait.
emprunts.	s. m. pl. compl. de *faites* sous-ent.

(58)

Il	pron. abs. m. sing. suj. du v. *se a* ou *est* (50).
y a	v. unip. au prés. de l'ind. pour *se a* ou *est* (50).
ne que	adv. qui modif. le v. *il y a*, et équivaut à *seulement* (il y a *seulement*).
monsieur	s. m. sing. sujet du v. *sommes* (monsieur Turgot et moi *sommes* les seuls qui, etc.
Turgot	nom prop. d'homme, attribut de *monsieur*.
et	conj. copul. qui joint deux subst. en suj.
moi	pron. de la 1re pers. sing. des deux genr. sujet du v. *sommes*.
qui	pron. rel. à *Turgot* et à *moi*, des deux genr. et des deux nomb. est ici de la 1re pers. et suj. du v. *aimions*.
aimions	v. a. au prés. du subj. 1re pers. pl., prend la 1re pers. parce qu'il se rapporte à deux sujets, dont l'un est de la 1re pers. et l'autre de la 3e, et que la 1re pers. l'emporte sur les deux autres. Son compl. est *peuple*.
le	art. simp. m. sing. dét. *peuple*.
peuple,	s. m. sing. compl. de *aimions*.
ce	pron. dém. m. sing. sujet du v. *fut*.
fut	v. subs. au prét. déf. 3e personne du sing. Son sujet est *ce* pour *cela*.
la	art. simp. f. sing. dét. *réponse*.
réponse	s. f. sing. sujet du v. *fut*, censé répété (la réponse du roi *fut* telle) (45 et 47).
du	art. comp. m. sing. pour *de le*. *De* a pour compl. *roi*.
roi.	s. m. sing. compl. de la prép. *de* dans l'art. comp. *du*.

XIe EXERCICE.

La vie a des attraits pour les cœurs innocents.
Qui peut haïr la vie est mal avec soi-même.
Douce vertu ! celui qui t'aime,
De la nature, en paix, sait goûter les présents :
Il n'est rien dont il ne jouisse.
Ah ! c'est le remords et le vice
Qui du tableau des champs ternissent les couleurs,
Au chant du rossignol assourdissent l'oreille,
Flétrissent la rose vermeille.
Le parfum des vertus embaume encor les fleurs.

ANALYSE.

La	art. simp. f. s. dét. *vie*.
vie	s. f. sing. sujet du v. *a*.
a	v. a. au prés. de l'ind. 3e pers. sing. Son sujet est *vie* ; son compl. est *attraits*.
des	art. part. pl. des deux genr. mis pour *quelques*, fait prendre le subst. *attraits* dans un sens d'extrait.
attraits	s. m. pl. compl. du v. *a*.
pour	prép. dont le compl. est *cœurs*.
les	art. simp. pl. des deux genr. dét. *cœurs*.
cœurs	s. m. pl. compl. de la prép. *pour*.
innocents.	adj. m. pl. qualif. *cœurs*.
Qui	pron. rel. à *celui* ou *homme* sous-ent. (*celui*, *l'homme* qui peut, etc.) (26).
peut	v. n. au prés. de l'ind. 3e pers. sing. Son sujet est *qui* relatif à *celui*.
haïr	v. a. au prés. de l'infinitif. Il a pour compl. *vie*. Quand deux verbes

6

	sont placés par apposition, le second se met à l'inf.
la	art. simp. f. sing. dét. *vie*.
vie	s. f. sing. compl. de *haïr*.
est	v. subst. au prés. de l'ind. 3ᵉ pers. sing. Son sujet est *celui* sous-ent. (celui qui peut haïr la vie est mal, etc.) (26).
mal	adv. de manière, modif. *est*.
avec	prép. a pour compl. *soi-même*.
soi-même.	pron. réf. de la 3ᵉ pers. m. sing. compl. de *avec*.
Douce	adj. f. sing. qualif. *vertu*.
vertu !	s. f. sing. mis en apostr.
celui	pron. dém. m. sing. sujet du v. *sait*.
qui	pron. rel. à *celui*, sujet du v. *aime*.
te	pr. de la 2ᵉ pers. sing. des 2 genr. tient la place de *vertu*, compl. du v. *aime*.
aime,	v. a. au prés. de l'ind. 3ᵉ pers. sing. Son sujet est *qui* ; son compl. est *te* pour *toi*.
de	prép. a pour compl. *nature*.
la	art. simp. f. sing. dét. *nature*.
nature,	s. f. sing. compl. de la prép. *de*.
en	prép. a pour compl. *paix*.
paix,	s. f. sing. compl. de la prép. *en*.
sait	v. a. au prés. de l'ind. 3ᵉ pers. sing. Son sujet est *celui* ; son compl. est *goûter*.
goûter	v. a. au prés. de l'inf. compl. de *sait*. Il a pour compl. *présents*.
les	art. simp. pl. des deux genr. dét. *présents*.
présents :	s. m. pl. compl. du v. *goûter*.
il	pron. abs. m. sing. mis pour *cela* ; sujet du v. *est*.
ne	adv. de nég. modif. *est*.

est	v. subst. au prés. de l'ind. 3ᵉ pers. sing. Son sujet et *il* pour *cela*.
rien	s. m. sing. sujet du v. *est*, censé répété (rien n'*est*) (48 et 49).
dont	pour *de lequel*, pron. rel. à *rien*, et toujours invar.
il	pron. pers. rel. à *celui*, m. sing. sujet du v. *jouisse*.
ne	adv. de nég. modif. *jouisse*.
jouisse.	v. n. au prés. du subj. 3ᵉ pers. du sing. Son sujet est *il*. Le v. est au subj. à cause de *il n'est*, qui le précède, et du pron. rel. *dont*, etc. (Gramm. p. 148.)
Ah!	interj. qui marque une vive émotion dans celui qui parle.
Ce	pron. dém. m. sing. sujet du v. *est*.
est	v. subs. au prés. de l'ind. 3ᵉ pers. du sing. Son sujet est *ce* pour *cela*.
le	art. simp. m. sing. dét. *remords*.
remords	s. m. sing. sujet du v. *est*, censé répété (46 et 47).
et	conj. copul. qui lie deux subst. en suj.
le	art. simp. m. sing. dét. *vice*.
vice	s. m. sing. sujet du v. *est*, censé répété (46 et 47).
qui	pron. rel. à *remords* et à *vice*, et sujet des v. *ternissent*, *assourdissent* et *flétrissent*.
du	art. comp. m. sing. pour *de le*. *De* prép. a pour compl. *tableau*.
tableau	s. m. sing. compl. de la prép. *de* dans l'art. comp. *du*.
des	art. comp. pl. des deux genres, pour *de les*. *De* a pour compl. *champs*.
champs	s. m. pl. compl. de la prép. *de* dans l'art. comp. *des*.

ternissent	v. a. au prés. de l'ind. 3ᵉ pers. pl. Son sujet est *qui* pour *remords* et *vice*; son compl. est *couleurs*.
les	art. simp. pl. des deux genr. dét. *couleurs*.
couleurs,	s. f. pl. compl. du v. *ternissent*.
au	art. comp. m. sing. pour *à le*. Le complément de la prép. *à* est *chant*.
chant	s. m. sing. compl. de la prép. *à* dans l'art. comp. *au*.
du	art. comp. m. sing. pour *de le*. *De* a pour compl. *rossignol*.
rossignol,	s. m. sing. compl. de la prép. *de* dans l'art. comp. *du*.
assourdissent	v. a. au prés. de l'ind. 3ᵉ pers. pl. Son sujet est *qui* pour *remords* et *vice*; son compl. est *oreille*.
la	art. simp. f. sing. dét. *oreille*.
oreille,	s. f. sing. compl. de *assourdissent*.
flétrissent	v. a. au prés. de l'ind. 3ᵉ pers. pl. Son sujet est *qui* pour *remords* et *vice*; son compl. est *rose*.
la	art. simp. f. sing. dét. *rose*.
rose	s. f. sing. compl. du v. *flétrissent*.
vermeille.	adj. f. sing. qualif. *rose*.
Le	art. simp. m. sing. dét. *parfum*.
parfum	s. m. sing. sujet du v. *embaume*.
des	art. comp. pl. des deux genr. pour *de les*. *De* a pour compl. *vertus*.
vertus	s. f. pl. compl. de la prép. *de* dans l'art. comp. *des*.
embaume	v. a. au prés. de l'ind. 3ᵉ pers. sing. Son suj. est *parfum*; son compl. est *fleurs*.
encor	adv. d'ordre, modif. *embaume*.
	art. simp. pl. des deux genres, dét. *fleurs*.
fleurs.	s. f. pl. compl. du v. *embaume*.

XIIᵉ EXERCICE.

Qu'elle est belle cette nature cultivée! Que, par les soins de l'homme, elle est brillante et pompeusement parée! Il en fait lui-même le principal ornement; il en est la production la plus noble; en se multipliant, il en multiplie le germe le plus précieux: elle-même aussi semble se multiplier avec lui : il met au jour par son art tout ce qu'elle recéloit dans son sein. Que de trésors ignorés! Que de richesses nouvelles!

ANALYSE.

Que	adv. de quant. pour *combien*, modif. l'adj. *belle*.
elle	pron. de la 3ᵉ pers. f. sing. pour *nature*, suj. du v. *est*, répété par pléon.
est	v. subst. au présent de l'ind. 3ᵉ pers. sing. Son sujet est *nature*.
belle	adj. f. sing. attrib. de *elle* pour *nature*.
cette	adj. dém. f. sing. dét. *nature*, parce qu'il tient lieu d'article.
nature	s. f. sing. sujet du v. *est*.
cultivée!	part. adj. f. sing. qualif. *nature*.
Que,	adv. de quant. pour *combien*, modif. l'adj. *brillante*.
par	prép. a pour compl. *soins*.
les	art. simp. pl. des deux genr. dét. *soins*.
soins	s. m. pl. compl. de la prép. *par*.
de	prép. a pour compl. *homme*.
le	art. simp. m. sing. dét. *homme*.
homme,	s. m. sing. compl. de la prép. *de*.
elle	pron. de la 3ᵉ pers. f. sing. tient la place de *nature*, sujet du v. *est*.

est	v. subs. au prés. de l'ind. 3ᵉ pers. sing. Son sujet est *elle* pour *nature*.
brillante	adj. f. sing. attrib. de *elle* pour *nature*.
et	conj. copul. joint deux attributs.
pompeusement	adv. de manière, modif. *parée*.
parée!	part. adj. f. sing. attribut de *elle*, pour *nature*.
Il	pron. pers. m. sing. rappelle l'idée d'*homme*, sujet du v. *fait*.
en	pron. rel. à *nature*, mis pour d'*elle*. Toujours invariable.
fait	v. a. au prés. de l'ind. 3ᵉ pers. sing. Son sujet est *il* pour *homme*; son compl. est *ornement*.
lui-même	pron. pers. m. sing. qui se rapporte à *homme*, sujet du v. *fait*. Il présente avec *il*, un même sujet répété par pléonasme.
le	art. simp. m. sing. dét. *ornement*.
principal	adj. m. sing. qualif. *ornement*.
ornement;	s. m. sing. compl. du v. *fait*.
il	pron. pers. m. sing. rappelle l'idée d'*homme*, sujet du v. *est*.
en	pron. rel. à *nature*, mis pour d'*elle*. Ne change point.
est	v. subs. au prés. de l'ind. 3ᵉ pers. sing. Son sujet est *il* pour *homme*.
la	art. simp. f. sing. dét. *production*.
production	s. f. sing. attribut du sujet *il*.
la	art. simp. f. sing. dét. le subst. *production*, censé répété.
plus	adv. de compar. modif. l'adj. *noble*.
noble;	adj. sing. des deux genr. qualif. *production*.
en	prép. a pour compl. le v. *se multipliant*.
se multipliant,	v. réfl. au part. prés. compl. de la prép. *en*.

il	pron. pers. masc. sing. rappelle l'idée d'*homme*, sujet du v. *multiplie*.
en	pron. rel. à *nature* mis pour *de elle*. Il est toujours invar.
multiplie	v. a. au prés. de l'ind. 3ᵉ pers. sing. Son sujet est *il* pour *homme* ; son compl. est *germe*.
le	art. simp. m. sing. dét. *germe*.
germe	s. m. sing. compl. du v. *multiplie*.
le	art. simp. m. sing. dét. *germe*, censé répété.
plus	adv. de compar. modif. l'adj. *précieux*.
précieux :	adj. m. sing. qualif. *germe*.
elle-même	pron. de la 3ᵉ pers. f. sing. pour *nature*, sujet du v. *semble*.
aussi	adv. qui modif. *se multiplier*.
semble	v. n. au prés. de l'ind. 3ᵉ pers. sing. Son sujet est *elle-même*.
se multiplier	v. pronom. au prés. de l'inf. Quand deux verbes sont placés par apposition, le second se met à l'infinitif (39).
avec	prép. a pour compl. *lui*.
lui :	pron. pers. masc. sing. pour *homme*, compl. de *avec*.
il	pron. pers. m. sing. tient la place d'*homme*, sujet du v. *met*.
met	v. a. au prés. de l'ind. 3ᵉ pers. sing. Son sujet est *il* pour *homme* ; son compl. est *ce*.
au	art. comp. m. sing. pour *à le*. Le compl. de la prép. *à* est *jour*.
jour	s. m. sing. compl. de la prép. *à* dans l'art. comp. *au*.
par	prép. a pour compl. *art*.
son	adj. poss. m. sing. dét. *art*, parce qu'il tient lieu d'article.
art	s. m. sing. compl. de la prép. *par*.

tout	adj. m. sing. qualif. *ce*.
ce	pron. dém. m. sing. pour *cela*, compl. du v. *met*.
que	pron. rel. à *ce*, et compl. du v. *recéloit*.
elle	pron. de la 3ᵉ pers. f. sing. pour *nature*, sujet du v. *recéloit*.
recéloit	v. a. à l'imparf. de l'ind. 3ᵉ pers. sing. Son sujet est *elle*; son compl. est *que* pour *cela*.
dans	prép. a pour compl. *sein*.
son	adj. poss. m. sing. dét. *sein*, parce qu'il tient lieu d'article.
sein.	s. m. sing. compl. de la prép. *dans*.
Que	adv. de quant. pour *combien*, employé comme subst. collect. sujet du v. *sont* sous-ent. (45).
de	prép. a pour compl. *trésors*.
trésors	s. m. pl. compl. de la prép. *de*.
ignorés !	part. pass. m. pl. censé joint au verbe *sont*, s'accorde avec *trésors*, parce que les noms collect. *que, tant,* etc. soumettent toujours au genre et au nombre du subst. qui les suit, les mots correspondants (45).
que	adv. de quant. employé comme nom collect. sujet du v. *sont* sous-ent.
de	prép. a pour compl. *richesses*.
richesses	s. f. pl. compl. de la prép. *de*.
nouvelles !	adj. f. pl. qual. *richesses*.

XIIIᵉ EXERCICE.

En examinant avec plus d'attention, nous voyons des montagnes affaissées, des rochers fendus et brisés, des contrées englouties, des îles nouvelles, des terrains submergés, des cavernes comblées; nous trouvons des matières pesantes souvent posées sur des matières légères, des corps durs environnés de substances molles, des choses sèches, humides, chaudes, froides, solides, friables, toutes mêlées, et dans une espèce de confusion qui ne nous présente d'autre image que celle d'un amas de débris et d'un monde en ruine.

ANALYSE.

En	prép. a pour comp. *examinant*.
examinant	v. a. au part. prés. compl. de la prép. *en*.
avec	prép. a pour compl. *plus*.
plus	adv. de quant. employé comme subst. coll. (45), compl. de la prép. *avec*.
attentives	adj. collect. f. pl. qualif. *?*
nous	pron. de la 1re pers. pl. des deux genr. sujet du v. *voyons*.
voyons	v. a. au prés. de l'ind. 1re pers. du pl. Son sujet est *nous*; son compl. est *montagnes*, *rochers*, etc.
des	art. partit. pl. des deux genr. pour *quelques*, fait prendre le subst. *montagnes* dans un sens d'extrait.
montagnes	s. f. pl. compl. du v. *voyons*.
affaissées,	part. adj. f. pl. qualif. *montagnes*.
des	art. partit. pl. des deux genr. fait prendre le subst. *rochers* dans un sens d'extrait.
rochers	s. m. pl. compl. du v. *voyons*.
fendus	part. adj. m. pl. qualif. *rochers*.
et	conj. copul. lie deux part. adj.
brisés,	part. adj. m. pl. qualif. *rochers*.
des	art. partit. pl. des deux genr. fait

	prendre le subst. *contrées* dans un sens d'extrait.
contrées englouties, des	s. f. pl. compl. de *voyons*. part. adj. pl. f. qualif. *contrées*. art. partit. pl. des deux genr. fait prendre *îles* dans un sens d'extrait.
îles nouvelles, des	s. pl. f. compl. du v. *voyons*. adj. f. pl. qualif. *îles*. art. partit. pl. des deux genr. fait prendre le subst. *terrains* dans un sens d'extrait.
terrains submergés, des	s. m. pl. compl. de *voyons*. part. adj. m. pl. qualif. *terrains*. art. partit. pl. des deux genr. fait prendre le subst. *cavernes* dans un sens d'extrait.
cavernes comblées ;	s. f. pl. compl. de *voyons*. part. adj. f. pl. qualif. *cavernes*. part. pass. m. pl. censé joint, genr. sujet, v. *trouvons*.
trouvons	v. a. au prés. de l'ind. 1ʳᵉ pers. du pl. Son sujet est *nous* ; son compl. est *matières*, *corps*, etc.
des	art. partit. pl. des deux genr. fait prendre le subst. *matières* dans un sens d'extrait.
matières pesantes souvent posées sur des	s. f. pl. compl. du v. *trouvons*. adj. verbal f. pl. qualif. *matières*. adv. de temps, modif. *posées*. part. adj. f. pl. qualif. *matières*. prép. a pour compl. *matières*. art. partit. pl. des deux genr. fait prendre le subst. *matières* dans un sens d'extrait.
matières légères, des	s. f. pl. compl. de la prép. *sur*. adj. f. pl. qualif. *matières*. art. partit. pl. des deux genr. fait pren-

	dre le subst. *corps* dans un sens d'extrait.
corps	s. m. pl. compl. de *trouvons*.
durs	adj. m. pl. qualif. *corps*.
environnés	part. adj. m. pl. qualif. *corps*.
de	prép. a pour compl. *substances*.
substances	s. f. pl. compl. de la prép. *de*.
molles,	adj. f. pl. qualif. *substances*.
des	art. partit. pl. des deux genr., fait prendre le subst. *choses* dans un sens d'extrait.
choses	s. f. pl. compl. de *trouvons*.
sèches,	adj. f. pl. qualif. *choses*.
humides,	adj. pl. des deux genr. qualif. *choses*.
chaudes,	adj. f. pl. qualif. *choses*.
froides,	adj. f. pl. qualif. *choses*.
solides,	adj. pl. des deux genr. qualif. *choses*.
friables,	adj. pl. des deux genr. qualif. *choses*.
toutes	adj. collect. f. pl. qualif. *choses*.
mêlées;	part. adj. f. pl. qualif. *choses*.
et	conj. copul.
dans	prép. a pour compl. *espèce*.
une	adj. numér. f. sing. dét. *espèce*, parce qu'il tient lieu d'article.
espèce	s. f. sing. compl. de la prép. *dans*.
de	prép. a pour compl. *confusion*.
confusion	s. f. sing. compl. de la prép. *de*.
qui	pron. rel. à *confusion*, sujet du verbe *présente*.
ne	adv. de nég. modif. le v. *présente*.
nous	pron. de la 1re pers. pl. des deux gen. pour *à nous*, compl. de la prép. *à* sous-ent. (37.)
présente	v. a. au prés. de l'ind. 3e pers. sing. Son sujet est *qui* pour *confusion*; son compl. est *image*.
de	partic. employée comme art. partit.

	fait prendre le subst. *image* dans un sens d'extrait (23).
autre	adj. sing. des deux genr. qualif. *image*.
image	s. f. sing. compl. du v. *présente*.
que	sorte de prép. exceptive a pour compl. *celle*.
celle	pron. dém. f. sing. tient la place d'*image*, compl. de *que*, employé comme prép. (ne nous présente point d'image *excepté* celle, d'autre image *avec* celle, etc.).
de	prép. a pour compl. *amas*.
un	adj. numér. m. sing. dét. *amas*, parce qu'il tient lieu d'article.
amas	s. m. sing. compl. de la prép. *de*.
de	prép. a pour compl. *débris*.
débris	s. m. pl. compl. de la prép. *de*.
et	conj. copul.
de	prép. a pour compl. *monde*.
un	adj. numér. m. sing. dét. *monde*, parce qu'il tient lieu d'article.
monde	s. m. sing. compl. de la prép. *de*.
en	prép. a pour compl. *ruine*.
ruine.	s. f. sing. compl. de la prép. *en*.

XIV.e EXERCICE.

Et toi, dont le courroux veut engloutir la terre,
Mer terrible, en ton lit quelle main te resserre?
Pour forcer ta prison tu fais de vains efforts;
La rage de tes flots expire sur tes bords.
Fais sentir ta vengeance à ceux dont l'avarice
Sur ton perfide sein va chercher son supplice.
Hélas ! Près de périr, t'adressent-ils leurs vœux ?
Ils regardent le ciel, secours des malheureux !

ANALYSE.

Et	conj. copul.
toi,	pron. de la 2ᵉ pers. sing. des deux genr. mis en apostrophe.
dont	pron. rel. à *toi* pour *de laquelle* (mer). Ne change point.
le	art. simp. m. sing. dét. *courroux.*
courroux	s. m. sing. sujet du v. *veut.*
veut	v. a. au prés. de l'ind. 3ᵉ pers. du sing. Son sujet est *courroux*; son compl. est *engloutir.*
engloutir	v. a. au prés. de l'inf. compl. de *veut.* Il a pour compl. *terre.*
la	art. simp. f. sing. dét. *terre.*
terre,	s. f. sing. compl. du v. *engloutir.*
mer	s. f. s. placé en apostrophe.
terrible,	adj. sing. des deux genr. qualif. *mer.*
en	prép. a pour compl. *lit.*
ton	adj. poss. m. sing. dét. *lit*, parce qu'il tient lieu d'article.
lit	s. m. sing. compl. de la prép. *en.*
quelle	adj. interr. f. sing. qualif. *main*, et le dét. parce qu'il tient lieu d'article.
main	s. f. sing. sujet du v. *resserre.*
te	pron. de la 2ᵉ pers. sing. des deux genr. compl. du v. *resserre.*
resserre?	v. a. au prés. de l'ind. 3ᵉ pers. sing. Son sujet est *main*; son compl. est *te* pour *toi.*
Pour	prép. a pour compl. *forcer.*
forcer	v. a. au prés. de l'inf. compl. de *pour.* Il a pour compl. *prison.*
ta	adj. poss. f. sing. dét. *prison*, parce qu'il tient lieu d'article.
prison	s. f. sing. compl. de *forcer.*

tu	pron. de la 2ᵉ pers. sing. des deux genr. sujet du v. *fais*.
fais	v. a. au prés. de l'ind. 2ᵉ pers. sing. Son sujet est *tu* ; son compl. est *efforts*.
de	partic. employée comme art. partit. pour *quelques*, fait prendre le subst. *efforts* dans un sens d'extrait.
vains	adj. m. pl. qualif. *efforts*,
efforts ;	s. m. pl. compl. du v. *fais*.
la	art. simp. f. sing. dét. *rage*.
rage	s. f. sing. sujet du v. *expire*.
de	prép. a pour compl. *flots*.
tes	adj. poss. pl. des deux genr. dét. *flots*, parce qu'il tient lieu d'article.
flots	s. m. pl. compl. de la prép. *de*.
expire	v. n. au prés. de l'ind. 3ᵉ pers. sing. Son sujet est *rage*.
sur	prép. a pour compl. *bords*.
tes	adj. poss. pl. des deux genr. dét. *bords*, parce qu'il tient lieu d'article.
bords.	s. m. pl. compl. de la prép. *sur*.
Fais	v. a. à l'impér. 2ᵉ pers. sing. Le verbe *faire* et l'inf. qui le suit sont deux mots inséparables, et le compl. qui les précède ou qui les suit, est celui des deux v. à la fois. (Gramm. p. 168.)
sentir	v. a. au prés. de l'inf. Quand deux v. se suivent, le 2ᵉ se met à l'inf.
ta	adj. poss. f. sing. dét. *vengeance*, parce qu'il tient lieu d'article.
vengeance	s. f. sing. compl. des deux v. réunis et inséparables *fais sentir*.
à	prép. dont le compl. est *ceux*.
ceux	pron. dém. m. pl. compl. de la prép. *à*.

dont	pron. rel. à *ceux* pour *de lesquels*. Toujours invar.
la	art. simp. f. sing. dét. *avarice*.
avarice	s. f. sing. sujet du v. *va*.
sur	prép. a pour compl. *sein*.
ton	adj. poss. m. sing. dét. *sein*, parce qu'il tient lieu d'article.
perfide	adj. sing. des deux genr. qualif. *sein*.
sein	s. m. sing. compl. de la préposition *sur*.
va	v. n. au prés. de l'ind. 3ᵉ pers. sing. Son sujet est *avarice*.
chercher	v. a. au prés. de l'inf. compl. d'une prép. sous-ent. (38 et 39). Il a pour compl. *supplice*.
son	adj. poss. m. sing. dét. *supplice*, parce qu'il tient lieu d'article.
supplice.	s. m. sing. compl. du v. *chercher*.
Hélas!	interject. de *plainte*.
près de	prép. a pour compl. *périr*.
périr,	v. n. au prés. de l'inf. compl. de la prép. *près de*.
te	pour *à toi*, pron. de la 2ᵉ pers. sing. des deux genr. compl. de la prép. sous-ent.
adressent-	v. a. au prés. de l'ind. 3ᵉ pers. pl. Son sujet est *ils*; son compl. est *vœux*.
ils	pron. pers. m. pl. se rapporte à *ceux*, sujet du v. *adressent*, et placé après le verbe, parce qu'il y a interr.
leurs	adj. poss. pl. des deux genres, dét. *vœux*, parce qu'il tient lieu d'art.
vœux?	s. m. pl. compl. de *adressent*.
Ils	pron. pers. m. pl. sujet du v. *regardent*.
regardent	v. a. au pr. de l'ind. 3ᵉ pers. pl. Son sujet est *ils*; son compl. est *ciel*.
le	art. simp. m. sing. dét. *ciel*.

D

ciel,	s. m. sing. compl. du v. *regardent*.
secours	s. m. sing. attribut de *ciel*.
des	art. comp. pl. des deux genr. pour *de les*. *De* a pour compl. *malheureux*.
malheureux !	s. m. pl. compl. de la prép. *de* dans l'art. comp. *des*.

XVe EXERCICE.

La nature, qui parle en ce péril extrême,
Leur fait lever les mains vers l'asile suprême :
Hommage que toujours rend un cœur effrayé,
Au Dieu que jusqu'alors il avoit oublié.
La voix de l'univers à ce Dieu me rappelle ;
La terre le publie. Est-ce moi, me dit-elle,
Est-ce moi qui produis mes riches ornements ?
C'est celui dont la main posa mes fondements.
Si je sers tes besoins, c'est lui qui me l'ordonne ;
Les présents qu'il me fait, c'est à toi qu'il les donne.

ANALYSE.

La	art. simp. f. sing. dét. *nature*.
nature,	s. f. sing. sujet du v. *fait*.
qui	pron. rel. à *nature*, sujet du v. *parle*.
parle	v. n. au prés. de l'ind. 3e pers. du sing. Son sujet est *qui* pour *nature*.
en	prép. a pour compl. *péril*.
ce	adj. dém. m. sing. dét. *péril*, parce qu'il tient lieu d'article.
péril	s. m. sing. compl. de la prép. *en*.
extrême,	adj. sing. des deux genr. qualif. *péril*.
leur	pour *à eux*, pron. pers. pl. des deux genr. compl. de la prép. *à* s.-ent.
fait	v. a. au prés. de l'ind. 3e personne du

(75)

	sing. Son sujet est *nature*. Le verbe *fait* et l'inf. qui le suit sont deux mots inséparables, et le compl. tombe sur les deux verbes à la fois. (Gramm. p. 168.)
lever	v. a. au prés. de l'inf. Quand deux v. se suivent, le 2ᵉ se met à l'inf.
les	art. simp. pl. des deux genres, dét. *mains*.
mains	s. f. pl. compl. des deux verbes réunis et inséparables *fait lever*.
vers	prép. a pour compl. *asile*.
le	art. simp. m. sing. dét. *asile*.
asile	s. m. sing. compl. de la prép. *vers*.
suprême :	adj. sing. des deux genr. qualif. *asile*.
hommage	s. m. sing. sujet du v. *est* sous-ent. (c'est un hommage, ou cet hommage est celui que, etc. (17).
que	pron. rel. *hommage*, et compl. du verbe *rend*.
toujours	adv. de temps, modif. *rend*.
rend	v. a. au prés. de l'ind. 3ᵉ pers. du sing. Son sujet est *cœur* ; son compl. est *que* pour *hommage*.
un	adj. numér. m. sing. dét. *cœur*, parce qu'il tient lieu d'article.
cœur	s. m. sing. sujet du v. *rend*.
effrayé,	part. adj. m. sing. qualif. *cœur*.
au	art. comp. m. sing. pour *à le*. Le compl. de la prép. *à* est *Dieu*.
Dieu	s. m. sing. compl. de la prép. *à* dans l'art. comp. *au*.
que	pron. rel. à *Dieu*, et compl. du verbe *avoit oublié*.
jusqu'alors	adv. de temps, modif. *avoit oublié*.
	pron. de la 3ᵉ pers. m. sing. sujet du verbe *avoit oublié*.

D 2

avoit oublié.	v. a. au plusq-parf. de l'ind. 3ᵉ pers. du sing. Son sujet est *il*; son compl. est *que* pour *Dieu*.
La	art. simp. f. sing. dét. *voix*.
voix	s. f. sing. sujet du v. *rappelle*.
de	prép. a pour compl. *univers*.
le	art. simp. m. sing. dét. *univers*.
univers	s. m. sing. compl. de la prép. *de*.
à	prép. a pour compl. *Dieu*.
ce	adj. dém. m. sing. dét. *Dieu*, parce qu'il tient lieu d'article.
Dieu	s. m. sing. compl. de la prép. *à*.
me	pour *moi*, pron. de la 1ʳᵉ pers. sing. des deux genres, compl. du verbe *rappelle*.
rappelle ;	v. a. au prés. de l'ind. 3ᵉ pers. du sing. Son sujet est *voix* ; son compl. est *me* pour *moi*. J'écris ce mot avec deux *l*, à cause de l'*e* muet qui suit. (Gramm. p. 43.)
la	art. simp. f. sing. dét. *terre*.
terre	s. f. sing. sujet du v. *publie*.
le	pron. rel. à *Dieu*, m. sing. compl. du verbe *publie*.
publie.	v. a. au prés. de l'ind. 3ᵉ pers. du sing. Son sujet est *terre* ; son compl. est *le*, pour *Dieu*.
Est-	v. subst. au prés. de l'ind. 3ᵉ pers. du sing. Son sujet est *ce*.
ce	pron. dém. m. sing. suj. du v. *est*, placé après ce verbe à cause de l'interr.
moi,	pron. de la 1ʳᵉ pers. sing. des deux genr. sujet du v. *suis* sous-ent. (moi suis-je ?) (46 et 47.)
me	pour *à moi*, pron. de la 1ʳᵉ personne du singulier des deux genres (37).

dit-	v. a. au prés. de l'ind. 3ᵉ pers. du sing. Son sujet est *elle*.
elle,	pron. de la 3ᵉ pers. f. sing. sujet du v. *dit*, et placé après ce verbe, parce qu'on rapporte les paroles mêmes de la personne qui parle.
est-	v. subst. au prés. de l'ind. 3ᵉ pers. du sing. Son sujet est *ce*.
ce	pron. dém. m. sing. sujet du v. *est*, placé après ce v., à cause de l'interr.
moi	pron. de la 1ʳᵉ pers. sing. des deux genr. sujet du v. *suis* sous-ent. (*moi suis-je ?*) (46 et 47).
qui	pron. rel. à *moi*, sujet du v. *produis*.
produis	v. a. au prés. de l'ind. 1ʳᵉ pers. du sing. Son sujet est *qui* rel. à *moi*; son compl. est *ornements*.
mes	adj. poss. pl. des deux genr. dét. *ornements*, parce qu'il tient lieu d'article.
riches	adj. pl. des deux genres, qualif. *ornements*.
ornements ?	s. m. pl. compl. du v. *produis*.
Ce	pron. dém. m. sing. sujet du v. *est*.
est	v. subst. au prés. de l'ind. 3ᵉ pers. du sing. Son sujet est *ce*.
celui	pron. dém. m. sing. sujet. du v. *est* sous-ent. (46 et 47).
dont	pron. rel. à *celui*, pour *de lequel*. Il est toujours invar.
la	art. simp. f. sing. dét. *main*.
main	s. f. sing. sujet du v. *posa*.
posa	v. a. au prét. déf. 3ᵉ pers. du sing. Son sujet est *main* ; son compl. est *fondements*.
mes	adj. poss. pl. des deux genr. dét. *fondements*, parce qu'il tient lieu d'art.

3

fondements.	s. m. pl. comp. du v. *posa.*
Si	conj. condit.
je	pron. de la 1re pers. sing. des deux genr. sujet du v. *sers.*
sers	v. a. au prés. de l'ind. 1re pers. du sing. Son sujet est *je* ; son compl. est *besoins.*
tes	adj. poss. pl. des deux genr. dét. *besoins*, parce qu'il tient lieu d'article.
besoins,	s. m. pl. comp. du v. *sers.*
ce	pron. dém. m. sing. sujet du v. *est.*
est	v. subst. au prés. de l'ind. 3e pers. du sing. Son sujet est *ce.*
lui	pron. de la 3e pers. m. sing. sujet du v. *est* sous-ent. (*lui est*) (46 et 47).
qui	pron. rel. à *lui*, sujet du verbe *ordonne.*
me	pour *à moi*, pron. de la 1re pers. sing. des deux genr.
le	pron. rel. au v. *servir*, mis pour *cela.* Invar. et compl. du v. *ordonne.*
ordonne ;	v. a. au prés. de l'ind. 3e pers. du sing. Son sujet est *qui* pour *lui* (Dieu); son compl. est *le* pour *cela.*
les	art. simp. pl. des deux genr. dét. *présents.*
présents	s. m. pl. comp. du v. *donne* (18). On peut aussi le regarder comme comp. d'un verbe ou d'une prép. sous-ent. (19).
que	pron. rel. à *présents*, et compl. du v. *fait.*
il	pron. de la 3e pers. m. sing. sujet du v. *fait.*
me	pour *à moi*, pron. de la 1re pers. sing. des deux genres (37).
fait,	v. a. au prés. de l'ind. 3e pers. du sing.

	Son sujet est *il ;* son compl. est *que* pour *présents.*
ce	pron. dém. m. sing. suj. du v. *est.*
est	v. subst. au prés. de l'ind. 3ᵉ pers. du sing. Son sujet est *ce.*
à	prép. a pour compl. *toi.*
toi	pron. de la 2ᵉ pers. sing. des deux genr. compl. de la prép. *à.*
que	conj. déterminat.
il	pron. de la 3ᵉ pers. m. sing. sujet du v. *donne.*
les	pron. rel. à *présents,* pl. des deux genr. compl. du v. *donne,* répété par pléonasme (18).
donne.	v. a. au prés. de l'ind. 3ᵉ pers. du sing. Son sujet est *il ;* son comp. est *les* pour *présents.*

XVIᵉ EXERCICE.

Les empires ne peuvent se soutenir que par l'équité des mêmes lois qui les ont formés ; et l'injustice a bien pu détrôner des souverains, mais elle n'a jamais affermi les trônes : les ministres qui ont outré la puissance des rois, l'ont toujours affoiblie ; ils n'ont élevé leurs maîtres que sur la ruine de leurs états, et leur zèle n'a été utile aux Césars qu'autant qu'il a respecté les lois de l'empire.

ANALYSE.

Les	art. simp. pl. des deux genr. dét. *empires.*
empires	s. m. pl. sujet de *peuvent.*
ne	adv. de nég. modif. *peuvent.*

4

peuvent	v. n. 3ᵉ pers. pl. du prés. de l'ind. Son sujet est *empires*.
se soutenir	v. pronomin. au prés. de l'inf. Quand deux verbes se suivent, le second se met à l'infinitif.
que	conj. déterminat.
par	prép. qui a pour-comp. *équité*.
la	art. simp. f. sing. dét. *équité*.
équité	s. f. sing. compl. de la prép. *par*.
des	art. comp. pl. des deux genr. pour *de les*. De a pour compl. *lois*.
mêmes	adj. pl. des deux genr. qualif. *lois*.
lois	s. f. pl. compl. de la prép. *de* dans l'art. comp. *des*.
qui	pron. rel. à *lois*, et sujet du v. *ont formés*.
les	pron. rel. à *empires*, pl. des deux genr. compl. de *ont formés*.
ont formés ;	v. a. au prét. indéf. 3ᵉ pers. pl. Son sujet est *qui* pour *lois*; son compl. est *les* pour *empires*. Le part. *formés* s'accorde avec ce compl. qui le précède. (Troisième règle).
et	conj. copul. qui lie deux membres de phrase.
la	art. simp. f. sing. dét. *injustice*.
injustice	s. f. sing. sujet de *a pu*.
a pu	v. n. à la 3ᵉ pers. du sing. du prét. indéf. Son sujet est *injustice*.
bien	adv. de manière, modif. *a pu*.
détrôner	v. a. au prés. de l'infinitif. Il a pour compl. *souverains*. Quand deux v. se suivent, le second se met à l'infinitif.
des	art. partit. pour *quelques*, pl. des deux genr. fait prendre le subst. *souverains* dans un sens d'extrait.

(81)

souverains,	s. m. pl. compl. du v. *détrôner*.
mais	conj. adversat.
elle	pron. de la 3ᵉ pers. f. sing. rappelle l'idée de *injustice*, sujet du verbe *a affermi*.
ne	adv. de nég. modif. *a affermi*.
jamais	adv. de temps, modif. *a affermi*.
a affermi	v. a. au prét. indéf. 3ᵉ pers. du sing. Son sujet est *elle* ; son compl. est *trônes*. Le part. *affermi* ne s'accorde point avec ce compl. qui n'est placé qu'après. (Quatrième règle.)
les	art. simpl. pl. des deux genr. dét. *trônes*.
trônes :	s. m. pl. compl. du v. *a affermi*.
les	art. simpl. pl. des deux genr. dét. *ministres*.
ministres	s. m. pl. sujet du v. *ont affoiblie*.
qui	pron. rel. à *ministres*, sujet du v. *ont outré*.
ont outré	v. a. au prét. indéf. 3ᵉ pers. pl. Son sujet est *qui* pour *ministres* ; son compl. est *puissance*. Le part. *outré* ne s'accorde point avec ce compl. qui n'est placé qu'après. (Quatrième règle.)
la	art. simpl. f. sing. dét. *puissance*.
puissance	s. f. sing. compl. du v. *ont outré*.
des	art. comp. pl. des deux genr. pour *de les*. *De* a pour compl. *rois*.
rois,	s. m. pl. compl. de la prép. *de* dans l'art. comp. *des*.
la	pron. rel. à *puissance*, f. sing., compl. du v. *ont affoiblie*.
ont affoiblie	v. a. au prét. indéf. 3ᵉ pers. pl. Son suj. est *ministres* ; son compl. est *la* pour *puissance*. Le part. *affoiblie*

5

	f. s. s'accorde avec ce compl. qui le précède. (Troisième règle.)
toujours ;	adv. de temps, modif. *ont affoiblie.*
ils	pron. de la 3ᵉ pers. m. pl. pour *ministres*, sujet du v. *ont élevé.*
ne	adv. de nég. mod. *ont élevé.*
ont élevé	v. a. au prét. indéf. 3ᵉ pers. pl. Son suj. est *ils* pour *ministres* ; son compl. est *maîtres.* Le part. *élevé* ne s'accorde point avec ce compl. qui n'est placé qu'après. (Quatrième règle.)
leurs	adj. poss. pl. des deux genr. dét. *maîtres*, parce qu'il tient lieu d'article.
maîtres	s. m. pl. compl. du v. *ont élevé.*
que	conj. déterminat.
sur	prép. dont le compl. est *ruine.*
la	art. simpl. f. sing. dét. *ruine.*
ruine	s. f. sing. compl. de la prép. *sur.*
de	prép. dont le compl. est *états.*
leurs	adj. poss. pl. des deux genr. dét. *états*, parce qu'il tient lieu d'article.
états,	s. m. pl. compl. de la prép. *de.*
et	conj. copul. lie deux membres de phrase.
leur	adj. poss. sing. des deux genr. dét. *zèle*, parce qu'il tient lieu d'article.
zèle	s. m. sing. sujet du v. *a été.*
ne	adv. de nég. modif. *a été.*
a été	v. subst. au prét. indéf. 3ᵉ pers. du sing. Son sujet est *zèle.*
utile	adj. sing. des deux genr. attribut de *zèle.*
aux	art. comp. pl. des deux genr. pour *à les.* Le compl. de la prép. *à* est *Césars.*
Césars,	n. prop. employé comme nom commun, m. pl. (Gramm. p. 10) compl.

que	de la prép. *à* dans l'art. comp. *aux*. conj. déterminat.
autant	adv. qui marque proportion, et modif. *a été*.
que	conj. déterminat.
il	pron. de la 3ᵉ pers. m. sing. pour *zèle*. Sujet du v. *a respecté*.
a respecté	v. a. au prét. indéf. 3ᵉ pers. du sing. Son sujet est *il* pour *zèle*; son compl. est *lois*. Le part. *respecté* ne s'accorde point avec ce compl. qui n'est placé qu'après. (Quatrième règle.)
les	art. simp. pl. des deux genr. dét. *lois*.
lois	s. f. pl. compl. du v. *a respecté*.
de	prép. dont le compl. est *empire*.
le	art. simp. m. sing. dét. *empire*.
empire.	s. m. sing. compl. de la prép. *de*.

XVIIᵉ EXERCICE.

Enfin, sous un superbe pavillon, au milieu de ses femmes et d'une foule de guerriers, ses yeux rencontrent Armide, qui, l'air morne et le cœur gros de soupirs, semble s'entretenir avec elle-même : sa tête est appuyée sur sa main ; ses regards sont attachés à la terre : on ne sait si elle pleure ; mais ses prunelles sont mouillées, et des perles liquides nagent dans ses yeux.

ANALYSE.

Enfin,	adv. d'ordre, de temps, modif. le v. *rencontrent*.
sous	prép. dont le compl. est *pavillon*.

un	adj. numér. m. sing. dét. *pavillon*, parce qu'il tient lieu d'article.
superbe	adj. sing. des deux genr. qualif. *pavillon*.
pavillon,	s. m. sing. compl. de la prép. *sous*.
au	art. comp. m. sing. pour *à le*. Le compl. de la prép. *à* est *milieu*.
milieu	s. m. sing. compl. de *à* dans l'article comp. *au*.
de	prép. dont le compl. est *femmes*.
ses	adj. poss. pl. des deux genr. dét. *femmes*, parce qu'il tient lieu d'article.
femmes	s. f. pl. compl. de la prép. *de*.
et	conj. copul.
de	prép. dont le compl. est *foule*.
une	adj. numér. f. sing. dét. *foule*, parce qu'il tient lieu d'article.
foule	s. f. sing. compl. de la prép. *de*.
de	prép. dont le compl. est *guerriers*.
guerriers,	s. m. pl. compl. de la prép. *de*.
ses	adj. poss. pl. des deux genr. dét. *yeux*, parce qu'il tient lieu d'article.
yeux	s. m. pl. sujet du v. *rencontrent*.
rencontrent	v. a. au prés. de l'ind. 3e pers. pl. Son suj. est *yeux*; son compl. est *Armide*.
Armide,	nom propre de femme, compl. du v. *rencontrent*.
qui,	pron. rel. à *Armide*, sujet du verbe *semble*.
le	art. simp. m. sing. dét. *air*.
air	s. m. sing. compl. de la prép. *avec* sous-ent. (34.)
morne	adj. sing. des deux genr. qualif. *air*.
et	conj. copul.
le	art. simp. m. sing. dét. *cœur*.
cœur	s. m. sing. compl. de la prép. *avec* sous-ent. (34.)

gros	adj. m. sing. qualif. *cœur*.
de	prép. dont le compl. est *soupirs*.
soupirs,	s. m. pl. compl. de la prép. *de*.
semble	v. n. au prés. de l'ind. 3ᵉ pers. du sing. Son sujet est *qui* pour *Armide*.
s'entretenir	v. réfl. au prés. de l'inf. Quand deux verbes sont placés par apposition, le second se met à l'infinitif.
avec	prép. dont le compl. est *elle-même*.
elle-même :	pron. de la 3ᵉ pers. f. sing. compl. de la prép. *avec*.
sa	adj. poss. f. sing. dét. *téte* parce qu'il tient lieu d'art.
téte	s. f. sing. sujet du v. *est appuyée*.
est appuyée	v. passif au prés. de l'ind. 3ᵉ pers. du sing. Son sujet est *téte*. Le part. *appuyée* f. s. s'accorde avec ce suj. (Première règle.)
sur	prép. dont le compl. est *main*.
sa	adj. poss. f. sing. dét. *main*, parce qu'il tient lieu d'art.
main ;	s. f. sing. complément de la préposition *sur*.
ses	adj. poss. pl. des deux genres, dét. *regards*, parce qu'il tient lieu d'article.
regards	s. m. pl. sujet du v. *sont attachés*.
sont attachés	v. passif au prés. de l'ind. 3ᵉ pers. pl. Son sujet est *regards*. Le part. *attachés* s'accorde avec ce sujet. (Première règle, Gramm. p. 153.)
à	prép. dont le compl. est *terre*.
la	art. simp. f. sing. dét. *terre*.
terre :	s. f. sing. compl. de la prép. *à*.
on	pron. indéf. m. sing. sujet du verbe *sait*.
ne	adv. de nég. modif. *sait*.

sait	v. a. au prés. de l'ind. 3ᵉ pers. du sing. Son sujet est *on*.
si	conj. cond.
elle	pron. de la 3ᵉ pers. f. sing. sujet du verbe *pleure*.
pleure ;	v. n. au prés. de l'ind. 3ᵉ pers. sing. Son sujet est *elle*.
mais	conjonct. adversat.
ses	adj. poss. pl. des deux genr. dét. *prunelles*, parce qu'il tient lieu d'art.
prunelles	s. f. pl. sujet du v. *sont mouillées*.
sont mouillées,	v. passif au prés. de l'ind. 3ᵉ pers. pl. Son sujet est *prunelles*. Le part. *mouillées* f. pl. s'accorde avec ce sujet. (Première règle.)
et	conj. copul. qui lie deux membres de phrase.
des	art. part. pl. des deux genr. mis pour *quelques*, fait prendre le substantif *perles* dans un sens d'extrait.
perles	s. f. pl. sujet du v. *nagent*.
liquides	adj. pl. des deux genr. qualif. *perles*.
nagent	v. n. au prés. de l'ind. 3ᵉ pers. pl. Son sujet est *perles*.
dans	prép. dont le compl. est *yeux*.
ses	adj. poss. pl. des deux genr. dét. *yeux*, parce qu'il tient lieu d'art.
yeux,	s. m. pl. compl. de la prép. *dans*.

XVIIIᵉ EXERCICE.

Je me pare des fleurs qui tombent de sa main :
Il ne fait que l'ouvrir, et m'en remplit le sein.
Pour consoler l'espoir du laboureur avide,
C'est lui qui dans l'Égypte, où je suis trop aride,

Veut qu'au moment prescrit, le Nil, loin de ses bords,
Répandu sur la plaine, y porte mes trésors.
A de moindres objets tu peux le reconnoître.
Contemple seulement l'arbre que je fais croître.
Mon suc, dans la racine à peine répandu,
Du tronc qui le reçoit, à la branche est rendu.
La feuille le demande, et la branche fidelle,
Prodigue de son bien, le partage avec elle.

ANALYSE.

Je	pron. de la 1re pers. sing. des deux genr. sujet du v. *me pare*.
me pare	v. pronomin. au prés. de l'ind. 1re pers. du sing. Son sujet est *je*.
des	art. comp. pl. des deux genr. pour *de les*. Le compl. de la prép. *de* est *fleurs*.
fleurs	s. f. pl. compl. de la prép. *de* dans l'art. comp. *des*.
qui	pron. rel. à *fleurs*, sujet du v. *tombent*.
tombent	v. n. au prés. de l'ind. 3e pers. pl. Son sujet est *qui* pour *fleurs*.
de	prép. dont le compl. est *main*.
sa	adj. poss. f. sing. dét. *main*, parce qu'il tient lieu d'article.
main :	s. f. sing. compl. de la prép. *de*.
il	pron. de la 3e pers. m. sing. rappelle l'idée de *Dieu*, et est sujet des v. *fait* et *remplit*.
ne	adv. de nég. modif. le v. *fait*.
fait	v. a. au prés. de l'ind. 3e pers. sing. Son sujet est *il*.
que	conj. déterminat.
la	pron. rel. à *main*, f. sing. compl. du v. *ouvrir*.

ouvrir	v. a. au prés. de l'inf. Quand deux verbes sont de suite, on met le second à l'inf. (39). Il a pour compl. *la* pour *main*.
et	conj. copul. joint deux membres de phrase.
me	pour *à moi*, pron. de la 1re pers. sing. des deux genr. (37).
en	pron. rel. *à fleurs*, pour *de cela*. Toujours invar.
remplit	v. a. au prés. de l'ind. 3e pers. du sing. Son sujet est *il* ; son compl. est *sein*.
le	art. simp. m. sing. dét. *sein*.
sein.	s. m. sing. compl. du v. *remplit*.
Pour	prép. dont le compl. est *consoler*.
consoler	v. a. au prés. de l'inf. compl. de la préposition *pour*. Il a pour compl. *espoir*.
le	art. s. m. sing. dét. *espoir*.
espoir	s. m. sing. compl. de *consoler*.
du	art. comp. m. sing. pour *de le*. *De* a pour compl. *laboureur*.
laboureur	s. m. sing. compl. de la prép. *de* dans l'art. comp. *du*.
avide,	adj. sing. des deux genr. qualif. *laboureur*.
ce	pron. dém. m. sing. sujet du v. *est*.
est	v. subst. au prés. de l'ind. 3e pers. du sing. Son sujet est *ce*.
lui	pron. de la 3e pers. m. sing. sujet du v. *est* (46 et 47).
qui	pron. rel. *à lui*, sujet du v. *veut*.
dans	prép. dont le compl. est *Égypte*.
la	art. simp. f. sing. dét. *contrée* sous-ent. (43).
Égypte,	nom prop. d'une contrée de l'Afrique, compl. de la prép. *dans*.

où	adv. de lieu, modif. *suis*.
je	pron. de la 1ʳᵉ pers. sing. des deux genr. sujet du v. *suis*.
suis	v. subst. au prés. de l'ind. 1ʳᵉ pers. du sing. Son sujet est *je* pour *terre*.
trop	adv. de quant. modif. l'adj. *aride*.
aride,	adj. sing. des deux genr. attribut de *je* pour *terre*.
veut	v. a. au prés. de l'ind. 3ᵉ pers. du sing. Son sujet est *qui* pour *lui* (Dieu).
que	conj. déterminat.
au	art. comp. m. sing. pour *à le*. Le compl. de la prép. *à* est *moment*.
moment	s. m. sing. compl. de la prép. *à* dans l'art. comp. *au*.
prescrit,	part. adj. m. sing. qualif. *moment*.
le	art. simpl. m. sing. dét. *fleuve* sous-ent. (43.)
Nil,	nom prop. de *fleuve*, sujet du v. *porte*.
loin de	prép. a pour compl. *bords*.
ses	adj. poss. pl. des deux genr. dét. *bords*, parce qu'il tient lieu d'article.
bords,	s. m. pl. compl. de la prép. *loin de*.
répandu	part. adj. m. sing. qualif. *Nil*.
sur	prép. a pour comp. *plaine*.
la	art. simp. f. sing. dét. *plaine*.
plaine,	s. f. sing. compl. de la prép. *sur*.
y	adv. de lieu, modif. le v. *porte*.
porte	v. a. au prés. du subj. 3ᵉ pers. du sing. Son sujet est *Nil*; son compl. est *trésors*. Le verbe est au subj. parce qu'après le v. *vouloir*, la conj. *que* appelle le subj.
mes	adj. poss. pl. des deux genr. dét. *trésors*, parce qu'il tient lieu d'article.
trésors.	s. m. pl. compl. du v. *porte*.

A	prép. a pour compl. *objets.*
de	partic. employée comme art. partit., équivaut à *quelques*, et fait prendre le subst. *objets* dans un sens d'extrait (23).
moindres	adj. pl. des deux genr. Il exprime seul une comparaison, et qualif. *objets.*
objets	s. m. pl. compl. de la prép. *à.*
tu	pron. de la 2ᵉ pers. sing. des deux genr. sujet du v. *peux.*
peux	v. n. au prés. de l'ind. 2ᵉ pers. du sing. Son sujet est *tu.*
le	pour *lui* (Dieu), pron. de la 3ᵉ pers. m. sing. compl. de *reconnoître.*
reconnoître.	v. a. au prés. de l'inf. Il a pour compl. *le* pour *lui* (Dieu). Quand deux v. se suivent, le second se met à l'inf.
Contemple	v. a. à l'impér. 2ᵉ pers. sing. Son complément est *arbre.*
seulement	adv. qui modif. le v. *contemple.*
le	art. simpl. m. sing. dét. *arbre.*
arbre	s. m. sing. compl. du v. *contemple.*
que	pron. rel. à *arbre*, compl. des deux verbes réunis et inséparables *fais croître.* (Gramm. p. 168.)
je	pron. de la 1ʳᵉ pers. sing. des deux genr. sujet du v. *fais.*
fais	v. a. au prés. de l'ind. 1ʳᵉ pers. du sing. Son sujet est *je.*
croître.	v. n. au prés. de l'inf. Quand deux verbes se suiv., le 2ᵉ se met à l'inf.
Mon	adj. poss. m. sing. dét. *suc*, parce qu'il tient lieu d'article.
suc,	s. m. sing. sujet du v. *est rendu.*
dans	prép. a pour compl. *racine.*
la	art. simp. f. sing. dét. *racine.*

racine	s. f. sing. compl. de la prép. *dans*.
à peine	adv. de temps modif. *répandu*.
répandu,	part. adj. m. sing. qualif. *suc*.
du	art. comp. m. sing. pour *de le*. Le compl. de la prép. *de* est *tronc*.
tronc	s. m. sing. compl. de la prép. *de* dans l'art. comp. *du*.
qui	pron. rel. à *tronc*, sujet du v. *reçoit*.
le	pron. rel. à *suc*, m. sing. compl. du v. *reçoit*.
reçoit,	v. a. au prés. de l'ind. 3ᵉ pers. du sing. Son sujet est *qui* pour *tronc*; son compl. est *le* pour *suc*.
à	prép. dont le compl. est *branche*.
la	art. simpl. f. sing. dét. *branche*.
branche	s. f. sing. compl. de la prép. *à*.
est rendu.	v. passif au prés. de l'ind. 3ᵉ pers. sing. Son sujet est *suc*. Le part. *rendu* s'accorde avec ce sujet. (Première règle.)
La	art. simpl. f. sing. dét. *feuille*.
feuille	s. f. sing. sujet du v. *demande*.
le	pron. rel. à *suc*, m. sing. compl. du v. *demande*.
demande,	v. a. au prés. de l'ind. 3ᵉ pers. sing. Son sujet est *feuille*; son compl. est *le* pour *suc*.
et	conj. copul. qui lie deux membres de phrase.
la	art. simpl. f. sing. dét. *branche*.
branche	s. f. sing. sujet du v. *partage*.
fidelle,	adj. sing. des deux genr. qualif. *branche*.
prodigue	adj. sing. des deux genr. qualif. *branche*.
de	prép. dont le compl. est *bien*.

son	adj. poss. m. sing. dét. *bien*, parce qu'il tient lieu d'article.
bien,	s. m. sing. compl. de la prép. *de*.
le	pron. rel. à *suc*, m. sing. compl. du v. *partage*.
partage	v. a. au prés. de l'ind. 3ᵉ pers. du sing. Son sujet est *branche*; son compl. est *le* pour *suc*.
avec	prép. dont le compl. est *elle*.
elle.	pron. de la 3ᵉ pers. f. sing. tient la place de *feuille*, compl. de la prép. *avec*.

XIXᵉ EXERCICE.

De l'éclat de ses fruits justement enchanté,
Ne méprise jamais ces plantes sans beauté;
Troupe obscure et timide, humble et foible vulgaire,
Si tu sais découvrir leur vertu salutaire,
Elles pourront servir à prolonger tes jours.
Et ne t'afflige pas, si les leurs sont si courts :
Toute plante en naissant déjà renferme en elle,
D'enfants qui la suivront une race immortelle.

ANALYSE.

De	prép. dont le compl. est *éclat*.
le	art. simp. m. sing. dét. *éclat*.
éclat	s. m. sing. compl. de la prép. *de*.
de	prép. dont le compl. est *fruits*.
ses	adj. poss. pl. des deux genres dét. *fruits*, parce qu'il tient lieu d'article.
fruits	s. m. pl. compl. de la prép. *de*.
justement	adv. de manière, modif. *enchanté*.

enchanté,	part. adj. m. sing. qualif. *toi* sous-ent. sujet de la phrase (*toi*, enchanté, ne méprise point).
ne	adv. de nég. modif. *méprise*.
méprise	v. a. à l'impératif 2ᵉ pers. du sing. Son compl. est *plantes*.
jamais	adv. de temps, modif le v. *méprise*.
ces	adj. dém. pl. des deux genres, dét. *plantes*, parce qu'il tient lieu d'article.
plantes	s. f. pl. compl. du v. *méprise*.
sans	prép. dont le compl. est *beauté*.
beauté;	s. f. sing. compl. de *sans*, employé sans article, parce qu'il est pris dans un sens indéterminé.
troupe	s. f. sing. attribut de *elles* (*plantes*), dans la phrase ainsi rétablie, si tu sais découvrir la vertu d'*elles*, troupe obscure, etc. (40).
obscure	adj. f. sing. qualif. *troupe*.
et	conj. copul. joint deux adjectifs.
timide,	adj. sing. des deux genr. qualif. *troupe*.
humble	adj. sing. des deux genr. qualif. *vulgaire*.
et	conj. copul. lie deux adjectifs.
foible	adj. sing. des deux genr. qualif. *vulgaire*.
vulgaire,	s. m. sing. attribut de *elles* (*plantes*), dans la phrase ainsi rétablie : si tu sais découvrir la vertu d'*elles*; vulgaire humble et foible, etc. (40).
si	conj. condit.
tu	pron. de la 2ᵉ pers. sing. des deux genr. sujet de *sais*.
sais	v. a. au prés. de l'ind. 2ᵉ pers. sing. Son sujet est *tu*, son compl. est *découvrir*.

découvrir	v. a. au prés. de l'inf. compl. du verbe *sais*. Il a pour compl. *vertu*.
leur	adj. poss. sing. des deux genres, dét. *vertu*, parce qu'il tient lieu d'art.
vertu	s. f. sing. compl. de *découvrir*.
salutaire,	adj. sing. des deux genr. qualif. *vertu*.
elles	pron. de la 3ᵉ pers. fém. pl. rappelle l'idée de *plantes*, sujet du v. *pourront*.
pourront	v. n. au fut. simp. 3ᵉ pers. pl. Son sujet est *elles*.
servir	v. n. au prés. de l'inf. Quand deux verbes sont placés par apposition, le second se met à l'infinitif.
à	prép. dont le compl. est *prolonger*.
prolonger	v. a. au prés. de l'inf. compl. de la prép. *à*. Il a pour compl. *jours*.
tes	adj. poss. pl. des deux genr. dét. *jours*, parce qu'il tient lieu d'article.
jours.	s. m. pl. compl. du v. *prolonger*.
Et	conj. copul. lie deux memb. de phrase.
ne pas	adv. de nég. modif. *t'afflige*.
t'afflige,	v. pronomin. à l'impér. 2ᵉ pers. sing.
si	conj. causat. *de ce que, parce que*, etc.
les	art. simpl. pl. des deux genres, dét. *leurs* pour *jours*.
leurs	pron. poss. pl. des deux genres, pris substant. pour *jours*, suj. du v. *sont*.
sont	v. subst. au prés. de l'ind. 3ᵉ pers. pl. Son sujet est *leurs* pour *jours*.
si	adv. de quant. modif. *courts*.
courts :	adj. m. pl. attribut de *leurs* pour *jours*.
toute	adj. collect. f. sing. dét. *plante*, parce qu'il tient lieu d'article (22).
plante	s. f. sing. sujet du v. *renferme*.
en	prép. dont le compl. est *naissant*.
naissant	v. n. au part. prés. compl. de la prép. *en*.

déjà	adv. de temps, modif. le v. *renferme*.
renferme	v. a. au prés. de l'ind. 3ᵉ pers. sing. Son sujet est *plante*; son compl. est *race*.
en	prép. dont le compl. est *elle*.
elle	pron. de la 3ᵉ pers. f. sing. compl. de la prép. *en*.
de	prép. dont le compl. est *enfants*.
enfants	s. m. pl. compl. de la prép. *de*.
qui	pron. rel. à *enfants*, sujet du v. *suivront*.
la	pron. rel. à *plante*, f. sing. compl. du v. *suivront*.
suivront	v. a. au fut. simpl. 3ᵉ pers. pl. Son suj. est *qui* pour *enfants*; son compl. est *la* pour *plante*.
une	adj. numér. f. sing. dét. *race*, parce qu'il tient lieu d'article.
race	s. f. sing. compl. de *renferme*.
immortelle.	adj. f. sing. qualif. *race*.

XXᵉ EXERCICE.

La Providence se servit d'elle pour donner aux uns l'envie de leur perfection, pour ôter aux autres les prétextes de leur négligence. Combien d'ames timides a-t-elle encouragées par sa profession publique de dévotion, et par les marques visibles de la miséricorde de Dieu sur elle! Combien de fausses vertus a-t-elle redressées par les règles qu'elle avoit prescrites à la sienne! Combien de désordres a-t-elle arrêtés, moins par la force de ses corrections que par la persuasion de son exemple!

ANALYSE.

La	art. simpl. f. sing. dét. *Providence*.
Providence	s. f. sing. sujet du v. *se servit*.
se servit	v. réfl. au prét. déf. 3ᵉ pers. sing. Son sujet est *Providence*.
de	prép. dont le compl. est *elle*.
elle	pron. de la 3ᵉ pers. f. sing. compl. de la prép. *de*.
pour	prép. dont le compl. est *donner*.
donner	v. a. au prés. de l'inf. compl. de *pour*. Il a pour compl. *envie*.
aux	art. comp. pl. des deux genr. pour *à les*. Le compl. de la prép. *à* est *uns*.
uns	s. m. pl. compl. de *à* dans *aux*.
la	art. simp. f. sing. dét. *envie*.
envie	s. f. sing. compl. du v. *donner*.
de	prép. dont le compl. est *perfection*.
leur	adj. poss. sing. des deux genr. dét. *perfection*, parce qu'il tient lieu d'article.
perfection,	s. f. sing. compl. de la prép. *de*.
pour	prép. dont le compl. est *ôter*.
ôter	v. a. au prés. de l'inf. compl. de la prép. *pour*. Il a pour compl. *prétextes*.
aux	art. comp. pl. des deux genr. pour *à les*. Le comp. de la prép. *à* est *autres*.
autres	s. m. pl. compl. de la prép. *à* dans l'art. comp. *aux*.
les	art. simp. pl. des deux genr. dét. *prétextes*.
prétextes	s. m. pl. compl. du v. *ôter*.
de	prép. dont le compl. est *négligence*.
leur	adj. poss. sing. des deux genr. dét. *négligence*, parce qu'il tient lieu d'art.

négligence.	s. f. sing. compl. de la prép. *de*.
Combien	adv. de quant. employé comme substantif collect., compl. du v. *a encouragées* (45).
de	prép. dont le compl. est *ames*.
ames	s. f. pl. compl. de la prép. *de*.
timides	adj. pl. des deux genr. qualif. *ames*.
a encouragées	v. a. au prét. indéf. 3ᵉ pers. du sing. Son suj. est *elle*; son compl. est *combien*. Le part. *encouragées* s'accorde avec *ames*, parce que les noms collect. *combien*, *que*, *tant*, etc., soumettent toujours au genre et au nombre du subst. qui les suit, les mots correspondants (45).
-t-	lettre euphonique entre deux tirets.
elle	pron. de la 3ᵉ pers. f. sing. sujet du v. *a encouragées*, placé après le verbe, parce qu'il y a interr.
par	prép. dont le compl. est *profession*.
sa	adj. poss. f. sing. dét. *profession*, parce qu'il tient lieu d'art.
profession	s. f. sing. compl. de *par*.
publique	adj. f. sing. qualif. *profession*.
de	prép. dont le compl. est *dévotion*.
dévotion,	s. f. sing. compl. de la prép. *de*.
et	conjonct. copul. lie deux membres de phrase.
par	prép. dont le compl. est *marques*.
les	art. simp. pl. des deux genr. dét. *marques*.
marques	s. f. pl. compl. de la prép. *par*.
visibles	adj. pl. des deux genres qualif. *marques*.
de	prép. dont le comp. est *miséricorde*.
la	art. simp. f. simp. dét. *miséricorde*.
miséricorde	s. f. sing. comp. de la prép. *de*.

E

de	prép. dont le compl. est *Dieu.*
Dieu	s. m. sing. compl. de la prép. *de.*
sur	prép. dont le compl. est *elle.*
elle !	pron. de la 3ᵉ pers. f. sing. compl. de la prép. *sur.*
Combien	adv. de quant. employé comme subst. collect. compl. de *a redressées* (45).
de	prép. dont le compl. est *vertus.*
fausses	adj. f. pl. qualif. *vertus.*
vertus	s. f. pl. compl. de la prép. *de.*
a redressées	v. a. au prét. indéf. 3ᵉ pers. du sing. Son suj. est *elle*; son compl. est *combien.* Le part. *redressées* s'accorde avec *vertus*, parce que les noms collect. *combien, tant, que,* etc. soumettent toujours au genre et au nombre du subst. qui les suit, les mots correspondants (45). (Troisième règle des participes.)
-t-	lettre euphonique entre deux tirets.
elle	pron. de la 3ᵉ pers. f. sing. sujet du v. *a redressées*, placé après ce v. à cause de l'interr.
par	prép. dont le compl. est *règles.*
les	art. simpl. pl. des deux genr. déterm. *règles.*
règles	s. f. pl. compl. de la prép. *par.*
que	pron. rel. à *règles*, compl. du v. *avoit prescrites.*
elle	pron. de la 3ᵉ pers. f. sing. sujet du v. *avoit prescrites.*
avoit prescrites	v. a. au plusq.-parf. de l'ind. 3ᵉ pers. du sing. Son sujet est *elle*; son compl. est *que* pour *règles.* Le part. *prescrites* s'accorde avec ce compl. qui le précède. (Troisième règle.)
à	prép. dont le compl. est *sienne.*

la	art. simpl. f. sing. dét. *sienne*.
sienne !	pron. poss. f. sing. rappelle l'idée de *vertu*, compl. de la prép. *à*.
Combien	adv. de quant. pris comme subst. collect. compl. du v. *a arrêtés* (45).
de	prép. dont le compl. est *désordres*.
désordres	s. m. pl. compl. de la prép. *de*.
a arrêtés	v. a. au prét. indéf. 3ᵉ pers. du sing. Son suj. est *elle*; son compl. est *combien*. Le part. *arrêtés* s'accorde avec le subst. *désordres*, parce que le collect. partit. *combien*, etc. soumet au genr. et au nombre du subst. qui le suit, les mots correspondants (45). (Troisième règle des part.)
-t-	lettre euphonique entre deux tirets.
elle,	pron. de la 3ᵉ pers. f. sing. sujet du v. *a arrêtés*.
moins	adv. de compar. modif. *a arrêtés*.
par	prép. dont le compl. est *force*.
la	art. simp. f. sing. dét. *force*.
force	s. f. sing. compl. de la prép. *par*.
de	prép. dont le compl. est *corrections*.
ses	adj. poss. pl. des deux genr. dét. *corrections*, parce qu'il tient lieu d'article.
corrections	s. f. pl. compl. de la prép. *de*.
que	conj. copul. lie deux objets de comparaison.
par	prép. dont le compl. est *persuasion*.
la	art. simpl. f. sing. dét. *persuasion*.
persuasion	s. f. sing. compl. de *par*.
de	prép. dont le compl. est *exemple*.
son	adj. poss. m. sing. dét. *exemple*, parce qu'il tient lieu d'article.
exemple !	s. m. sing. compl. de la prép. *de*.

XXIe EXERCICE.

VILLES, que nos ennemis s'étoient déjà partagées, vous êtes encore dans l'enceinte de notre empire. Provinces, qu'ils avoient déjà ravagées dans le desir et dans la pensée, vous avez encore recueilli vos moissons. Vous durez encore, places, que l'art et la nature ont fortifiées, et qu'ils avoient résolu de démolir; et vous n'avez tremblé que sous des projets frivoles d'un vainqueur en idée, qui comptoit le nombre de nos soldats, et qui ne songeoit pas à la sagesse de leur capitaine.

ANALYSE.

Villes,	s. f. pl. mis en apostr.
que	pron. rel. à *villes*, et compl. du verbe *avoient partagées*.
nos	adj. poss. pl. des deux genr. dét. *ennemis*, parce qu'il tient lieu d'art.
ennemis	s. m. pl. sujet du v. *s'étoient partagées* pour *avoient partagées*.
s'étoient partagées	v. réfl. au plusq.-parf. de l'indic. 3e pers. plur. Son sujet est *ennemis*. *Etoient* est mis pour *avoient*. Le compl. est *que* pour *villes*. Le part. s'accorde avec ce compl. (Règle, *La mort que Lucrèce s'est donnée.* Gramm. p. 159.)
déjà,	adv. de temps, modif. *s'étoient partagées*.
vous	pron. de la 2e pers. pl. des deux genr. sujet du v. *êtes*.
êtes	v. subst. au prés. de l'ind. 2e pers. pl. Son sujet est *vous*.

encore	adv. de temps, modif. le v. *êtes*.
dans	prép. dont le compl. est *enceinte*.
la	art. simp. f. sing. dét. *enceinte*.
enceinte	s. f. sing. compl. de la prép. *dans*.
de	prép. dont le compl. est *empire*.
notre	adj. poss. sing. des deux genr. dét. *empire*, parce qu'il tient lieu d'art.
empire.	s. m. sing. compl. de la prép. *de*.
Provinces,	s. f. pl. mis en apostr.
que	pron. rel. à *provinces*, complément de *avoient ravagées*.
ils	pron. de la 3e pers. m. pl. sujet du v. *avoient ravagées*.
avoient ravagées	v. a. au plusq.-parf. de l'ind. 3e pers. pl. Son sujet est *ils* pour *ennemis*; son compl. est *que* pour *provinces*. Le part. *ravagées* s'accorde avec ce compl. qui le précède. (3e règle.)
déjà	adv. de temps, modif. *avoient ravagées*.
dans	prép. dont le compl. est *desir*.
le	art. simp. m. sing. dét. *desir*.
desir	s. m. sing. comp. de la prép. *dans*.
et	conj. copul.
dans	prép. dont le compl. est *pensée*.
la	art. simp. f. sing. dét. *pensée*.
pensée,	s. f. sing. compl. de la prép. *dans*.
vous	pron. de la 2e pers. pl. des deux genr. sujet du v. *avez recueilli*.
avez recueilli	v. a. au prét. indéf. 2e pers. pl. Son sujet est *vous* pour *provinces*; son compl. est *moissons*. Le part. *recueilli* ne s'accorde point avec ce compl. qui n'est placé qu'après. (Quatrième règle.)
encore	adverbe de temps, modif. *avez recueilli*.

vos	adj. poss. pl. des deux genr. dét. *moissons*, parce qu'il tient lieu d'*art*.
moissons.	s. f. pl. compl. de *avez recueilli*.
Vous	pron. de la 2ᵉ pers. pl. des deux genr. sujet du v. *durez*.
durez	v. n. au prés. de l'ind. 2ᵉ pers. pl. Son sujet est *vous* pour *places*.
encore,	adv. de temps, modif. le v. *vous durez*.
places,	s. f. pl. mis en apostr.
que	pron. rel. à *places*, compl. du v. *ont fortifiées*.
le	art. simp. m. sing. dét. *art*.
art	s. m. sing. l'un des sujets du v. *ont fortifiées*.
et	conj. copul. lie deux subst. en sujet.
la	art. simp. f. sing. dét. *nature*.
nature	s. f. sing. autre suj. du v. *ont fortifiées*.
ont fortifiées,	v. a. au prét. indéf. 3ᵉ pers. pl. Ses suj. sont *art* et *nature*; son compl. est *que* pour *places*. Le part. *fortifiées* f. pl. s'accorde avec ce compl. qui le précède. (Troisième règle.)
et	conj. copul. lie deux memb. de phrase.
que	pr. rel. à *places*, compl. du v. *démolir*.
ils	pron. de la 3ᵉ pers. m. pl. rappelle l'idée de *ennemis*, sujet de *avoient résolu*.
avoient résolu	v. a. au plusq.-parf. de l'ind. 3ᵉ pers. pl. Son sujet est *ils* pour *ennemis*.
de	prép. dont le compl. est *démolir*.
démolir;	v. a. au prés. de l'inf. compl. de la prép. *de*. Son compl. est *que* pour *places*.
et	conj. copul. lie deux memb. de phrase.
vous	pron. de la 2ᵉ pers. pl. des deux genr. sujet du v. *avez tremblé*.

ne	adv. de nég. modif. *avez tremblé*.
avez tremblé	v. n. au prét. indéf. 2ᵉ pers. pl. Son sujet est *vous*.
que	conj. déterminat.
sous	prép. dont le compl. est *projets*.
des	art. partit. pl. des deux genr. mis pour *quelques*, fait prendre le subst. *projets* dans un sens d'extrait.
projets	s. m. pl. compl. de *sous*.
frivoles	adj. pl. des deux genr. qualif. *projets*.
de	prép. dont le compl. est *vainqueur*.
un	adj. numér. m. sing. dét. *vainqueur*, parce qu'il tient lieu d'article.
vainqueur	s. m. sing. compl. de la prép. *de*.
en	prép. dont le compl. est *idée*.
idée,	s. f. sing. compl. de la prép. *en*.
qui	pron. rel. à *vainqueur*, sujet du v. *comptoit*.
comptoit	v. a. à l'imparf. de l'ind. 3ᵉ pers. du sing. Son sujet est *qui* pour *vainqueur*; son compl. est *nombre*.
le	art. simp. m. sing. dét. *nombre*.
nombre	s. m. sing. compl. du v. *comptoit*.
de	prép. dont le compl. est *soldats*.
nos	adj. poss. pl. des deux genr. dét. *soldats*, parce qu'il tient lieu d'art.
soldats,	s. m. pl. compl. de la prép. *de*.
et	conj. copul. joint deux membres de phrase.
qui	pron. rel. à *vainqueur*, sujet du verbe *songeoit*.
ne pas	adv. de nég. modif. le v. *songeoit*.
songeoit	v. n. à l'imparf. de l'ind. 3ᵉ pers. du sing. Son sujet est *qui* pour *vainqueur*.
à	prép. dont le compl. est *sagesse*.
la	art. simp. f. sing. dét. *sagesse*.
sagesse	s. f. sing. compl. de la prép. *à*.

4

de	prép. dont le compl. est *capitaine*.
leur	adj. poss. sing. des deux genres, dét. *capitaine*, parce qu'il tient lieu d'article.
capitaine.	s. m. sing. compl. de la prép. *de*.

XXIIe EXERCICE.

Le plus saint des devoirs, celui qu'en traits de flamme
La nature a gravé dans le fond de notre ame,
C'est de chérir l'objet qui nous donna le jour.
Qu'il est doux à remplir ce précepte d'amour !
Voyez ce foible enfant que le trépas menace ;
Il ne sent plus ses maux quand sa mère l'embrasse :
Dans l'âge des erreurs, ce jeune homme fougueux
N'a qu'elle pour ami dès qu'il est malheureux.

ANALYSE.

Le	art. simp. m. sing. dét. *devoir*, sous-ent. (Gramm. p. 121). Le plus saint *devoir* des *devoirs*.
plus	adv. de comp. modif. l'adj. *saint*.
saint	adj. m. sing. qualif. *devoir* sous-ent.
des	art. comp. pl. des deux genr. pour *de les*. *De* a pour compl. *devoirs*.
devoirs,	s. m. pl. compl. de la prép. *de* dans l'art. comp. *des*.
celui	pron. dém. m. sing. rappelle l'idée de *devoir*, sujet du v. *est* (13).
que	pron. rel. à *celui*, compl. du v. *a gravé*.
en	prép. dont le compl. est *traits*.
traits	s. m. pl. compl. de la prép. *en*.
de	prép. dont le compl. est *flamme*.

flamme	s. f. sing. compl. de la prép. *de.*
la	art. simp. f. sing. dét. *nature.*
nature	s. f. sing. sujet du v. *a gravé.*
a gravé	v. a. au prét. indéf. 3° pers. du sing. Son sujet est *nature*; son compl. est *que* pour *devoir*. Le part. *gravé* s'accorde avec ce complément qui le précède. (Troisième règle.)
dans	prép. dont le compl. est *fond.*
le	art. simp. m. sing. dét. *fond.*
fond	s. m. sing. compl. de la prép. *dans.*
de	prép. dont le compl. est *ame.*
notre	adj. poss. sing. des deux genr. dét. *ame*, parce qu'il tient lieu d'article.
ame,	s. f. sing. compl. de la prép. *de.*
ce	pron. dém. m. sing. sujet du v. *est*, répété par pléonasme.
est	v. subst. au prés. de l'ind. 3° pers. du sing. Son sujet est *ce.*
de	prép. dont le compl. est *chérir.*
chérir	v. a. au prés. de l'inf. compl. de la prép. *de*. Il a pour compl. *objet.*
le	art. simp. m. sing. dét. *objet.*
objet	s. m. sing. compl. du v. *chérir.*
qui	pron. rel. à *objet*, et sujet du v. *donna.*
nous	pron. de la 1re pers. pl. des deux genr. compl. de la prép. sous-ent. (donna à nous).
donna	v. a. au prét. déf. 3° pers. du sing. Son sujet est *qui* pour *objet*; son compl. est *jour.*
le	art. simp. m. sing. dét. *jour.*
jour.	s. m. sing. compl. du v. *donna.*
Que	adv. de quant. pour *combien*, modif. l'adj. *doux.*
il	pron. de la 3° pers. m. sing., sujet du v. *est*, tient la place de *précepte*, et

	se trouve employé par pléonasme.
est	v. subst. au prés. de l'ind. 3ᵉ pers. sing. Son sujet est *précepte*.
doux	adj. m. sing. attrib. de *il* pour *précepte*.
à	prép. dont le compl. est le v. *remplir*.
remplir	v. a. au prés. de l'inf. compl. de la prép. *à*.
ce	adj. dém. m. sing. dét. *précepte*, parce qu'il tient lieu d'article.
précepte	s. m. sing. sujet. du v. *est*.
de	prép. dont le compl. est *amour*.
amour!	s. m. sing. compl. de la prép. *de*.
Voyez	v. a. à l'impér. 2ᵉ pers. pl. Son compl. est *enfant*.
ce	adj. dém. m. sing. dét. *enfant*, parce qu'il tient lieu d'article.
foible	adj. sing. des deux genr. qualif. *enfant*.
enfant	s. m. sing. compl. de *voyez*.
que	pr. rel. à *enfant*, des deux gen. et des deux nomb., et compl. du v. *menace*.
le	art. simp. m. sing. dét. *trépas*.
trépas	s. m. sing. sujet du v. *menace*.
menace;	v. a. au prés. de l'ind. 3ᵉ pers. sing. Son sujet est *trépas*; son compl. est *que* pour *enfant*.
il	pron. de la 3ᵉ pers. m. sing. rappelle l'idée d'*enfant*, sujet du v. *sent*.
ne	adv. de nég. modif. le v. *sent*.
sent	v. a. au prés. de l'ind. 3ᵉ pers. du sing. Son sujet est *il* pour *enfant*; son compl. est *maux*.
plus	adv. qui marque *cessation*, et modif. le v. *sent*.
ses	adj. poss. pl. des deux genr. dét. *maux*, parce qu'il tient lieu d'article.
maux	s. m. pl. compl. du v. *sent*.
quand	conj. circonst.

sa	adj. poss. f. sing. dét. *mère*, parce qu'il tient lieu d'article.
mère	s. f. sing. sujet du v. *embrasse*.
le	pron. rel. à *enfant*, m. sing. compl. du v. *embrasse*.
embrasse :	v. a. au prés. de l'ind. 3ᵉ pers. du sing. Son sujet est *mère* ; son compl. est *le* pour *enfant*.
dans	prép. dont le compl. est *âge*.
le	art. simp. m. sing. dét. *âge*.
âge	s. m. sing. compl. de la prép. *dans*.
des	art. comp. pl. des deux genr. pour *de les*. *De* a pour compl. *erreurs*.
erreurs,	s. f. pl. compl. de la prép. *de* dans l'art. comp. *des*.
ce	adj. dém. m. sing. dét. *jeune homme*, parce qu'il tient lieu d'article.
jeune	adj. sing. des deux genr. qualif. *homme*.
homme	s. m. sing. sujet du v. *a*.
fougueux	adj. m. sing. qualif. *jeune homme*.
ne	adv. de nég. modif. le v. *a*.
a	v. a. au prés. de l'ind. 3ᵉ pers. du sing. Son sujet est *jeune homme* ; son compl. est *elle*.
que	conj. déterminat.
elle	pron. de la 3ᵉ pers. f. sing. tient la place de *mère*, compl. du v. *a*.
pour	prép. dont le compl. est *ami*.
ami	s. m. sing. compl. de *pour*.
dès que	conj. circonst.
il	pron. de la 3ᵉ pers. m. sing. rappelle l'idée de *jeune homme*, sujet du v. *est*.
est	v. subst. au prés. de l'ind. 3ᵉ pers. du sing. son sujet est *il*.
malheureux.	adj. m. sing. attribut de *il* (*jeune homme*).

XXIIIe EXERCICE.

Ce vieillard qui va perdre un reste de lumière
Retrouve encor des pleurs en parlant de sa mère :
Bienfait du Créateur, qui daigna nous choisir
Pour première vertu notre plus doux plaisir.
Il fit plus : il voulut qu'une amitié si pure
Fût un bien de l'amour, comme de la nature ;
Et que les nœuds d'hymen, en doublant nos parents,
Vinssent multiplier nos plus chers sentiments.

ANALYSE.

Ce	adj. dém. m. sing. dét. *vieillard*, parce qu'il tient lieu d'article.
vieillard	s. m. sing. sujet du v. *retrouve*.
qui	pron. rel. à *vieillard*, sujet du v. *va*.
va	v. n. au prés. de l'ind. 3e pers. du sing. Son sujet est *qui* pour *vieillard*.
perdre	v. a. au prés. de l'inf. Quand deux v. sont placés par apposition, le second se met à l'inf. Il a pour compl. *reste*.
un	adj. numér. m. sing. dét. *reste*, parce qu'il tient lieu d'article.
reste	s. m. sing. compl. de *perdre*.
de	prép. dont le compl. est *lumière*.
lumière	s. f. sing. compl. de la prép. *de*.
retrouve	v. a. au prés. de l'ind. 3e pers. du sing. Son sujet est *vieillard* ; son compl. est *pleurs*.
encor	adv. de temps, modif. *retrouve*.
des	art. partit. pl. des deux genr. mis pour *quelques*, fait prendre le substant. *pleurs* dans un sens d'extrait.

pleurs	s. m. pl. compl. de *retrouve*.
en	prép. dont le compl. est *parlant*.
parlant	v. n. au part. prés. compl. de la prép. *en*.
de	prép. dont le compl. est *mère*.
sa	adj. poss. f. sing. dét. *mère*, parce qu'il tient lieu d'art.
mère :	s. f. sing. compl. de la prép. *de*.
bienfait	s. m. sing. compl. d'un verbe sous-ent. (*admirons*, *reconnoissons* ce, etc.) On pourroit aussi en faire le sujet du v. *est* (tel *est* le bienfait).
du	art. comp. m. sing. pour *de le*. *De* a pour compl. *Créateur*.
Créateur ,	s. m. sing. compl. de la prép. *de* dans l'art. comp. *du*.
qui	pron. rel. à *Créateur*, et sujet du v. *daigna*.
daigna	v. n. au prét. déf. 3ᵉ pers. du sing. Son sujet est *qui* pour *Créateur*.
nous	pron. de la 1ʳᵉ pers. pl. des deux genr. compl. de la prép. *à* sous-ent. (daigna choisir *à* nous).
choisir	v. a. au prés. de l'inf. Quand deux v. sont placés par apposition, le 2ᵉ se met à l'inf. Il a pour compl. *plaisir*.
pour	prép. dont le compl. est *vertu*.
première	adj. ordin. f. sing. qualif. *vertu*, et le dét., parce qu'il tient lieu d'art.
vertu	s. f. sing. compl. de la prép. *pour*.
notre	adj. poss. sing. des deux genr. dét. *plaisir*, parce qu'il tient lieu d'art.
plus	adv. de compar. modif. l'adj. *doux*.
doux	adj. m. sing. qualif. *plaisir*.
plaisir.	s. m. sing. compl. du v. *choisir*.
Il	pron. de la 3ᵉ pers. m. sing. rappelle l'idée de *Créateur*, sujet du v. *fit*.

fit	v. a. au prét. déf. 3ᵉ pers. du sing. Son sujet est *il* pour *Créateur*. Il a pour compl. *plus*.
plus :	adv. de quant. pris subst. et compl. du v. *fit*.
il	pron. de la 3ᵉ pers. m. sing. rappelle l'idée de *Créateur*; sujet du v. *voulut*.
voulut	v. a. au prét. déf. 3ᵉ pers. du sing. Son sujet est *il* pour *Créateur*.
que	conjonct. déterminat.
une	adj. numér. f. sing. dét. *amitié*, parce qu'il tient lieu d'article.
amitié	s. f. sing. sujet du v. *fût*.
si	adv. de quant. modif. l'adj. *pure*.
pure	adj. f. sing. qualif. *amitié*.
fût	v. subs. à l'imparf. du subj. 3ᵉ pers. du sing. Son sujet est *amitié*.
un	adj. numér. m. sing. dét. *bien*, parce qu'il tient lieu d'article.
bien	s. m. sing. attribut de *amitié*.
de	prép. dont le compl. est *amour*.
le	art. simp. m. sing. dét. *amour*.
amour,	s. m. sing. compl. de la prép. *de*.
comme	adv. de compar. modif. le v. *est*, sous-ent. (comme elle *est* un bien, etc.).
de	prép. dont le compl. est *nature*.
la	art. simp. f. sing. dét. *nature*.
nature ;	s. f. sing. compl. de la prép. *de*.
et	conj. copul. lie 2 memb. de phrase.
que	conj. déterminat.
les	art. simp. pl. des deux genres, dét. *nœuds*.
nœuds	s. m. pl. sujet du v. *vinssent*.
de	prép. dont le compl. est *hymen*.
hymen,	s. m. sing. compl. de la prép. *de*.
en	prép. dont le compl. est *doublant*.

doublant	v. a. au part. prés. compl. de la prép. *en*. Il a pour compl. *parents*.
nos	adj. poss. pl. des deux genr. dét. *parents*, parce qu'il tient lieu d'art.
parents,	s. m. pl. compl. du v. *doublant*.
vinssent	v. n. à l'imparf. du subj. 3ᵉ pers. pl. son sujet est *nœuds*.
multiplier	v. a. au prés. de l'inf. Quand deux verbes sont placés par apposition, le second se met à l'inf. Il a pour complément *sentiments*.
nos	adj. poss. pl. des deux genr. dét. *sentiments*, parce qu'il tient lieu d'article.
plus	adv. de comp. modif. l'adj. *chers*.
chers	adj. m. pl. qualif. *sentiments*.
sentiments.	s. m. pl. compl. du v. *multiplier*.

XXIVᵉ EXERCICE.

Monsieur, cette comparaison est bonne ; mais elle n'est pas de vous : je l'ai entendu faire à notre curé, qui disoit encore qu'au jeu des échecs toutes les différentes pièces, après s'être promenées pendant la partie, finissoient par aller se coucher pêle-mêle dans la boîte ; ce qui, me semble, peint aussi bien ce que nous faisons sur cette pauvre terre.

(*Sancho à Don Quichotte*).

ANALYSE.

Monsieur,	s. m. sing. placé en apostr.
cette	adj. dém. f. sing. dét. *comparaison*, parce qu'il tient lieu d'art.
comparaison	s. f. sing. sujet du v. *est*.

est	v. subst. au prés. de l'ind. 3ᵉ pers. sing. Son sujet est *comparaison*.
bonne ;	adj. f. sing. attribut de *comparaison*.
mais	conj. adversat.
elle	pron. de la 3ᵉ pers. f. sing. tient la place de *comparaison*, sujet du v. *est*.
ne pas	adv. de nég. modif. le v. *est*.
est	v. subst. au prés. de l'ind. 3ᵉ pers. du sing. Son sujet est *elle* pour *comparaison*.
de	prép. dont le compl. est *vous*.
vous :	pron. de la 2ᵉ pers. pl. des deux genr. compl. de la prép. *de*.
je	pron. de la 1ʳᵉ pers. sing. des deux genr. sujet du v. *ai entendu*.
la	pron. relat. à *comparaison*, f. sing. compl. du v. *faire*.
ai entendu	v. a. au prét. indéf. 1ʳᵉ pers. du sing. Son sujet est *je* ; son compl. est *faire*.
faire	v. a. au prés. de l'inf. compl. de *ai entendu*. Son compl. est *la* pour *comparaison*. Ce compl. (*la*) ne tombe point sur le v. *ai entendu*, parce qu'on ne peut pas dire : *j'ai entendu la comparaison faisant*. (Gramm. p. 161.)
à	prép. dont le compl. est *curé*.
notre	adj. poss. sing. des deux genres, dét. *curé*, parce qu'il tient lieu d'article.
curé,	s. m. sing. compl. de la prép. *à*.
qui	pron. rel. à *curé*, sujet du v. *disoit*.
disoit	v. a. à l'imparf. de l'ind. 3ᵉ pers. du sing. Son sujet est *qui* pour *curé*.
encore	adv. modif. *disoit*.

que	conj. determinat.
au	art. comp. masc. sing. pour *à le*. Le compl. de la prép. *à* est *jeu*.
jeu	s. m. sing. compl. de *à* dans l'art. comp. *au*.
des	art. comp. pl. des deux genr. pour *de les*. *De* a pour compl. *échecs*.
échecs	s. m. pl. compl. de la prép. *de* dans l'art. comp. *des*.
toutes	adj. f. pl. qualif. *pièces*.
les	art. simp. pl. des deux genres déterm. *pièces*.
différentes	adj. f. pl. qualif. *pièces*.
pièces,	s. f. pl. sujet du v. *finissoient*.
après	prép. dont le compl. est *s'être promenées*.
s'être promenées	v. pronomin. au prét. de l'inf. compl. de la prép. *après*. Le part. *promenées* s'accorde avec le sujet *pièces*. (Règle des part. des v. pronomin.)
pendant	prép. dont le compl. est *partie*.
la	art. simp. f. sing. dét. *partie*.
partie,	s. f. sing. compl. de *pendant*.
finissoient	v. n. à l'imparf. de l'ind. 3ᵉ pers. pl. Son sujet est *pièces*.
par	prép. dont le compl. est *aller*.
aller	v. n. au prés. de l'inf. compl. de la prép. *par*.
se coucher	v. pronomin. au prés. de l'inf. Quand deux verbes sont placés par apposition, le second se met à l'infinitif.
pêle-mêle	adv. de manière, modif. *se coucher*.
dans	prép. dont le compl. est *boîte*.
la	art. simp. f. sing. dét. *boîte*.
boîte ;	s. f. sing. compl. de la prép. *dans*.
ce	pron. dém. masc. sing. sujet du v. *est* sous-ent.

qui,	pron. rel. à ce pour cela, sujet du v. peint.
me	pron. de la 1re pers. sing. des deux genr. pour à moi, compl. de la prép. sous-ent.
semble,	v. n. au prés. de l'ind. 3e pers. du sing. Il est pris unipersonn. et a pour sujet il sous-ent. (il me semble).
peint	v. a. au prés. de l'ind. 3e pers. du sing. Son sujet est qui rel. à ce; son compl. est ce pour cela.
aussi	adv. de compar. modif. l'adv. bien.
bien	adv. de manière, modif. le v. peint.
ce	pron. dém. m. sing. pour cela, compl. du v. peint.
que	pron. rel. à ce pour cela, compl. du v. faisons.
nous	pron. de la 1re pers. pl. des deux genr. sujet du v. faisons.
faisons	v. a. au prés. de l'ind. 1re pers. pl. Son sujet est nous; son compl. est que, pour ce, cela.
sur	prép. dont le compl. est terre.
cette	adj. dém. f. sing. dét. terre, parce qu'il tient lieu d'article.
pauvre	adj. sing. des deux genr. qualif. terre.
terre.	s. f. sing. compl. de la prép. sur.

XXVe EXERCICE.

Il y aura demain un an, ma fille, que je ne vous ai vue, que je ne vous ai embrassée, que je ne vous ai entendue parler, et que je vous quittai à Charenton. Mon Dieu, que ce jour est présent à ma mémoire! et que je souhaite en retrouver un autre qui soit marqué par vous revoir, par vous embrasser, par m'attacher à vous pour jamais ! Que ne puis-je ainsi finir ma vie avec la personne qui l'a occupée tout entière !

ANALYSE.

Il	pron. abs. c'est-à-dire, qui ne se rapporte à rien, mis pour *cela*, m. sing. sujet du v. *se aura* ou *sera* (50).
y aura	pour *se aura* ou *sera*, v. unipers. au futur simpl.
demain	adv. de temps, modif. le v. *il y aura*.
un	adj. numér. m. sing. dét. *an*, parce qu'il tient lieu d'article.
an,	s. m. sing. sujet du v. *sera, se aura* (50).
ma	adj. poss. f. sing. dét. *fille*, parce qu'il tient lieu d'article.
fille,	s. f. sing. placé en apostr.
que	conj. circonst. pour *depuis que*.
je	pron. de la 1re pers. sing. des deux genr. sujet du v. *ai vue*.
ne	adv. de nég. modif. *ai vue*.
vous	pron. de la 2e pers. du pl. des 2 genr. employé pour *toi*, se rapporte à *fille*, compl. du v. *ai vue*.
ai vue,	v. a. au prét. indéf. 1re pers. du sing. Son sujet est *je* ; son compl. est *vous* rel. à *fille*. Le part. *vue*, f. s., s'accorde avec ce compl. qui le précède. (Troisième règle.)
que	conj. circonst. pour *depuis que*.
je	pron. de la 1re pers. sing. des deux genr. sujet du v. *ai embrassée*.
ne	adv. de nég. modif. *ai embrassée*.
vous	pron. de la 2e pers. du pl. employé pour *toi*, se rapporte à *fille*, compl. du v. *ai embrassée*.

ai embrassée,	v. a. au prét. indéf. 1re pers. du sing. Son sujet est *je;* son compl. est *vous* rel. à *fille.* Le part. *embrassée* s. f. s'accorde avec ce compl. qui le précède. (Troisième règle.)
que	conj. circonst. pour *depuis que.*
je	pron. de la 1re pers. sing. des deux genr. sujet du v. *ai entendue.*
ne	adv. de nég. modif. le v. *ai entendue.*
vous	pron. de la 2e pers. pl. pour *toi,* relatif à *fille,* et compl. de *ai entendue.*
ai entendue	v. a. au prét. indéf. 1re pers. du sing. Son sujet est *je;* son compl. est *vous,* relatif à *fille.* Le part. *entendue* s. f. s'accorde avec ce compl. qui le précède. (Troisième règle.)
parler,	v. n. au prés. de l'inf. Quand deux verbes sont placés par apposition, le second se met à l'inf.
et	conj. copul. lie deux memb. de phrase.
que	conj. circonst. pour *depuis que.*
je	pron. de la 1re pers. sing. des deux genr. sujet du v. *quittai.*
vous	pron. de la 2e pers. pl. pour *toi,* compl. du v. *quittai.*
quittai	v. a. au prét. déf. 1re pers. du sing. Son sujet est *je,* son compl. est *vous.*
à	prép. dont le compl. est *Charenton.*
Charenton.	nom prop. d'un village, compl. de la prép. *à.*
Mon	adj. poss. m. sing. dét. *Dieu,* parce qu'il tient lieu d'article.
Dieu,	s. m. sing. placé en apostr.
que	adv. de quant. pour *combien,* modif. l'adj. *présent.*
ce	adj. dém. m. sing. dét. *jour,* parce qu'il tient lieu d'article.

jour	s. m. sing. sujet du v. *est*.
est	v. subst. au prés. de l'ind. 3ᵉ pers. du sing. Son sujet est *jour*.
présent	adj. m. sing. attribut de *jour*.
à	prép. dont le compl. est *mémoire*.
ma	adj. poss. f. sing. dét. *mémoire*, parce qu'il tient lieu d'article.
mémoire!	s. f. sing. compl. de la prép. *à*.
et	conj. copul. lie deux phrases.
que	adv. de quant. pour *combien*, modif. le v. *je souhaite*.
je	pron. de la 1ʳᵉ pers. sing. des deux genr. sujet du v. *souhaite*.
souhaite	v. a. au prés. de l'ind. 1ʳᵉ pers. du sing. Son sujet est *je*; son compl. est *retrouver*.
en	pron. rel. à *jour*. Toujours invar.
retrouver	v. a. au prés. de l'inf. compl. du v. *souhaite*. Il a pour compl. *autre* pour *jour*.
un	adj. numér. m. sing. dét. *autre* pour *jour*, parce qu'il tient lieu d'article.
autre	pron. rel. à *jour*, compl. de *retrouver*.
qui	pron. rel. à *autre* pour *jour*, sujet du v. *soit marqué*.
soit marqué	v. passif, au prés. du subj. 3ᵉ pers. du sing. Ce v. est au subj. parce qu'il est précédé du rel. *qui*, et qu'il y a marque de désir (Gramm. p. 148). Le sujet est *qui* pour *jour*; le part. *marqué* s'accorde avec ce sujet. (Première règle.)
par	prép. dont le compl. est *revoir*.
vous	pron. de la 2ᵉ pers. pl. pour *toi*, compl. de *revoir*.
revoir,	v. a. au prés. de l'inf. compl. de la prép. *par*. Il a pour compl. *vous*.

par	prép. dont le compl. est *embrasser*.
vous	pron. de la 2ᵉ pers. pl. pour *toi*, compl. de *embrasser*.
embrasser,	v. a. au prés. de l'inf. compl. de la prép. *par*. Il a pour compl. *vous*.
par	prép. dont le compl. est *attacher*.
me	pron. de la 1ʳᵉ pers. sing. des deux genr. compl. de *attacher*.
attacher	v. a. au prés. de l'inf. Il est compl. de la prép. *par*. Il a pour compl. *me* pour *moi*.
à	prép. dont le compl. est *vous*.
vous	pron. de la 2ᵉ pers. pl. des 2 genr. pour *toi*, compl. de la prép. *à*.
pour jamais!	locut. adv. qui marque le temps, et modif. *attacher*.
Que	conj. qui marque un souhait, et peut être considérée comme conj. causat. (*Pourquoi* ne puis-je?)
ne	adv. de nég. modif. *puis-je*.
puis-	v. n. 1ʳᵉ pers. du sing. du prés. de l'ind. Son sujet est *je*.
je	pron. de la 1ʳᵉ pers. sing. des deux genr. sujet du v. *puis*; placé après ce verbe, parce qu'il y a interr.
ainsi	adv. de manière, modif. le v. *finir*.
finir	v. a. au prés. de l'inf. Il a pour compl. *vie*. Quand deux verbes se suivent, le second se met à l'inf.
ma	adj. poss. f. s. dét. *vie*, parce qu'il tient lieu d'article.
vie	s. f. sing. compl. du v. *finir*.
avec	prép. dont le compl. est *personne*.
la	art. simp. f. sing. dét. *personne*.
personne	s. f. sing. compl. de *avec*.
qui	pron. rel. à *personne*, sujet du v. *a occupée*.

la	pron. rel. à *vie*, f. s. compl. du verbe *a occupée*.
a occupée	v. a. au prét. indéf. 3ᵉ pers. du sing. Son sujet est *qui* pour *personne*; son compl. est *la* pour *vie*. Le part. *occupée* s'accorde avec ce compl. qui le précède. (Troisième règle.)
tout	adv. qui modif. l'adj. *entière*. *Tout* ne change point devant un adj. f. sing. qui commence par une voyelle.
entière!	adj. f. sing. qualif. le subst. *vie*.

XXVIᵉ EXERCICE.

O Télémaque! craignez de tomber entre les mains de Pygmalion notre roi : il les a trempées, ces mains cruelles, dans le sang de Sichée, mari de Didon sa sœur. Didon, pleine du desir de la vengeance, s'est sauvée de Tyr avec plusieurs vaisseaux. La plupart de ceux qui aiment la vertu et la liberté l'ont suivie : elle a fondé sur la côte d'Afrique une superbe ville, qu'elle a nommée *Carthage*.

ANALYSE.

O	partic. qui sert à l'apostr.
Télémaque!	nom prop. d'homme mis en apostr.
craignez	v. a. à l'impér. 2ᵉ pers. pl.
de	prép. dont le compl. est *tomber*.
tomber	v. n. au prés. de l'inf. compl. de la prép. *de*.
entre	prép. dont le compl. est *mains*.
les	art. simp. pl. des deux genr. déterm. *mains*.
mains	s. f. pl. compl. de *entre*.
de	prép. dont le compl. est *Pygmalion*.

Pygmalion	nom propre d'homme, compl. de la prép. *de.*
notre	adj. poss. sing. des deux genr. dét. *roi*, parce qu'il tient lieu d'article.
roi:	s. m. sing. attribut de *Pygmalion.*
il	pron. de la 3ᵉ pers. m. sing. rappelle l'idée de *Pygmalion*. Il est sujet du v. *a trempées.*
les	pron. relatif à *mains*, compl. de *a trempées*. Ce complément est répété par pléonasme (14).
a trempées,	v. a. au prét. indéf. 3ᵉ pers. du sing. Son sujet est *il* pour *Pygmalion*; son compl. est *les* pour *mains*. Le part. *trempées* s'accorde avec ce compl. qui le précède. (Troisième règle.)
ces	adj. dém. pl. des deux genr. dét. *mains*, parce qu'il tient lieu d'article.
mains	s. f. pl. compl. de *a trempées* (14).
cruelles,	adj. f. pl. qualif. *mains.*
dans	prép. dont le compl. est *sang.*
le	art. simp. m. sing. dét. *sang.*
sang	s. m. sing. compl. de la prép. *dans.*
de	prép. dont le compl. est *Sichée.*
Sichée,	nom propre d'homme, compl. de la prép. *de.*
mari	s. m. sing. attribut de *Sichée.*
de	prép. dont le compl. est *Didon.*
Didon	nom propre de femme, compl. de la prép. *de.*
sa	adj. poss. f. sing. dét. *sœur*, parce qu'il tient lieu d'article.
sœur.	s. f. sing. attribut de *Didon.*
Didon,	nom prop. de femme, sujet du v. *s'est sauvée.*
pleine	adj. f. sing. qualif. *Didon.*

du	art. comp. m. sing. pour *de le*. *De* a pour compl. *desir*.
desir	s. m. sing. compl. de la prép. *de* dans l'art. comp. *du*.
de	prép. dont le compl. est *vengeance*.
la	art. simp. f. sing. dét. *vengeance*.
vengeance,	s. f. sing. compl. de la prép. *de*.
s'est sauvée	v. réfl. au prét. indéf. 3ᵉ pers. du sing. Son sujet est *Didon*. En mettant le verbe *avoir* au lieu du v. *être*, on dira : Didon a sauvé *elle*. *Se* est donc compl. direct. Le part. *sauvée* s'accorde avec ce compl. qui le précède. (Gramm. p. 158.)
de	prép. dont le compl. est *Tyr*.
Tyr	nom prop. de ville, compl. de la prép. *de*.
avec	prép. dont le compl. est *vaisseaux*.
plusieurs	adj. pl. des deux genr. dét. *vaisseaux*, parce qu'il tient lieu d'article (22).
vaisseaux.	s. m. pl. compl. de *avec*.
La	art. simp. f. sing. dét. *plupart*.
plupart	s. collect. f. sing. sujet du v. ont *suivie*. Lorsque *la plupart* est suivi d'un nom pl., le v. dont il est le sujet se met aussi au pl. (Gramm. p. 128.)
de	prép. dont le compl. est *ceux*.
ceux	pron. dém. m. pl. compl. de la prép. *de*.
qui	pron. rel. à *ceux*, sujet du v. *aiment*.
aiment	v. a. au prés. de l'ind. 3ᵉ pers. pl. Son sujet est *qui* pour *ceux*; son compl. est *vertu* et *liberté*.
la	art simp. f. sing. dét. *vertu*.
vertu	s. f. sing. compl. du v. *aiment*.
et	conj. copul. qui lie deux subst. en compl.
la	art. simp. f. sing. dét. *liberté*.

F

liberté	s. f. sing. autre compl. du v. *aiment.*
la	pron. pers. relatif à *Didon*, f. sing. compl. de *ont suivie.*
ont suivie:	v. a. au prét. indéf. 3ᵉ pers. pl. Son sujet est *la plupart;* son compl. est *la* pour *Didon.* Le part. *suivie* s'accorde avec ce compl. *la* qui le précède. (Troisième règle.)
elle	pron. de la 3ᵉ pers. f. sing. rappelle l'idée de *Didon*, sujet du v. *a fondé.*
a fondé	v. a. au prét. indéf. 3ᵉ pers. du sing. Son sujet est *elle* pour *Didon*; son compl. est *ville.* Le part. *fondé* ne s'accorde point avec ce compl., qui n'est placé qu'après. (Quatrième règle.)
sur	prép. dont le compl. est *côte.*
la	art. simpl. f. sing. dét. *côte.*
côte	s. f. sing. compl. de *sur.*
de	prép. dont le compl. est *Afrique.*
Afrique	nom prop. d'une des quatre parties du monde, compl. de la prép. *de.*
une	adj. num. f. sing. dét. *ville*, parce qu'il tient lieu d'article.
superbe	adj. sing. des deux genr. qualif. *ville.*
ville,	s. f. sing. compl. de *a fondé.*
que	pron. rel. à *ville*, compl. de *a nommée.*
elle	pron. pers. rel. à *Didon*, f. sing. suj. du v. *a nommée.*
a nommée	v. a. au prét. indéf. 3ᵉ pers. du sing. Son sujet est *elle* pour *Didon*; son compl. est *que* pour *ville.* Le part. *nommée* s'accorde avec ce compl. qui le précède. (Troisième règle.)
Carthage.	nom propre de ville, attribut de *que* pour *ville.*

XXVII.ᵉ EXERCICE.

Où as-tu caché cette image ? Je ne l'ai point cachée, je l'ai livrée aux flammes ; je l'ai dû, pour la sauver des profanations et des sacriléges de l'impiété. Seigneur, ou tu demandes le coupable, ou tu demandes l'image enlevée ? L'image, tu ne la verras jamais ; le coupable, tu le vois.

ANALYSE.

Où	adv. de lieu, modif. *as caché*.
as caché	v. a. au prét. indéf. 2.ᵉ pers. du sing. Son sujet est *tu* ; son compl. est *image*. Le part. *caché* ne change point, parce que le compl. est après. (Quatrième règle.)
tu	pron. de la 2.ᵉ pers. sing. des deux genr. sujet du v. *as caché*, placé après le v. *as*, parce qu'il y a interrogation.
cette	adj. dém. f. sing. dét. *image*, parce qu'il tient lieu d'article.
image ?	s. f. sing. compl. de *as caché*.
Je	pron. de la 1.ʳᵉ pers. sing. des deux genr. sujet du v. *ai cachée*.
ne point	adv. de nég. modif. *ai cachée*.
la	pron. rel. à *image*, f. sing. compl. de *ai cachée*.
ai cachée,	v. a. au prét. indéf. 1.ʳᵉ pers. du sing. Son sujet est *je* ; son compl. est *la* pour *image*. Le part. *cachée*, f. s. s'accorde avec ce complément qui le précède. (Troisième règle.)

je	pron. de la 1re pers. sing. des deux genr. sujet de *ai livrée*.
la	pron. rel. à *image*, f. sing. compl. de *ai livrée*.
ai livrée	v. a. au prét. indéf. 1re pers. du sing. Son sujet est *je*; son compl. est *la* pour *image*. Le part. *livrée* s'accorde avec ce compl. qui le précède. (Troisième règle.)
aux	art. comp. pl. des deux genr. pour *à les*. Le compl. de la prép. *à* est *flammes*.
flammes;	s. f. pl. compl. de *à* dans l'art. comp. *aux*.
je	pron. de la 1re pers. sing. des deux genr. sujet du v. *ai dû*.
le	pron. rel. m. sing. pour *cela*, compl. du v. *faire* sous-entendu. (Je l'ai dû faire, j'ai dû faire cela, la livrer, etc.)
ai dû,	v. a. au prét. indéf. 1re pers. du sing. Son sujet est *je*; son compl. est *faire* sous-ent.
pour	prép. dont le compl. est *sauver*.
la	pron. rel. à *image*, f. sing. compl. du v. *sauver*.
sauver	v. a. au prés. de l'inf. compl. de *pour*. Il a pour compl. *la* pour *image*.
des	art. comp. pl. des deux genr. pour *de les*. *De* a pour compl. *profanations*.
profanations	s. f. pl. compl. de la prép. *de* dans l'art. comp. *des*.
et	conj. copul. lie deux subst.
des	art. comp. pl. des deux genr. pour *de les*. *De* a pour compl. *sacriléges*.
sacriléges	s. m. pl. compl. de la prép. *de* dans l'art. comp. *des*.
de	prép. dont le compl. est *impiété*.

la	art. simp. f. sing. dét. *impiété*.
impiété.	s. f. sing. compl. de la prép. *de*.
Seigneur,	s. m. sing. mis en apostr.
ou	conj. disjonct.
tu	pron. de la 2ᵉ pers. sing. des deux genr. sujet du v. *demandes*.
demandes	v. a. à la 2ᵉ pers. du sing. du prés. de l'ind. Son sujet est *tu* ; son compl. est *coupable*.
le	art. simp. m. sing. dét. *coupable*.
coupable,	s. m. sing. compl. du v. *demandes*.
ou	conj. disjonct.
tu	pron. de la 2ᵉ pers. sing. des deux genr. sujet du v. *demandes*.
demandes	v. a. au prés. de l'ind. 2ᵉ pers. sing. Son sujet est *tu*; son compl. est *image*.
la	art. simp. f. sing. dét. *image*.
image	s. f. sing. compl. du v. *demandes*.
enlevée ?	part. adj. f. sing. qualif. *image*.
La	art. simp. f. sing. dét. *image*.
image,	s. f. sing. compl. du v. *demandes* sous-ent. (*Demandes-tu l'image ?*... On peut encore le regarder comme sujet du v. *est*. *Est-ce l'image ?*)
tu	pron. de la 2ᵉ pers. sing. des deux genr., sujet de *verras*.
ne	adv. de nég. modif. *verras*.
la	pron. rel. à *image*, f. sing. compl. du v. *verras*.
verras	v. a. au fut. simp. 2ᵉ pers. du sing. Son sujet est *tu*; son compl. est *la* pour *image*.
jamais ;	adv. de temps, modif. *verras*.
le	art. simp. m. sing. dét. *coupable*.
coupable,	s. m. sing. compl. du v. *demandes* sous-ent., ou sujet du v. *est*, aussi sous-

5

	ent. (*Demandes-tu* le coupable ? ou *est-ce* le coupable ?)
tu	pron. de la 2ᵉ pers. sing. des deux genr. sujet du v. *vois*.
le	pron. rel. à *coupable*, m. sing. compl. de *vois*.
vois.	v. a. au prés. de l'ind. 2ᵉ pers. du sing. Son sujet est *tu*; son compl. est *le* pour *coupable*.

XXVIIIᵉ EXERCICE.

Un octogénaire plantoit.
Passe encor de bâtir; mais planter à cet âge!
Disoient trois jouvenceaux, enfants du voisinage :
Assurément il radotoit.
Car, au nom des dieux, je vous prie,
Quel fruit de ce labeur pouvez-vous recueillir ?
Autant qu'un patriarche il vous faudroit vieillir.
A quoi bon charger votre vie
Des soins d'un avenir qui n'est pas fait pour vous ?
Ne songez désormais qu'à vos erreurs passées ;
Quittez le long espoir et les vastes pensées :
Tout cela ne convient qu'à nous.

ANALYSE.

Un	adj. numér. m. sing. dét. *octogénaire*, parce qu'il tient lieu d'art.
octogénaire	s. m. sing. sujet du v. *plantoit*.
plantoit.	v. a. à l'imparf. de l'ind. 3ᵉ pers. du sing. Son sujet est *octogénaire*.
Passe	v. a. au prés. du subj. 3ᵉ pers. du sing. mis pour, *qu'on lui passe*, par-

	donne, etc. Le suj. *on* est sous-ent. On peut dire aussi qu'il est pris uni-personn.
encor	adv. qui marque ici restriction, et modifie le v. *passe*.
de	prép. dont le compl. est *bâtir*.
bâtir ;	v. a. au prés. de l'inf. compl. de la prép. *de*.
mais	conjonct. adversat.
planter	v. a. au prés. de l'inf. compl. de *devoit* sous-ent. (*devoit-il*, planter à cet âge?)
à	prép. dont le compl. est *âge*.
cet	adj. dém. m. sing. dét. *âge*, parce qu'il tient lieu d'article.
âge !	s. m. sing. compl. de la prép. *à*.
disoient	v. a. à l'imparf. de l'ind. 3e pers. pl. Son sujet est *jouvenceaux*.
trois	adj. numér. pl. des deux genres, dét. *jouvenceaux*, parce qu'il tient lieu d'art. (22).
jouvenceaux,	s. m. pl. sujet du v. *disoient*.
enfants	s. m. pl. attribut de *jouvenceaux*.
du	art. comp. m. sing. pour *de le*. *De* a pour compl. *voisinage*.
voisinage :	s. m. sing. compl. de la prép. *de* dans l'art. comp. *du*.
assurément	adv. d'affirmation, modif. *radotoit*.
il	pron. de la 3e pers. m. s. rappelle l'idée d'*octogénaire*, sujet du v. *radotoit*.
radotoit.	v. n. à l'imparf. de l'ind. 3e pers. du sing. Son sujet est *il* pour *octogénaire*.
Car ,	conjonct. causat.
au	art. comp. m. s. pour *à le*. Le compl. de la prép. *à* est *nom*.
nom	s. m. sing. compl. de la prép. *à* dans l'art. comp. *au*.

4

des	art. comp. pl. des deux genr. pour *de les*. *De* a pour compl. *dieux*.
dieux,	s. m. pl. compl. de la prép. *de* dans l'art. comp. *des*.
je	pron. de la 1re pers. sing. des deux genr. sujet du v. *prie*.
vous	pron. de la 2e pers. pl. des deux genr. compl. du v. *prie*.
prie,	v. a. au prés. de l'ind. 1re pers. du sing. Son sujet est *je*; son compl. est *vous*.
quel	adj. interr. m. sing. qualif. *fruit*; et le dét. parce qu'il tient lieu d'article.
fruit	s. m. sing. compl. du v. *recueillir*.
de	prép. dont le compl. est *labeur*.
ce	adj. dém. m. sing. dét. *labeur*, parce qu'il tient lieu d'article.
labeur	s. m. sing. compl. de la prép. *de*.
pouvez-	v. n. au prés. de l'ind. 2e pers. pl. Son sujet est *vous*.
vous	pron. de la 2e pers. pl. des deux genr. sujet du v. *pouvez*, placé après le verbe, parce qu'il y a interr.
recueillir ?	v. a. au prés. de l'inf. Il a pour compl. *fruit*. Quand deux verbes se suivent, le second se met à l'inf.
Autant	adv. de compar. modif. le v. *vieillir*.
que	conj. copul.
un	adj. numér. m. sing. dét. *patriarche*, parce qu'il tient lieu d'article.
patriarche	s. m. sing. sujet du v. *vieillit* sous-ent. (autant qu'un patriarche *vieillit*).
il faudroit	v. unipers. au condit. prés.
vous	pron. de la 2e pers. pl. des deux genr. pour *à vous*, compl. de la prép. *à* sous-ent.
vieillir.	v. n. au prés. de l'inf. Quand deux v. sont placés par apposition, le second se met à l'inf. (54 et 39).

A	prép. dont le compl. est *quoi*.
quoi	pron. interr. pour *quelle chose*, compl. de la prép. *à*
bon	adj. m. s. attr. de *il* pour *cela*, dans la phrase : à quoi *cela est-il bon ?*
charger	v. a. au prés. de l'inf. compl. de la prép. *de* sous-ent. dans la phrase : à quoi cela est-il bon *de* charger votre vie ? Il a pour compl. *vie*.
votre	adj. poss. sing. des deux genr. dét. *vie*, parce qu'il tient lieu d'art.
vie	s. f. sing. compl. du v. *charger*.
des	art. comp. pl. des deux genr. pour *de les*. *De* a pour compl. *soins*.
soins	s. m. pl. compl. de la prép. *de* dans l'art. comp. *des*.
de	prép. dont le compl. est *avenir*.
un	adj. num. m. s. dét. *avenir*, parce qu'il tient lieu d'article.
avenir	s. m. sing. compl. de la prép. *de*.
qui	pron. rel. à *avenir*, sujet du v. *est fait*.
ne pas	adv. de nég. modif. le v. *est fait*.
est fait	v. passif au prés. de l'ind. 3e pers. du sing. Son sujet est *qui* pour *avenir*. La part. *fait* s'accorde avec ce sujet. (Première règle.)
pour	prép. dont le compl. est *vous*.
vous ?	pron. de la 2e pers. pl. des deux genr. compl. de *pour*.
Ne	adv. de nég. modif. *songez*.
songez	v. n. à l'impér. 2e pers. pl.
désormais	adv. de temps qui modif. le v. *songez*.
que	conj. déterminat.
à	prép. dont le compl. est *erreurs*.
vos	adj. poss. pl. des deux genr. dét. *erreurs*, parce qu'il tient lieu d'art.
erreurs	s. f. pl. compl. de la prép. *à*.

passées ;	part. adj. f. pl. qualif. *erreurs.*
quittez	v. a. à l'impér. 2ᵉ pers. pl. Son compl. est *espoir* et *pensées.*
le	art. simp. m. sing. dét. *espoir.*
long	adj. m. sing. qualif. *espoir.*
espoir	s. m. sing. compl. du v. *quittez.*
et	conj. copul. lie deux subst. en compl.
les	art. simp. pl. des deux genr., déterm. *pensées.*
vastes	adj. pl. des deux genres, qualif. *pensées.*
pensées :	s. f. pl. 2ᵉ compl. du v. *quittez.*
tout	adj. collect. m. sing. qualif. *cela.*
cela	pron. dém. m. sing. sujet du v. *convient.*
ne	adv. de nég. modif. *convient.*
convient	v. n. au prés. de l'ind. 3ᵉ pers. du sing. Son sujet est *cela.*
que	conj. déterminat.
à	prép. dont le compl. est *nous.*
nous.	pron. de la 1ʳᵉ pers. pl. des deux genr. compl. de la prép. *à.*

XXIXᵉ EXERCICE.

Il ne convient pas à vous-mêmes,
Repartit le vieillard. Tout établissement
Vient tard et dure peu. La main des parques blêmes
De vos jours et des miens se joue également.
Nos termes sont pareils par leur courte durée.
Qui de nous des clartés de la voûte azurée
Doit jouir le dernier ? Est-il aucun moment
Qui vous puisse assurer d'un second seulement ?
Mes arrière-neveux me devront cet ombrage :
 Hé bien ! défendez-vous au sage

De se donner des soins pour le plaisir d'autrui ?
Cela même est un fruit que je goûte aujourd'hui.

ANALYSE.

Il	pron. absolu de la 3ᵉ pers. m. sing. mis pour *cela*, sujet du v. *convient*.
ne pas	adv. de nég. modif. *convient*.
convient	v. n. au prés. de l'ind. 3ᵉ pers. du sing. Son sujet est *il* pour *cela*.
à	prép. dont le compl. est *vous-mêmes*.
vous-mêmes,	pron. de la 2ᵉ pers. pl. des deux genr. se rapporte à *jouvenceaux*, compl. de la prép. *à*. *Mêmes*, après les pron. pers. se joint à ces pron. par un tiret, et il en prend le nombre. (Gram. pag. 138.)
repartit	v. a. pris ici neutralement au prét. déf. 3ᵉ pers. sing. Son sujet est *vieillard*.
le	art. simp. m. sing. dét. *vieillard*.
vieillard.	s. m. sing. sujet du v. *repartit*.
Tout	adj. collect. m. sing. détermine *établissement*, parce qu'il tient lieu d'article (22).
établissement	s. m. sing. sujet des v. *vient* et *dure*.
vient	v. n. au prés. de l'ind. 3ᵉ pers. sing. Son sujet est *établissement*.
tard	adv. de temps modif. *vient*.
et	conj. copul. lie deux verbes.
dure	v. n. au prés. de l'ind. 3ᵉ pers. sing. Son sujet est *établissement*.
peu.	adv. de quant. modif. *dure*.
La	art. simp. f. sing. dét. *main*.
main	s. f. sing. sujet du v. *se joue*.
des	art. comp. pl. des deux genr. pour *de les*. *De* a pour compl. *parques*.

6.

parques	s. f. pl. compl. de la prép. *de* dans l'art. comp. *des*.
blêmes	adj. pl. des deux genr. qualif. *parques*.
de	prép. dont le compl. est *jours*.
vos	adj. poss. pl. des deux genr., déterm. *jours*, parce qu'il tient lieu d'article.
jours	s. m. pl. compl. de la prép. *de*.
et	conj. copul.
des	art. comp. pl. des deux genr. pour *de les*. *De* a pour compl. *miens*.
miens	pron. poss. m. pl. tient la place de *jours*, compl. de la prép. *de* dans l'art. comp. *des*.
se joue	v. réfl. au prés. de l'ind. 3ᵉ pers. du sing.. Son sujet est *main*.
également.	adv. de manière, modif. *se joue*.
Nos	adj. poss. pl. des deux genr. dét. *termes*, parce qu'il tient lieu d'art.
termes	s. m. pl. sujet du v. *sont*.
sont	v. subst. au prés. de l'ind. 3ᵉ pers. pl. Son sujet est *termes*.
pareils	adj. m. pl. attribut de *termes*.
par	prép. dont le compl. est *durée*.
leur	adj. poss. sing. des deux genr. dét. *durée*, parce qu'il tient lieu d'art.
courte	adj. f. sing. qualif. *durée*.
durée.	s. f. sing. compl. de *par*
Qui	pron. inter. m. sing. sujet du v. *doit*.
de	prép. dont le compl. est *nous*.
nous	pron. de la 1ʳᵉ pers. pl. des deux genr. compl. de la prép. *de*.
des	art. comp. pl. des deux genr. pour *de les*. *De* a pour compl. *clartés*.
clartés	s. f. pl. compl. de la prép. *de* dans l'art. comp. *des*.
de	prép. dont le compl. est *voûte*.

la	art. simp. f. sing. dét. *voûte*.
voûte	s. f. sing. compl. de la prép. *de*.
azurée	adj. f. sing. qualif. *voûte*.
doit	v. a. au prés. de l'ind. 3ᵉ pers. du sing. Son suj. est *qui*; son compl. est *jouir*.
jouir	v. n. au prés. de l'inf. compl. de *doit*.
le	art. simp. m. sing. dét. *dernier*.
dernier?	adj. ordin. pris substantiv. m. sing. attribut du sujet *qui*.
Est-	v. subst. au prés. de l'ind. 3ᵉ pers. sing. Son sujet est *moment*.
il	pron. de la 3ᵉ pers. m. sing. sujet du v. *est*. Ce sujet est ajouté au sujet principal *moment*, parce qu'il y a interr.
aucun	adj. m. sing. dét. *moment*, parce qu'il tient lieu d'article (22).
moment	s. m. sing. sujet du v. *est*.
qui	pron. rel. à *moment*, sujet du v. *puisse*.
vous	pron. de la 2ᵉ pers. pl. des deux genr. compl. du v. *assurer*.
puisse	verbe neutre au présent du subjonctif, 3ᵉ pers. sing. Son sujet est *qui* pour *moment*. Il est au subj. à cause de *qui* dans une proposit. qui exprime l'interr., le doute. (Gramm. p. 148.)
assurer	v. a. au prés. de l'inf. Il a pour compl. *vous*. Quand deux v. sont de suite, le second se met à l'inf.
de	prép. dont le compl. est *second*.
un	adj. numér. m. sing. dét. *second*, parce qu'il tient lieu d'art.
second	adj. ordin. pris substantiv. m. sing. se rapporte à *moment*, compl. de la prép. *de*.
seulement?	adv. de quant. modif. *assurer*.
Mes	adj. poss. pl. des deux genres dét.

	arrière-neveux, parce qu'il tient lieu d'article.
arrière-neveux	subst. comp. m. pl. sujet du v. *devront*. *Quand* le subst. composé est formé d'un nom joint à un verbe ou à une prép. le nom seul prend la marque du pl. (Gramm. p. 114.)
me	pron. de la 1re pers. sing. des deux genr. pour *à moi*.
devront	v. a. au futur simp. 3e pers. pl. Son suj. est *arrière-neveux*; son compl. est *ombrage*.
cet	adj. dém. m. sing. dét. *ombrage*, parce qu'il tient lieu d'art.
ombrage :	s. m. sing. compl. du v. *devront*.
hé bien !	interj. qui marque une idée de conséquence (*en conséquence de cela, défendez-vous*, etc.).
défendez-	v. a. au prés. de l'ind. 2e pers. pl. Son sujet est *vous*.
vous	pron. de la 2e pers. pl. des deux genr. sujet du v. *défendez*, placé après ce verbe, à cause de l'interr.
au	art. comp. m. sing. pour *à le*. Le compl. de la prép. *à* est *sage*.
sage	s. m. sing. compl. de la prép. *à* dans l'art. comp. *au*.
de	prép. dont le compl. est *se donner*.
se donner	v. réfl. au prés. de l'inf. compl. de la prép. *de*. Il se tourne par donner *à lui*. Il a pour complément *des soins*.
des	art. partit. pl. des deux genres pour *quelques*, fait prendre le substantif *soins* dans un sens d'extrait.
soins	s. m. pl. compl. du v. *donner*.
pour	prép. dont le compl. est *plaisir*.

le	art. simp. m. sing. dét. *plaisir*.
plaisir	s. m. sing. compl. de la prép. *pour*.
de	prép. dont le compl. est *autrui*.
autrui?	s. m. sing. compl. de la prép. *de*.
Cela	pron. dém. m. sing. sujet du v. *est*.
même	adj. sing. des deux genr. qualif. *cela*.
est	v. subst. au prés. de l'ind. 3ᵉ pers. du sing. Son sujet est *cela*.
un	adj. numér. m. sing. dét. *fruit*, parce qu'il tient lieu d'article.
fruit	s. m. sing. attribut du sujet *cela*.
que	pron. relat. à *fruit*, compl. du v. *goûte*.
je	pron. de la 1ʳᵉ pers. sing. des deux genr. sujet du v. *goûte*.
goûte	v. a. au prés. de l'ind. 1ʳᵉ pers. du sing. Son sujet est *je*; son compl. est *que* pour *fruit*.
aujourd'hui.	adv. de temps, modif. *je goûte*.

XXXᵉ EXERCICE.

J'EN puis jouir demain, et quelques jours encore ;
    Je puis enfin compter l'aurore
    Plus d'une fois sur vos tombeaux.
Le vieillard eut raison : l'un des trois jouvenceaux
Se noya dès le port, allant à l'Amérique ;
L'autre, afin de monter aux grandes dignités,
Dans les emplois de Mars servant la république,
Par un coup imprévu vit ses jours emportés ;
    Le troisième tomba d'un arbre
    Que lui-même il vouloit enter :
Et, pleurés du vieillard, il grava sur leur marbre
    Ce que je viens de raconter.

ANALYSE.

Je	pron. dé la 1re pers. sing. des deux genr. sujet du v. *puis*.
en	pron. rel. mis pour *de cela*. Toujours invar.
puis	v. n. 1re pers. du sing. du prés. de l'ind. Son sujet est *je*.
jouir	v. n. au prés. de l'inf. Quand deux verbes se suivent, le second se met à l'inf.
demain,	adv. de temps, modif. *jouir*.
et	conj. copul. lie deux memb. de phrase.
quelques	adj. pl. des deux genres, dét. *jours*, parce qu'il tient lieu d'art. (22).
jours	s. m. pl. compl. de la prép. *pendant* sous-ent.
encore ;	adv. de temps, modif. *jouir*.
je	pron. de la 1re pers. sing. des deux genr. sujet du v. *puis*.
puis	v. n. à la 1re pers. du sing. du prés. de l'ind. Son sujet est *je*.
enfin	adv. qui indique une conclusion. Il modif. le v. *puis*.
compter	v. a. au prés. de l'inf. Il a pour compl. *aurore*. Quand deux verbes se suivent, le second se met à l'inf.
la	art. simp. f. sing. dét. *aurore*.
aurore	s. f. sing. compl. de *compter*.
plus	adv. de quant. pris substantiv. pour *un plus grand nombre*, compl. d'une prép. sous-ent. (*dans, pendant, jusqu'à*, etc.)
de	prép. dont le compl. est *fois*.
une	adj. numér. f. sing. dét. *fois*, parce qu'il tient lieu d'art.
fois	s. f. sing. compl. de la prép. *de*.

sur	prép. dont le compl. est *tombeaux*.
vos	adj. poss. pl. des deux genr. dét. *tombeaux*, parce qu'il tient lieu d'art.
tombeaux.	s. m. pl. compl. de *sur*.
Le	art. simp. m. sing. dét. *vieillard*.
vieillard	s. m. sing. sujet du v. *eut*.
eut	v. a. au prét. déf. 3ᵉ pers. du sing. Son sujet est *vieillard*; son compl. est *raison*.
raison :	s. f. sing. compl. du v. *eut*, employé sans art., etc. (Gramm. p. 118.)
le	art. simp. m. sing. dét. *un*.
un	pron. indéf. m. sing. sujet du v. *se noya*.
des	art. comp. pl. des deux genr. pour *de les*. *De* a pour compl. *jouvenceaux*.
trois	adj. de nombre card. pl. des deux genr. qualif. *jouvenceaux*.
jouvenceaux	s. m. pl. compl. de la prép. *de* dans l'art. comp. *des*.
se noya	v. réfl. au prét. déf. 3ᵉ pers. sing. Son sujet est *l'un*.
dès	prép. dont le compl. est *port*.
le	art. simp. m. sing. dét. *port*.
port,	s. m. sing. compl. de la prép. *dès*.
allant	v. n. au part. prés. compl. de la prép. *en* sous-entendue (35).
à	prép. dont le compl. est *Amérique*.
la	art. simp. f. sing. dét. *partie du monde* sous-ent. (43).
Amérique ;	nom propre d'une des quatre parties du monde, f. sing. compl. de la prép. *à*.
le	art. simp. m. sing. dét. *autre*.
autre,	pron. indéf. m. sing. sujet du v. *vit*.
afin de	prép. dont le compl. est *monter*.
monter	v. n. au prés. de l'inf. compl. de la prép. *afin de*.

aux	art. comp. pl. des deux genr. pour *à les*. Le compl. de la prép. *à* est *dignités*.
grandes	adj. f. pl. qualif. *dignités*.
dignités,	s. f. pl. compl. de la prép. *à* dans l'art. comp. *aux*.
dans	prép. dont le compl. est *emplois*.
les	art. simp. pl. des deux genr. dét. *emplois*.
emplois	s. m. pl. compl. de la prép. *dans*.
de	prép. dont le compl. est *Mars*.
Mars	nom propre du dieu de la guerre, compl. de la prép. *de*.
servant	v. a. au part. prés. compl. d'une prép. sous-ent. (*en*). Il a pour compl. *république*.
la	art. simp. f. sing. dét. *république*.
république,	s. f. sing. compl. de *servant*.
par	prép. dont le compl. est *coup*.
un	adj. numér. m. sing. dét. *coup*, parce qu'il tient lieu d'article.
coup	s. m. sing. compl. de *par*.
imprévu	adj. m. sing. qualif. *coup*.
vit	v. a. au prét. déf. 3ᵉ pers. du sing. Son suj. est *l'autre*; son compl. est *jours*.
ses	adj. poss. pl. des deux genres dét. *jours*, parce qu'il tient lieu d'art.
jours	s. m. pl. compl. de *vit*.
emportés;	part. adj. m. pl. qualif. *jours*.
le	art. simp. m. sing. dét. *troisième*.
troisième	adj. ordin. pris substant. masc. sing., sujet du v. *tomba*.
tomba	v. n. au prét. déf. 3ᵉ pers. du sing. Son sujet est *troisième*.
de	prép. dont le compl. est *arbre*.
un	adj. numér. m. sing. dét. *arbre*, parce qu'il tient lieu d'article.
arbre	s. m. sing. compl. de la prép. *de*.

que	pron. rel. à *arbre*, compl. de *enter*.
lui-même	pron. de la 3ᵉ pers. m. sing. sujet du v. *vouloit*.
il	pron. pers. m. sing. sujet répété du v. *vouloit*. (Il est répété par *pléonasme*.)
vouloit	v. a. à l'imparf. de l'ind. 3ᵉ pers. sing. Son sujet est *lui-même*. Il a pour compl. *enter*.
enter :	v. a. au prés. de l'inf., compl. du v. *vouloit*. Son compl. est *que* pour *arbre*.
et,	conj. copul. lie deux parties de phrase.
pleurés	part. adj. m. pl. qualif. *eux* pour *jeunes gens*, dans la phrase, Il grava sur leur marbre d'*eux pleurés*, etc. (40).
du	art. comp. m. sing. pour *de le*. *De* a pour compl. *vieillard*.
vieillard ,	s. m. sing. compl. de la prép. *de* dans l'art. comp. *du*.
il	pron. de la 3ᵉ pers. m. sing. rappelle l'idée de *vieillard*, sujet de *grava*.
grava	v. a. au prét. déf. 3ᵉ pers. du sing. Son sujet est *il* ; son compl. est *ce*.
sur	prép. dont le compl. est *marbre*.
leur,	adj. poss. sing. des deux genres, dét. *marbre*, parce qu'il tient lieu d'art.
marbre	s. m. sing. compl. de la prép. *sur*.
ce	pron. dém. m. sing. pour *cela*, compl. de *grava*.
que	pron. rel. à *ce* pour *cela*, compl. de *raconter*.
je	pron. de la 1ʳᵉ pers. sing. des deux genr. sujet de *viens*.
viens	v. n. au prés. de l'ind. 1ʳᵉ pers. sing. Son sujet est *je*.
de	prép. dont le compl. est *raconter*.
raconter.	v. a. au prés. de l'inf. compl. de la prép. *de*. Il a pour compl. *que* pour *cela*.

XXXI.ᵉ EXERCICE.

QUE vous êtes changée, Madame, depuis deux mois, sans que rien ait changé que vous ! Vos langueurs ont disparu ; il n'est plus question de dégoûts ni d'abattement ; toutes les grâces sont venues reprendre leur poste ; touts vos charmes se sont ranimés : la rose qui vient d'éclore n'est pas plus fraîche que vous ; les saillies ont recommencé ; vous avez de l'esprit avec tout le monde, etc.

ANALYSE.

Que	adv. de quant. pour *combien*, modif. le v. *étes changée*.
vous	pron. de la 2.ᵉ pers. pl. des deux genr. mis pour *tu*, se rapporte à *madame*, sujet du v. *étes changée*.
étes changée,	v. passif au prés. de l'ind. 2.ᵉ pers. pl. Son sujet est *vous* pour *tu*, f. sing. Le part. *changée* s'accorde avec ce sujet. (Première règle.)
Madame,	s. f. sing. mis en apostr.
depuis	prép. dont le compl. est *mois*.
deux	adj. de nomb. card. pl. des deux genr. dét. *mois*, parce qu'il tient lieu d'article.
mois,	s. m. pl. compl. de *depuis*.
sans que	conj. disjonct.
rien	s. m. sing. sujet du v. *ait changé*.
ait changé	v. a. pris neutralem. au prét. du subj. 3.ᵉ pers. sing. Son sujet est *rien*. Il est au subj. parce que la conjonction *sans que* appelle ce mode. (Gramm. p. 180.)

que	sorte de prép. pour *excepté*, a pour compl. *vous* (rien n'est changé *excepté* vous).
vous !	pron. de la 2ᵉ pers. pl. des deux genr. mis ici pour *toi*, se rapporte à *madame*, compl. de *que* équivalant à *excepté*, *si ce n'est*.
Vos	adj. poss. pl. des deux genr. dét. *langueurs*, parce qu'il tient lieu d'article.
langueurs	s. f. pl. sujet du v. *ont disparu*.
ont disparu ;	v. n. au prét. indéf. 3ᵉ pers. pl. Son sujet est *langueurs*. Le part. *disparu* ne change point, parce que, conjugué avec le v. *avoir*, il ne s'accorde point avec son sujet. (Deuxième règle.)
il	pron. abs. c'est-à-dire, qui ne se rapporte à rien, m. sing. sujet du v. *est*.
ne	adv. de nég. modif. le v. *est*.
est	v. subst. au prés. de l'ind. 3ᵉ pers. sing. Son sujet est *il*. (*Il est* a été employé ici uniperson.)
plus	adv. de temps qui, joint à *ne*, marque *cessation*. Il modif. *est*.
question	s. f. sing. sujet du v. *est*, censé répété. (Cela n'*est* plus, question n'*est* plus.) (50.)
de	prép. dont le compl. est *dégoûts*.
dégoûts	s. m. pl. compl. de la prép. *de*.
ni	conj. disjonct.
de	prép. dont le compl. est *abattement*.
abattement ;	s. m. sing. compl. de la prép. *de*.
toutes	adj. collect. f. pl. qualif. *grâces*.
les	art. simp. pl. des deux genres, dét. *grâces*.
grâces	s. f. pl. sujet du v. *sont venues*.

sont venues	v. n. au prét. indéf. 3ᵉ pers. pl. Son sujet est *grâces*. Le part. *venues* s'accorde avec ce sujet. (Première règle.)
reprendre	v. a. au prés. de l'inf. compl. d'une prép. sous-ent. (38). Il a pour compl. *poste*.
leur	ad. poss. sing. des deux genres, dét. *poste*, parce qu'il tient lieu d'art.
poste ;	s. m. sing. compl. de *reprendre*.
touts	adj. collect. m. pl. qualif. *charmes*.
vos	adj. poss. pl. des deux genres, dét. *charmes*, parce qu'il tient lieu d'article.
charmes	s. m. pl. sujet du v. *se sont ranimés*.
se sont ranimés :	v. pronominal au prét. indéf. 3ᵉ pers. pl. Le sujet est *charmes*. Le part. *ranimés* s'accorde avec ce sujet, suivant la règle des part. passés des v. pronomin. (Gramm. p. 160.)
la	art. simp. f. sing. dét. *rose*.
rose	s. f. sing. sujet du v. *est*.
qui	pron. rel. à *rose*, sujet du v. *vient*.
vient	v. n. au prés. de l'ind. 3ᵉ pers. du sing. Son sujet est *qui* pour *rose*.
de	prép. dont le compl. est *éclore*.
éclore	v. n. au prés. de l'inf. compl. de la prép. *de*.
ne pas	adv. de nég. modif. le v. *est*.
est	v. subs. au prés. de l'ind. 3ᵉ pers. du sing. Son sujet est *rose*.
plus	adv. de compar. modif. l'adj. *fraîche*.
fraîche	adj. f. sing. attribut de *rose*.
que	conj. copul. lie deux objets comparés.
vous ;	pron. de la 2ᵉ pers. pl. des deux genr. mis pour *toi ;* sujet du v. *êtes* sous-ent. (*que* vous *n'êtes fraîche*).

les	art. simpl. pl. des deux genr. dét. *saillies*.
saillies	s. f. pl. sujet du v. *ont recommencé*.
ont recommencé;	v. a. pris neutralement au prét. indéf. 3ᵉ pers. pl. Son sujet est *saillies*. Le part. *recommencé* ne change point. (Deuxième règle.)
vous	pron. de la 2ᵉ pers. pl. des deux genr. sujet du v. *avez*.
avez	v. a. au prés. de l'ind. 2ᵉ pers. pl. Son sujet est *vous*; son compl. est *esprit*.
de le	art. part. pour *quelque*, sing. m. fait prendre le subst. *esprit* dans un sens d'extrait.
esprit	s. m. sing. compl. du v. *avez*.
avec	prép. dont le compl. est *monde*.
tout	adj. collect. m. sing. qualif. *monde*.
le	art. simp. m. sing. dét. *monde*.
monde.	s. m. sing. compl. de *avec*.

XXXIIᵉ EXERCICE.

Ils sont donc unis? demanda le berger, d'un air sombre. Ils le sont, répondit Rose, et jamais hymen ne fut accompli sous de si tristes auspices. La malheureuse Estelle, pâle, les yeux rouges de larmes, s'est traînée jusqu'à l'autel. En se mettant à genous, elle est tombée sur la pierre. Lorsqu'il a fallu prononcer le serment, ses sanglots, ses pleurs, ont étouffé sa voix; ses yeux se sont fermés à la lumière. Marguerite et moi, qui examinions touts ses mouvements, nous nous sommes précipitées vers elle ; nous l'avons soutenue sur notre sein. Méril a voulu tout suspendre :

mais Estelle, rassemblant ses forces, s'est relevée, a saisi la main de Méril, et, d'une voix ferme, a prononcé le fatal serment qui l'engage à jamais.

ANALYSE.

Ils	pron. de la 3ᵉ pers. m. pl. sujet du v. *sont unis*.
sont unis	v. pass. au prés. de l'ind. 3ᵉ pers. pl. Son sujet est *ils*. Le part. *unis*, m. pl. joint au v. *être*, s'accorde avec ce sujet. (Première règle.)
donc?	conj. qui marque *conclusion*, etc.
demanda	v. a. au prét. déf. 3ᵉ pers. du sing. Son sujet est *berger*.
le	art. simp. m. sing. dét. *berger*.
berger,	s. m. sing. sujet du v. *demanda*, placé après le verbe, parce qu'on rapporte les propres paroles de celui qui fait la question. (Grammaire, p. 145.)
de	prép. dont le compl. est *air*.
un	adj. numér. m. sing. dét. *air*, parce qu'il tient lieu d'article.
air	s. m. sing. compl. de la prép. *de*.
sombre.	adj. sing. des deux genr. qualif. *air*.
Ils	pron. de la 3ᵉ pers. m. pl. sujet du v. *sont*.
le	pron. rel. à *unis*, attribut de *ils*. (Ils sont *cela*, ils sont *unis*.) Ce pron. ne change point, lorsqu'il se rapporte à un adj. (Gramm. p. 136.)
sont,	v. subs. au prés. de l'ind. 3ᵉ pers. pl. Son sujet est *ils*.
répondit	v. a. prét. déf. 3ᵉ pers. du sing. Son sujet est *Rose*.
Rose,	nom. prop. de femme, sujet du v. *ré-*

	pondit, placé après ce verbe, parce qu'on rapporte les propres paroles de la personne qui répond. (Gram. p. 145.)
et	conj. copul. qui lie deux membres de phrase.
jamais	adv. de temps, modif. le v. *fut accompli*.
hymen	s. m. sing. sujet du v. *fut accompli*, employé sans article, parce qu'il est pris dans un sens indét.
ne	adv. de nég. modif. *fut accompli*.
fut accompli	v. passif au prét. déf. 3ᵉ pers. du sing. Son sujet est *hymen*. Le part. *accompli* s'accorde avec ce sujet. (Première règle.)
sous	prép. dont le compl. est *auspices*.
de	partic. employée comme art. partit. fait prendre le subst. *auspices* dans un sens d'extrait.
si	adv. de quant. modif. *tristes*.
tristes	adj. pl. des deux genr. qualif. *auspices*.
auspices.	s. m. pl. compl. de *sous*.
La	art. simp. f. s. dét. *fille* sous-ent. (43).
malheureuse	adj. f. sing. qualif. le subst. *fille* sous-ent. (La malheureuse *fille* appelée *Estelle*.)
Estelle,	nom propre de femme, sujet du verbe *s'est traînée*.
pâle,	adj. sing. des deux genr. qualif. *Estelle*.
les	art. simp. pl. des deux genr. déterm. *yeux*.
yeux	s. m. pl. compl. de la prép. *avec* sous-ent. (34).
rouges	adj. pl. des deux genr. qualif. *yeux*.
de	prép. dont le compl. est *larmes*.

G

larmes ;	s. f. pl. compl. de la prép. *de*, employé sans article, parce qu'il est pris dans un sens indét.
s'est traînée	v. réfl. au prét. indéf. 3ᵉ pers. du sing. Son sujet est *Estelle*; le compl. est *se* pour *elle* (*a traîné elle*). Le part. *traînée* s'accorde avec ce compl. suivant la règle des part. des v. réfl. (Gram. p. 157.)
jusqu'à	prép. dont le compl. est *autel*.
le	art. simp. m. sing. dét. *autel*.
autel.	s. m. sing. compl. de *jusqu'à*.
En	prép. dont le compl. est *se mettant*.
se mettant	v. réfl. au part. prés. compl. de la prép. *en*.
à	prép. dont le compl. est *genous*.
genous,	s. m. pl. compl. de la prép. *à*.
elle	pron. de la 3ᵉ pers. f. sing. tient la place d'*Estelle*, sujet du v. *est tombée*.
est tombée	v. n. au prét. indéf. 3ᵉ pers. du sing. Son sujet est *elle*; le part. *tombée* f. sing. s'accorde avec ce sujet. (Première règle.)
sur	prép. dont le compl. est *pierre*.
la	art. simp. f. sing. dét. *pierre*.
pierre.	s. f. sing. compl. de *sur*.
Lorsque	conj. circonst.
il a fallu	v. unip. au prét. indéf.
prononcer	v. a. au prés. de l'inf. Quand deux verbes sont placés par apposition, le second se met à l'inf. Il a pour compl. *serment*.
le	art. simp. m. sing. dét. *serment*.
serment,	s. m. sing. compl. du v. *prononcer*.
ses	adj. poss. pl. des deux genr. dét. *sanglots*, parce qu'il tient lieu d'art.

sanglots,	s. m. pl. sujet du v. *ont étouffé*.
ses	adj. poss. pl. des deux genr. dét. *pleurs*, parce qu'il tient lieu d'article.
pleurs,	s. m. pl. autre sujet du v. *ont étouffé*.
ont étouffé	v. a. au prét. indéf. 3ᵉ pers. pl. Son sujet est *sanglots* et *pleurs*; son compl. est *voix*. Le part. *étouffé* ne change point. (Quatrième règle.)
sa	adj. poss. f. sing. dét. *voix*, parce qu'il tient lieu d'article.
voix ;	s. f. sing. compl. de *ont étouffé*.
ses	adj. poss. pl. des deux genr. dét. *yeux*, parce qu'il tient lieu d'article.
yeux	s. m. pl. sujet du v. *se sont fermés*.
se sont fermés	v. pronom. au prétérit indéf. 3ᵉ pers. pl. Son sujet est *yeux*. Le part. *fermés* s'accorde avec ce sujet, suivant la règle des part. des v. pronom. (Gram. p. 160.)
à	prép. dont le compl. est *lumière*.
la	art. simp. f. sing. dét. *lumière*.
lumière.	s. f. sing. compl. de la prép. *à*.
Marguerite	nom propre de femme, l'un des sujets du v. *nous sommes précipitées*.
et	conj. copul. qui lie deux sujets.
moi,	pron. de la 1ʳᵉ pers. sing. des deux genr. se rapporte à *Rose*, autre sujet du v. *nous sommes précipitées*.
qui	pron. rel. à *Marguerite* et au pron. *moi*, sujet du v. *examinions*.
examinions	v. a. à l'imp. de l'ind. 1ʳᵉ pers. pl. Son sujet est *qui* pour *Marguerite* et *moi*. Le v. prend le pl. parce qu'il y a deux sujets; il prend la 1ʳᵉ pers. à cause du suj. *moi*. Il a pour compl. *mouvements*.
touts	adj. coll. m. pl. qualif. *mouvements*.

ses	adj. poss. pl. des deux genres déterm. *mouvements*, parce qu'il tient lieu d'article.
mouvements,	s. m. pl. compl. de *examinions*.
nous	pron. de la 1re pers. pl. des deux genr. sujet répété du v. *nous sommes précipitées*.
nous sommes précipitées	v. réfl. au prét. indéf. 1re pers. pl. Son sujet est *Marguerite* et *moi*. Le participe *précipitées* s'accorde avec le compl. *nous*, suivant la règle des participes des v. réfl. (Gram. p. 157.) (Nous avons précipité *nous*.)
vers	prép. dont le compl. est *elle*.
elle ;	pron. de la 3e pers. f. sing. se rapporte à *Estelle*, compl. de *vers*.
nous	pron. de la 1re pers. pl. des deux genr. sujet du v. *avons soutenue*.
la	pron. rel. à *Estelle*, f. sing. compl. de *avons soutenue*.
avons soutenue	v. a. au prét. indéf. 1re pers. pl. Son sujet est *nous*; son compl. est *la* pour *Estelle*. Le part. *soutenue*, f. s., s'accorde avec ce compl. qui le précède. (Troisième règle.)
sur	prép. dont le compl. est *sein*.
notre	adj. poss. sing. des deux genr. déterm. *sein*, parce qu'il tient lieu d'art.
sein.	s. m. sing. compl. de *sur*.
Méril	nom propre d'homme, sujet du verbe *a voulu*.
a voulu	v. a. au prét. ind. 3e pers. sing. Son sujet est *Méril*; il a pour compl. *suspendre*.
tout	s. coll. m. sing. compl. de *suspendre*.
suspendre :	v. a. au prés. de l'inf. compl. de *a voulu*. Il a pour compl. *tout*.

mais	conj. advers.
Estelle,	nom prop. de femme, sujet des v. *s'est relevée, a saisi, a prononcé.*
rassemblant	v. a. au part. prés. compl. d'une prép. sous-ent. (*en*). Il a pour compl. *forces.*
ses	adj. poss. pl. des deux genr., détermin. *forces*, parce qu'il tient lieu d'article.
forces,	s. f. pl. compl. de *rassemblant*.
s'est relevée,	v. réfl. au prét. indéf. 3ᵉ pers. du sing. Son sujet est *Estelle*. Le compl. est *se* pour *elle* (*a relevé elle*). Le part. *relevée* s'accorde avec ce compl. suivant la règle des part. des v. réfl. (Gram. p. 157.)
a saisi	v. a. au prét. indéf. 3ᵉ pers. du sing. Son sujet est *Estelle*; son compl. est *main*.
la	art. simp. f. sing. dét. *main*.
main	s. f. sing. compl. de *a saisi*.
de	prép. qui a pour compl. *Méril*.
Méril,	nom propre d'homme, compl. de la prép. *de.*
et,	conj. copul. lie deux membres de phrase.
de	prép. dont le compl. est *voix*.
une	adj. numér. f. sing. dét. *voix*, parce qu'il tient lieu d'article.
voix	s. f. sing. compl. de la prép. *de.*
ferme,	adj. sing. des deux genr. qualif. *voix.*
a prononcé	v. a. au prét. indéf. 3ᵉ pers. du sing. Son sujet est *Estelle*; son compl. est *serment.*
le	art. simp. m. sing. dét. *serment.*
fatal	adj. m. sing. qualif. *serment.*
serment	s. m. sing. compl. de *a prononcé.*
qui	pron. rel. à *serment*, sujet du verbe *engage.*

(150)

la	pron. rel. à *Estelle*, f. sing. compl. du v. *engage*.
engage	v. a. au prés. de l'ind. 3ᵉ pers. du sing. Son sujet est *qui* pour *serment*; son compl. est *la* pour *Estelle*.
à jamais.	adv. de temps, modif. *engage*.

XXXIIIe EXERCICE.

AINSI parle la terre : et, charmé de l'entendre,
Quand je vois, par ces nœuds que je ne puis comprendre,
Tant d'êtres différents l'un à l'autre enchaînés,
Vers une même fin constamment entraînés,
A l'ordre général conspirer touts ensemble ;
Je reconnois par-tout la main qui les rassemble,
Et d'un dessein si grand j'admire l'unité,
Non moins que la sagesse et la simplicité.

ANALYSE.

Ainsi	adv. de manière, modif. le v. *parle*.
parle	v. n. au prés. de l'ind. 3ᵉ pers. du sing. Son sujet est *terre*.
la	art. simp. f. sing. dét. *terre*.
terre :	s. f. sing. sujet du v. *parle*, placé après ce verbe, à cause de *ainsi*. (Gram. p. 145.)
et,	conj. copul. lie deux membres de phrase.
charmé	part. adj. m. sing. qualif. *je*, sujet de la phrase.
de	prép. dont le compl. est *entendre*.
la	pron. rel. à *terre*, f. sing., compl. de *entendre*.

entendre,	v. a. au prés. de l'inf., compl. de la prép. *de*. Il a pour compl. *la* pour *terre*.
quand	adv. de temps, modif. *je vois*.
je	pron. de la 1re pers. sing. des deux genr. sujet du v. *vois*.
vois,	v. a. au prés. de l'ind. 1re pers. du sing. Son sujet est *je* ; son compl. est *tant*.
par	prép. dont le compl. est *nœuds*.
ces	adj. dém. pl. des deux genr., déterm. *nœuds*, parce qu'il tient lieu d'article.
nœuds	s. m. pl. compl. de *par*.
que	pron. rel. à *nœuds*, compl. du verbe *comprendre*.
je	pron. de la 1re pers. sing. des deux genr. sujet du v. *puis*.
ne	adv. de nég. modif. *puis*.
puis	v. n. au prés. de l'ind. 1re pers. du sing. Son sujet est *je*.
comprendre,	v. a. au prés. de l'inf. Quand deux verbes sont de suite, le second se met à l'infinitif. Son compl. est *que* pour *nœuds*.
tant	adv. de quant. pris substantiv. pour *un si grand nombre*, compl. du v. *vois*.
de	prép. dont le compl. est *êtres*.
êtres	s. m. pl. compl. de la prép. *de*.
différents	adj. m. pl. qualif. *êtres*.
le	art. simp. m. sing. dét. *un*.
un	pron. indéf. m. sing. sujet du v. *est* sous-ent. (l'un *est enchaîné* à l'autre), ou compl. du verbe *voir*, répété.
à	prép. dont le compl. est *autre*.
le	art. simp. m. sing. dét. *autre*.
autre	pron. indéf. m. sing. compl. de *à*.
enchaînés,	part. adj. m. pl. qualif. *êtres*.
vers	prép. dont le compl. est *fin*.

4

une	adj. numér. f. sing. dét. *fin*, parce qu'il tient lieu d'article.
même	adj. sing. des deux genr. qualif. *fin*.
fin	s. f. sing. compl. de *vers*.
constamment	adv. de manière, modif. *entraînés*.
entraînés,	part. adj. m. pl. qualif. *êtres*.
à	prép. dont le compl. est *ordre*.
le	art. simp. m. sing. dét. *ordre*.
ordre	s. m. sing. compl. de *à*.
général	adj. m. sing. qualif. *ordre*.
conspirer	v. n. au prés. de l'inf. compl. d'une prép. sous-ent.
touts	adj. collect. m. pl. qualif. *êtres*.
ensemble;	adv. d'union, qui modif. *conspirer*.
je	pron. de la 1re pers. sing. des deux genr. sujet de *reconnois*.
reconnois	v. a. au prés. de l'ind. 1re pers. du sing. Son sujet est *je*; son compl. est *main*.
par-tout	adv. de lieu, modif. le v. *reconnois*.
la	art. simp. f. sing. dét. *main*.
main	s. f. sing. compl. de *reconnois*.
qui	pron. rel. à *main*, sujet du verbe *rassemble*.
les	pron. rel. à *êtres*, compl. du v. *rassemble*.
rassemble,	v. a. au prés. de l'ind. 3e pers. du sing. Son sujet est *qui* pour *main*; son compl. est *les* pour *êtres*.
et	conj. copul. lie deux membres de phrase.
de	prép. dont le compl. est *dessein*.
un	adj. numér. m. sing. dét. *dessein*, parce qu'il tient lieu d'article.
dessein	s. m. sing. compl. de la prép. *de*.
si	adv. de quant. modif. *grand*.
grand	adj. m. sing. qualif. *dessein*.
je	pron. de la 1re pers. sing. des deux genr. sujet de *admire*.

admire	v. a. au prés. de l'ind. 1ʳᵉ pers. du sing. Son sujet est *je* ; son compl. est *unité*.
la	art. simp. f. sing. dét. *unité*.
unité,	s. f. sing. compl. de *admire*.
non	adv. de nég. modif. l'adv. *moins*.
moins	adv. de compar. modif. le v. *admire* (non moins que je n'*admire*).
que	conj. copul. joint deux objets de compar.
la	art. simp. f. sing. dét. *sagesse*.
sagesse	s. f. sing. compl. du v. *admire*, censé répété (non moins que je n'*admire* la sagesse).
et	conj. copul. joint deux subst. en compl.
la	art. simp. f. sing. dét. *simplicité*.
simplicité.	s. f. sing. compl. du v. *admire*, censé répété.

XXXIV.ᵉ EXERCICE.

Mais pour toi, que jamais ces miracles n'étonnent,
Stupide spectateur des biens qui t'environnent,
O toi, qui follement fais ton dieu du hasard,
Viens me développer ce nid qu'avec tant d'art,
Au même ordre toujours architecte fidelle,
A l'aide de son bec maçonne l'hirondelle !
Comment, pour élever ce hardi bâtiment,
A-t-elle, en le broyant, arrondi son ciment ?
Et pourquoi ces oiseaux, si remplis de prudence,
Ont-ils de leurs enfants su prévoir la naissance ?

ANALYSE.

Mais	conj. adversat.
pour	prép. dont le compl. est *toi*.

toi,	pron. de la 2ᵉ pers. sing. des deux genr. compl. de *pour.*
que	pron. rel. à *toi*, compl. du v. *étonnent.*
jamais	adv. de temps, modif. le v. *étonnent.*
ces	adj. dém. pl. des deux genr. dét. *miracles*, parce qu'il tient lieu d'article.
miracles	s. m. pl. sujet du v. *étonnent.*
ne	adv. de nég. modif. *étonnent.*
étonnent,	v. a. au prés. de l'ind. 3ᵉ pers. pl. Son sujet est *miracles* ; son compl. est *que pour toi.*
stupide	adj. sing. des deux genr. qualif. *spectateur.*
spectateur	s. m. sing. placé en apostr.
des	art. comp. pl. des deux genr. pour *de les.* *De* a pour compl. *biens.*
biens	s. m. pl. compl. de la prép. *de* dans l'art. comp. *des.*
qui	pron. rel. à *biens*, sujet du v. *environnent.*
te	pron. de la 2ᵉ pers. sing. des deux genr. pour *toi*, compl. du v. *environnent.*
environnent,	v. a. au prés. de l'ind. 3ᵉ pers. pl. Son sujet est *qui* pour *biens* ; son compl. est *te* pour *toi.*
ô	part. qui sert à l'apostr.
toi,	pron. de la 2ᵉ pers. sing. des deux genr. mis en apostr.
qui	pron. rel. à *toi* ; sujet du v. *fais.*
follement	adv. de manière, modif. *fais.*
fais	v. a. au prés. de l'ind. 2ᵉ pers. du sing. Son sujet est *qui* pour *toi* ; son compl. est *dieu.*
ton	adj. poss. m. sing. dét. *dieu*, parce qu'il tient lieu d'article.

dieu	s. m. sing. compl. de *fais*.
du	art. comp. m. sing. pour *de le*. *De* a pour compl. *hasard*.
hasard,	s. m. sing. compl. de la prép. *de* dans l'art. comp. *du*.
viens	v. n. à l'impér. 2ᵉ pers. du sing.
—me	pron. de la 1ʳᵉ pers. sing. des deux genr. pour à *moi*, compl. de la prép. *à* sous-ent.
développer	v. a. au prés. de l'inf. Quand deux verbes sont placés par apposition, le second se met à l'inf. Il a pour compl. *nid*.
ce	adj. dém. m. sing. dét. *nid*, parce qu'il tient lieu d'article.
nid	s. m. sing. compl. de *développer*.
que	pron. rel. à *nid*, compl. de *maçonne*.
avec	prép. dont le compl. est *tant*.
tant	adv. de quant. pris substantiv. compl. de *avec*.
de	prép. dont le compl. est *art*.
art,	s. m. sing. compl. de la prép. *de*.
au	art. comp. m. sing. pour *à le*. *A* veut pour compl. *ordre*.
même	adj. sing. des deux genr. qualif. *ordre*.
ordre	s. m. sing. compl. de *à*, dans l'art. comp. *au*.
toujours	adv. de temps, modif. *fidelle*.
architecte	s. m. sing. attribut de *hirondelle*.
fidelle,	adj. sing. des 2 genr. qualif. *architecte*.
à	prép. dont le compl. est *aide*.
la	art. simp. f. sing. dét. *aide*.
aide	s. f. sing. compl. de *à*.
de	prép. dont le compl. est *bec*.
son	adj. poss. sing. m. dét. *bec*, parce qu'il tient lieu d'article.
bec	s. m. sing. compl. de la prép. *de*.

6

maçonne	v. a. au prés. de l'ind. 3ᵉ pers. du sing. Son sujet est *hirondelle*; son compl. est *que* pour *nid*.
la	art. simp. f. sing. dét. *hirondelle*.
hirondelle!	s. f. sing. sujet du v. *maçonne*.
Comment,	adv. de manière, modif. le v. *a arrondi*.
pour	prép. dont le compl. est *élever*.
élever	v. a. au prés. de l'inf. compl. de *pour*. Il a pour compl. *bâtiment*.
ce	adj. dém. m. sing. dét. *bâtiment*, parce qu'il tient lieu d'article.
hardi	adj. m. sing. qualif. *bâtiment*.
bâtiment,	s. m. sing. compl. de *élever*.
a arrondi	v. a. au prét. indéf. 3ᵉ pers. du sing. Son sujet est *elle* pour *hirondelle*; son compl. est *ciment*.
-t-	lettre euphonique entre deux tirets.
elle,	pron. de la 3ᵉ pers. f. sing. rappelle l'idée d'*hirondelle*, sujet du v. *a arrondi*, placé après ce verbe, à cause de l'interr.
en	prép. dont le compl. est *broyant*.
le	pron. rel. à *ciment*, m. sing. compl. de *broyant*.
broyant,	v. a. au part. prés. compl. de la prép. *en*. Son compl. est *le* pour *ciment*.
son	adj. poss. m. sing. dét. *ciment*, parce qu'il remplace l'article.
ciment?	s. m. sing. compl. de *a arrondi*.
Et	conj. copul. lie deux memb. de phrase.
pourquoi	conj. causat.
ces	adj. dém. pl. des deux genr. dét. *oiseaux*, parce qu'il tient lieu d'article.
oiseaux,	s. m. pl. sujet du v. *ont su*.
si	adv. de quant. modif. le part. *remplis*.
remplis	part. adj. m. pl. qualif. *oiseaux*.

de	prép. dont le compl. est *prudence*.
prudence,	s. f. sing. compl. de la prép. *de*.
ont su	v. a. au prét. indéf. 3ᵉ pers. pl. Son sujet est *oiseaux* ; son compl. est *prévoir*.
-ils	pron. de la 3ᵉ pers. m. pl. qui se rapporte à *oiseaux*, sujet répété du v. *ont su*, et placé après ce verbe, à cause de l'interr.
de	prép. dont le compl. est *enfants*.
leurs	adj. poss. pl. des deux genr. dét. *enfants*, parce qu'il tient lieu d'article.
enfants	s. m. pl. compl. de la prép. *de*.
prévoir	v. a. au prés. de l'inf. compl. du v. *ont su*. Son compl. est *naissance*.
la	art. simp. f. sing. dét. *naissance*.
naissance ?	s. f. sing. compl. de *prévoir*.

XXXVᵉ EXERCICE.

Que de berceaux pour eux aux arbres suspendus !
Sur le plus doux coton que de lits étendus !
Le père vole au loin, cherchant, dans la campagne,
Des vivres qu'il rapporte à sa tendre compagne ;
Et la tranquille mère, attendant son secours,
Échauffe dans son sein le fruit de leurs amours.
Des ennemis souvent ils repoussent la rage,
Et dans de foibles corps s'allume un grand courage.
Si chèrement aimés, leurs nourrissons, un jour,
Aux fils qui naîtront d'eux rendront le même amour.

ANALYSE.

Que	adv. de quant. pour *combien*, employé comme subst. collect. sujet du v. *sont suspendus* (45).

de	prép. dont le compl. est *berceaux*.
berceaux	s. m. pl. compl. de la prép. *de*.
pour	prép. dont le compl. est *eux*.
eux	pron. de la 3ᵉ pers. m. pl. rappelle l'idée d'*enfants*, compl. de *pour*.
aux	art. comp. pl. des deux genr. pour *à les*. *A* veut pour compl. *arbres*.
arbres	s. m. pl. compl. de *à* dans l'art. comp. *aux*.
suspendus !	part. pass. m. pl. censé joint au v. *sont*. Le sujet est *que* pour *quel grand nombre*. Ce sujet commande l'accord du v. et du part. avec le subst. *berceaux* (45).
Sur	prép. dont le compl. est *coton*.
le	art. simp. m. sing. dét. *coton*.
plus	adv. de quant. modif. l'adj. *doux*.
doux	adj. m. sing. qualif. *coton*.
coton	s. m. sing. compl. de *sur*.
que	adv. de quant. pour *combien*, employé comme subst. collect. sujet du v. *sont étendus* (45).
de	prép. dont le compl. est *lits*.
lits	s. m. pl. compl. de la prép. *de*.
étendus !	part. pass. m. pl. censé joint au v. *sont*. Le sujet de *sont étendus* est *que* pour *quel grand nombre*. Ce sujet commande l'accord du v. et du part. avec le subst. *lits* qui suit *que* (45).
Le	art. simp. m. sing. dét. *père*.
père	s. m. sing. sujet du v. *vole*.
vole	v. n. au prés. de l'ind. 3ᵉ pers. du sing. Son sujet est *père*.
au loin,	adv. de lieu, modif. le v. *vole*.
cherchant,	v. a. au part. prés. compl. d'une prép. sous-ent. (*en*). Son compl. est *vivres*.
dans	prép. dont le compl. est *campagne*.

la	art. simp. f. sing. dét. *campagne*.
campagne,	s. f. sing. compl. de *dans*.
des	art. partit. pl. des deux genr. mis pour *quelques*, fait prendre le subst. *vivres* dans un sens d'extrait.
vivres	s. m. pl. compl. de *cherchant*.
que	pron. rel. à *vivres*, compl. de *rapporte*.
il	pron. de la 3ᵉ pers. m. sing. rappelle l'idée de *père*, sujet du v. *rapporte*.
rapporte	v. a. au prés. de l'ind. 3ᵉ pers. du sing. Son sujet est *il* pour *père*; son compl. est *que* pour *vivres*.
à	prép. dont le compl. est *compagne*.
sa	adj. poss. f. sing. dét. *compagne*, parce qu'il tient lieu d'article.
tendre	adj. sing. des deux genr. qualif. *compagne*.
compagne;	s. f. sing. compl. de la prép. *à*.
et	conj. copul. lie deux membres de phrase.
la	art. simp. f. sing. dét. *mère*.
tranquille	adj. sing. des deux genr. qualif. *mère*.
mère,	s. f. sing. sujet du v. *échauffe*.
attendant	v. a. au part. pr. compl. d'une pr. sous-ent. (*en*) (35); Son compl. est *secours*.
son	adj. poss. m. sing. dét. *secours*, parce qu'il tient lieu d'article.
secours,	s. m. sing. compl. de *attendant*.
échauffe	v. a. au prés. de l'ind. 3ᵉ pers. du sing. Son sujet est *mère*; son compl. est *fruit*.
dans	prép. dont le compl. est *sein*.
son	adj. poss. m. sing. dét. *sein*, parce qu'il tient lieu d'article.
sein	s. m. sing. compl. de *dans*.
le	art. simp. m. sing. dét. *fruit*.
fruit	s. m. sing. compl. de *échauffe*.
de	prép. dont le compl. est *amours*.

leurs	adj. poss. pl. des deux genr. dét. *amours*, parce qu'il tient lieu d'article.
amours.	s. pl. des deux genr. compl. de la prép. *de*.
Des	art. comp. pl. des deux genr. pour *de les*. *De* a pour compl. *ennemis*.
ennemis	s. m. pl. compl. de la prép. *de* dans l'art. comp. *des*.
souvent	adv. de temps, modif. *repoussent*.
ils	pron. de la 3ᵉ pers. m. pl. rappelle l'idée d'*oiseaux*; sujet du v. *repoussent*.
repoussent	v. a. au prés. de l'ind. 3ᵉ pers. pl. Son sujet est *ils* pour *oiseaux*; son compl. est *rage*.
la	art. simp. f. sing. dét. *rage*.
rage,	s. f. sing. compl. de *repoussent*.
et	conj. copul. lie deux memb. de phrase.
dans	prép. dont le compl. est *corps*.
de	partic. employée comme art. partit. pour *quelques*, fait prendre le subst. *corps* dans un sens d'extrait.
foibles	adj. pl. des deux genr. qualif. *corps*.
corps	s. m. pl. compl. de *dans*.
s'allume	v. pronomin. au prés. de l'ind. 3ᵉ pers. du sing. Son sujet est *courage*.
un	adj. numér. m. sing. dét. *courage*, parce qu'il tient lieu d'article.
grand	adj. m. sing. qualif. *courage*.
courage.	s. m. sing. sujet du v. *s'allume*.
Si	adv. de quant. modif. l'adv. *chèrement*.
chèrement	adv. de manière, modif. le part. *aimés*.
aimés,	part. adj. m. pl. qualif. *nourrissons*.
leurs	adj. poss. pl. des deux genr. dét. *nourrissons*, parce qu'il tient lieu d'article.

nourrissons,	s. m. pl. sujet du v. *rendront*.
un jour,	adv. de temps, modif. le v. *rendront*.
aux	art. comp. pour *à les*, pl. des deux genr. *A* demande pour compl. *fils*.
fils	s. m. pl. compl. de *à* dans l'art. comp. *aux*.
qui	pron. rel. à *fils*, sujet du v. *naîtront*.
naîtront	v. n. au futur simp. 3ᵉ pers. pl. Son sujet est *qui* pour *fils*.
de	prép. dont le compl. est *eux*.
eux	pron. de la 3ᵉ pers. m. pl. se rapporte à *père* et à *mère*; compl. de la prép. *de*.
rendront	v. a. au futur simp. 3ᵉ pers. pl. Son sujet est *nourrissons*; son compl. est *amour*.
le	art. simp. m. sing. dét. *amour*.
même	adj. sing. des deux genr. qualif. *amour*.
amour.	s. m. sing. compl. de *rendront*.

XXXVIᵉ EXERCICE.

QUAND des nouveaux zéphyrs l'haleine fortunée
Allumera pour eux le flambeau d'hyménée,
Fidellement unis par leurs tendres liens,
Ils rempliront les airs de nouveaux citoyens :
Innombrable famille, où bientôt tant de frères
Ne reconnoîtront plus leurs aïeux ni leurs pères.
Ceux qui, de nos hivers redoutant le courroux,
Vont se réfugier dans des climats plus doux,
Ne laisseront jamais la saison rigoureuse
Surprendre parmi nous leur troupe paresseuse.

ANALYSE.

Quand	adv. de temps, modif. le v. *allumera*.
des	art. comp. pl. des deux genr. pour *de les*. *De* a pour compl. *zéphyrs*.

nouveaux	adj. m. pl. qualif. *zéphyrs*.
zéphyrs	s. m. pl. compl. de la prép. *de* dans l'art. comp. *des*.
la	art. simp. f. sing. dét. *haleine*.
haleine	s. f. sing. sujet du v. *allumera*.
fortunée	adj. f. sing. qualif. *haleine*.
allumera	v. a. au futur simp. 3ᵉ pers. du sing. Son sujet est *haleine*; son compl. est *flambeau*.
pour	prép. dont le compl. est *eux*.
eux	pron. de la 3ᵉ pers. m. pl. compl. de *pour*.
le	art. simpl. m. sing. dét. *flambeau*.
flambeau	s. m. sing. compl. de *allumera*.
de	prép. dont le compl. est *hyménée*.
hyménée,	s. m. sing. compl. de la prép. *de*.
fidellement	adv. de manière, modif. le part. *unis*.
unis	part. adj. m. pl. qualif. *ils* pour *eux*. (Eux fidellement *unis* rempliront, etc.)
par	prép. dont le compl. est *liens*.
leurs	adj. poss. pl. des deux genr. dét. *liens*, parce qu'il tient lieu d'article.
tendres	adj. pl. des deux genr. qualif. *liens*.
liens,	s. m. pl. compl. de *par*.
ils	pron. de la 3ᵉ pers. m. pl. sujet du v. *rempliront*.
rempliront	v. a. au fut. simp. 3ᵉ pers. pl. Son sujet est *ils* ; son compl. est *airs*.
les	art. simp. pl. des deux genr. dét. *airs*.
airs	s. m. pl. compl. de *rempliront*.
de	prép. dont le compl. est *citoyens*.
nouveaux	adj. m. pl. qualif. *citoyens*.
citoyens :	s. m. pl. compl. de la prép. *de*.
innombrable	adj. sing. des deux genr. qualif. *famille*.
famille,	s. f. sing. attribut de *nouveaux citoyens*.
où	adv. de lieu pour *dans laquelle*, modif. *reconnoîtront*.

bientôt	adv. de temps, modif. *reconnoîtront*.
tant	adv. de quant. pris substantiv. mis pour *un si grand nombre*, sujet du v. *reconnoîtront*.
de	prép. dont le compl. est *frères*.
frères	s. m. pl. compl. de la prép. *de*.
ne	adv. de nég. modif. *reconnoîtront*.
reconnoîtront	v. a. au fut. simp. 3ᵉ pers. pl. Son sujet est *tant*, qui commande l'accord du v. et de l'adj. avec le subst. suivant *frères* (45). Il a pour compl. *aïeux* et *pères*.
plus	adv. de temps qui, joint à *ne*, marque cessation, etc. Il modif. *reconnoîtront*.
leurs	adj. poss. pl. des deux genr. dét. *aïeux*, parce qu'il tient lieu d'article.
aïeux	s. m. pl. compl. de *reconnoîtront*.
ni	conj. copul.
leurs	adj. poss. pl. des deux genr. dét. *pères*, parce qu'il tient lieu d'article.
pères.	s. m. pl. compl. de *reconnoîtront*.
Ceux	pron. dém. m. pl. rappelle l'idée d'oiseaux; sujet de *laisseront*.
qui,	pron. rel. à *ceux*, et sujet de *vont*.
de	prép. dont le compl. est *hivers*.
nos	adj. poss. pl. des deux genr. détermine *hivers*, parce qu'il tient lieu d'art.
hivers	s. m. pl. compl. de la prép. *de*.
redoutant	v. a. au part. prés. compl. d'une prép. sous-ent. (*en*)(35). Il a pour compl. *courroux*.
le	art. simp. m. sing. dét. *courroux*.
courroux,	s. m. sing. compl. de *redoutant*.
vont	v. n. au prés. de l'ind. 3ᵉ pers. pl. Son sujet est *qui* pour *ceux* (les oiseaux).

se réfugier	v. réfl. au prés. de l'inf. compl. d'une prép. sous-ent. (38).
dans	prép. dont le compl. est *climats*.
des	art. partit. pl. des deux genr. fait prendre le subst. *climats* dans un sens d'extrait.
climats	s. m. pl. compl. de *dans*.
plus	adv. de compar. modif. l'adj. *doux*.
doux,	adj. m. pl. qualif. *climats*.
ne	adv. de nég. modif. *laisseront*.
laisseront	v. a. au futur simp. 3ᵉ pers. pl. Son sujet est *ceux*; son compl. est *saison*.
jamais	adv. de temps, modif. *laisseront*.
la	art. simp. f. sing. dét. *saison*.
saison	s. f. sing. compl. de *laisseront*.
rigoureuse	adj. f. sing. qualif. *saison*.
surprendre	v. a. au prés. de l'inf. compl. d'une prép. sous-ent. (38). Il a pour compl. *troupe*.
parmi	prép. dont le compl. est *nous*.
nous	pron. de la 1ʳᵉ pers. pl. des deux genr. compl. de *parmi*.
leur	adj. poss. sing. des deux genres dét. *troupe*, parce qu'il tient lieu d'art.
troupe	s. f. sing. compl. de *surprendre*.
paresseuse.	adj. f. sing. qualif. *troupe*.

XXXVIIᵉ EXERCICE.

Louis IX influa sur son siècle par ses armes, par ses lois, et par ses vertus, plus fortes encore que ses lois et ses armes. Élevé dans le tumulte des guerres, il sentit, dès son enfance, les épines de la vie. Le malheur fut son premier maître, et la première leçon qu'il reçut de sa mère fut d'obéir. Quand vous croirez être au-dessus des hommes, lui répétoit-elle souvent, songez que Dieu est au-dessus de vous, et qu'entre un roi et un malheureux il n'y a qu'une ligne de distance.

ANALYSE.

Louis	nom prop. d'homme, sujet du v. *influa*.
IX	adj. de nomb. *cardinal*, employé ici comme adj. de nomb. *ordinal* pour *neuvième*, qualif. *Louis*.
influa	v. n. au prét. déf. 3ᵉ pers. du sing. Son sujet est *Louis*.
sur	prép. dont le compl. est *siècle*.
son	adj. poss. m. sing. dét. *siècle*, parce qu'il tient lieu d'article.
siècle	s. m. sing. compl. de *sur*.
par	prép. dont le compl. est *armes*.
ses	adj. poss. pl. des deux genres, dét. *armes*, parce qu'il tient lieu d'article.
armes,	s. f. pl. compl. de *par*.
par	prép. dont le compl. est *lois*.
ses	adj. poss. pl. des deux genr. dét. *lois*, parce qu'il tient lieu d'article.
lois,	s. f. pl. compl. de *par*.
et	conj. copul.
par	prép. dont le compl. est *vertus*.
ses	adj. poss. pl. des deux genres déterm. *vertus*, parce qu'il tient lieu d'art.
vertus,	s. f. pl. compl. de *par*.
plus	adv. de compar. modif. *fortes*.
fortes	adj. f. pl. qualif. *vertus*.
encore	adv. de quant. modif. *fortes*.
que	conj. copul. lie deux objets de compar.
ses	adj. poss. pl. des deux genr. dét. *lois*, parce qu'il tient lieu d'article.
lois	s. f. pl. sujet du v. *étoient* sous-ent.

	(ses vertus plus fortes que ses lois n'étoient fortes).
et	conj. copul. lie deux subst.
ses	adj. poss. pl. des deux genres, dét. *armes*, parce qu'il tient lieu d'article.
armes.	s. f. pl. sujet du v. *étoient* sous-ent. (que ses armes n'étoient fortes).
Élevé	part. adj. m. sing. qualifie *il* pour *Louis IX*.
dans	prép. dont le compl. est *tumulte*.
le	art. simp. m. sing. dét. *tumulte*.
tumulte	s. m. sing. compl. de *dans*.
des	art. comp. pl. des deux genres, pour *de les*. *De* a pour compl. *guerres*.
guerres,	s. f. pl. compl. de la prép. *de* dans l'art. comp. *des*.
il	pron. de la 3e pers. m. sing. rappelle l'idée de *Louis IX*. Il est le sujet du v. *sentit*.
sentit,	v. a. au prét. déf. 3e pers. du sing. Son sujet est *il*; son compl. est *épines*.
dès	prép. dont le compl. est *enfance*.
son	adj. poss. f. sing., employé pour *sa* devant un nom fém. qui commence par une voyelle. Il dét. *enfance*, parce qu'il tient lieu d'article.
enfance,	s. f. sing. compl. de la prép. *dès*.
les	art. simp. pl. des deux genres déterm. *épines*.
épines	s. f. pl. compl. de *sentit*.
de	prép. dont le compl. est *vie*.
la	art. simp. f. sing. détermine *vie*.
vie.	s. f. sing. compl. de la prép. *de*.
Le	art. simp. m. sing. dét. *malheur*.
malheur	s. m. sing. sujet du v. *fut*.

fut	v. subst. au prét. déf. 3ᵉ pers. du sing. Son sujet est *malheur*.
son	adj. poss. m. sing. dét. *maître*, parce qu'il tient lieu d'article.
premier	adj. ordinal m. sing. qualifie *maître*.
maître,	s. m. sing. attribut de *malheur*.
et	conjonct. copul. lie deux membres de phrase.
la	art. simp. f. sing. détermine *leçon*.
première	adj. ordinal f. sing. qualifie *leçon*.
leçon	s. f. sing. sujet du v. *fut*.
que	pron. rel. à *leçon*, compl. du v. *reçut*.
il	pron. de la 3ᵉ pers. m. sing. rappelle l'idée de *Louis IX*; sujet du v. *reçut*.
reçut	v. a. au prét. déf. 3ᵉ pers. sing. Son sujet est *il* pour *Louis IX*; son compl. est *que* pour *leçon*.
de	prép. dont le compl. est *mère*.
sa	adj. poss. f. sing. dét. *mère*, parce qu'il tient lieu d'article.
mère	s. f. sing. compl. de la prép. *de*.
fut	v. subst. au prét. déf. 3ᵉ pers. du sing. Son sujet est *leçon*.
de	prép. dont le compl. est *obéir*.
obéir.	v. n. au prés. de l'inf. compl. de la prép. *de*.
Quand	adv. de temps, modifie *croirez*.
vous	pron. de la 2ᵉ pers. pl. des deux genr. sujet de *croirez*.
croirez	v. a. au futur simp. 2ᵉ pers. pl. Son sujet est *vous*.
être	v. subst. au prés. de l'inf. Quand deux verbes sont de suite, le second se met à l'inf.
au-dessus de	prép. dont le compl. est *hommes*. (*Au-dessus des* est mis pour *au-dessus de les*.)
les	art. simp. pl. des deux g. dét. *hommes*.

hommes,	s. m. pl. compl. de *au-dessus de*.
lui	pron. de la 3° pers. pour *à lui*, compl. de la prép. sous-ent. (37).
répétoit-	v. a. à l'imparf. de l'ind. 3° pers. du sing. Son sujet est *elle*.
elle	pron. de la 3° pers. f. sing. sujet du v. *répétoit*, placé après le verbe, parce qu'on rapporte les propres paroles de la personne qui parle.
souvent,	adv. de temps, modifie *répétoit*.
songez	v. n. à l'impér. 2° pers. pl.
que	conj. déterminat.
Dieu	s. m. sing. sujet du v. *est*.
est	v. subst. au prés. de l'ind. 3° pers. du sing. Son sujet est *Dieu*.
au-dessus de	prép. dont le compl. est *vous*.
vous,	pron. de la 2° pers. pl. des deux genr. compl. de la prép. *au-dessus de*.
et	conjonct. copul. lie deux membres de phrase.
que	conj. déterminat.
entre	prép. dont le compl. est *roi* et *malheureux*.
un	adj. numér. m. sing. dét. *roi*, parce qu'il tient lieu d'article.
roi	s. m. sing. compl. de *entre*.
et	conj. copul. lie deux obj. de compar.
un	adj. numér. m. sing. dét. *malheureux*, parce qu'il tient lieu d'article.
malheureux	s. m. sing. compl. de la prép. *entre*.
il	pron. absolu, m. sing. sujet du v. *y a* pour *se a*.
y a	v. unip. pour *se a* (50).
ne	adv. de nég. modifie *il y a*.
que	conj. déterminat.
une	adj. numér. f. sing. dét. *ligne*, parce qu'il tient lieu d'article.

(169)

ligne	s. f. sing. sujet du v. *se a*, ou *est*, censé répété (50).
de	prép. dont le compl. est *distance*.
distance.	s. f. sing. compl. de la prép. *de*.

XXXVIIIe EXERCICE.

Les deux heures que j'ai dormi m'ont soulagé la tête. Les beaux jours qu'il y a eu cet automne ont été attribués par le peuple à l'influence de la comète que nous avons vue paroître. Les dix jours que j'ai demeuré chez vous ne m'ont duré qu'un instant. Les trois lieues que nous avons couru à travers les champs nous ont donné un grand appétit.

ANALYSE.

Les	art. simpl. pl. des deux genres, dét. *heures*.
deux	adj. de n. card. pl. des 2 g. qualif. *heures*.
heures	s. f. pl. sujet du v. *ont soulagé*.
que	conjonct. elliptique, pour *pendant lesquelles*.
je	pron. de la 1re pers. sing. des deux genr. sujet de *ai dormi*.
ai dormi	v. n. au prét. indéf. 1re pers. du sing. Son sujet est *je*.
me	pour *à moi*, pronom de la 1re pers. sing. des deux genr. compl. de la prép. sous-ent.
ont soulagé	v. a. au prét. indéf. 3e pers. pl. Son sujet est *heures*; son compl. est *tête*.
la	art. simp. f. sing. dét. *tête*.
tête.	s. f. sing. compl. du v. *ont soulagé*.
Les	art. simp. pl. des deux genr. dét. *jours*.

H

beaux	adj. m. pl. qualifie *jours*.
jours	s. m. pl. sujet du v. *ont été attribués*.
que	conj. ellipt. tient la place de plusieurs mots. (Les beaux jours *qui se ont eus*, ou *qui ont été*) (55).
il	pron. abs. regardé comme sujet dans l'unip. *il y a eu*.
y a eu	v. unip. pour *se ont eus* ou *ont été* (55).
cet	adj. dém. masc. sing. dét. *automne*, parce qu'il tient lieu. d'article.
automne	s. m. sing. compl. d'une prép. sous-ent. (*dans, pendant*, etc.)
ont été attribués	v. passif au prétérit indéfini 3ᵉ pers. pl. Son sujet est *jours*. Le participe *attribués*, m. pl. joint au verbe *être*, s'accorde avec ce sujet. (Première règle.)
par	prép. dont le compl. est *peuple*.
le	art. simp. m. sing. dét. *peuple*.
peuple	s. m. sing. compl. de *par*.
à	prép. dont le compl. est *influence*.
la	art. simp. f. sing. dét. *influence*.
influence	s. f. sing. compl. de la prép. *à*.
de	prép. dont le compl. est *comète*.
la	art. simp. f. sing. dét. *comète*.
comète	s. f. sing. compl. de la prép. *de*.
que	pron. rel. à *comète*, et compl. du verbe *avons vue*.
nous	pron. de la 1ʳᵉ pers. pl. des deux genr. sujet de *avons vue*.
avons vue	v. a. au prétérit indéfini 1ʳᵉ pers. pl. Son sujet est *nous*; son compl. est *que* pour *comète*. Le participe *vue*, f. s. s'accorde avec ce compl. qui le précède. (Troisième règle.)
paroître.	v. n. au prés. de l'inf. Quand deux

verbes sont de suite, le second se met à l'infinitif.

Les — art. simp. pl. des deux genres dét. *jours*.

dix — adj. de nombre card. pl. des deux genr. qualif. *jours*.

jours — s. m. pl. sujet du v. *ont duré*.

que — conj. ellipt. pour *pendant lesquels*.

je — pron. de la 1re pers. sing. des deux genr. sujet du v. *ai demeuré*.

ai demeuré — v. n. au prét. indéf. 1re pers. du sing. Son sujet est *je*.

chez — prép. dont le compl. est *vous*.

vous — pron. de la 2e pers. pl. des deux genr. compl. de *chez*.

ne que — adv. de quant. mis pour *seulement*, modif. *ont duré* (ont duré *seulement*).

me — pour *à moi*, pron. de la 1re pers. sing. des 2 g. compl. de la prép. sous-ent.

ont duré — v. n. au prét. indéf. 3e pers. pl. Son sujet est *jours*.

un — adj. numér. m. sing. dét. *instant*, parce, etc.

instant. — s. m. sing. compl. d'une prép. sous-ent. (*pendant*). (On diroit peut-être mieux, Ne m'ont duré que comme *un instant dure*; et alors *instant* seroit le sujet du v. *dure* sous-ent.)

Les — art. s. pl. des deux genres dét. *lieues*.

trois — adj. de nomb. card. pl. des deux genr. qualif. *lieues*.

lieues — s. f. pl. sujet du v. *ont donné*.

que — conj. ellipt. qui tient lieu de plusieurs mots. (Les trois lieues *dans la longueur desquelles* nous avons couru.

H 2

nous	pron. de la 1re pers. pl. des deux genr. sujet de *avons couru*.
avons couru	v. n. au prét. indéf. 1re pers. pl. Le sujet est *nous*.
à travers	prép. dont le compl. est *champs*.
les	art. simple pl. des deux genres, dét. *champs*.
champs	s. m. pl. compl. de la prép. *à travers*.
nous	pron. de la 1re pers. pl. des deux genr. pour *à nous*, compl. de la prép. sous-ent.
ont donné	v. a. au prét. indéf. 3e pers. pl. Le sujet est *lieues* ; le compl. est *appétit*.
un	adj. numér. m. sing. dét. *appétit*, parce qu'il tient lieu d'article.
grand	adj. m. sing. qualif. *appétit*.
appétit.	s. m. sing. compl. du v. *ont donné*.

XXXIXe EXERCICE.

Les sommes que le commerce leur a values ne les ont pas enrichis. Je ne crois point que vos deux chevaux, quelque beaux qu'ils soient, vaillent les deux mille écus qu'ils vous ont coûté. Que de soins m'a coûtés cette affaire que vous m'avez confiée, et que j'ai terminée heureusement! Que vous ont servi les soins que vous vous êtes donnés, les peines que vous avez prises, pour obliger ces méchantes gens?

ANALYSE.

Les	art. simple pl. des deux genres, dét. *sommes*.
sommes	s. f. pl. sujet du v. *ont enrichis*.

que	pron. rel. à *sommes*, et compl. du v. *a values*.
le	art. simp. m. s. dét. *commerce*.
commerce	s. m. sing. sujet du v. *a values*.
leur	pour *à eux*, pron. de la 3ᵉ pers. pl. des deux genr. compl. de la pr. *à* sous-ent.
a values	v. *valoir*, pris activ. parce qu'il signifie *procurer* (Gramm. p. 174), au prét. indéf. 3ᵉ pers. sing. Son sujet est *commerce*; son compl. est *que* pour *sommes*. Le part. *values* s'accorde avec ce compl. qui le précède. (Troisième règle.)
ne pas	adv. de nég. modif. le v. *ont enrichis*.
les	pron. rel. pour *eux*, m. pl. compl. de *ont enrichis*.
ont enrichis.	v. a. au prét. indéf. 3ᵉ pers. pl. Son sujet est *sommes*, son compl. est *les* pour *eux*. Le part. *enrichis* m. pl. s'accorde avec ce compl. qui le précède. (Troisième règle.)
Je	pron. de la 1ʳᵉ pers. sing. des deux genr. sujet du v. *crois*.
ne point	adv. de nég. modif. *crois*.
crois	v. a. au prés. de l'ind. 1ʳᵉ pers. du sing. Son sujet est *je*.
que	conj. déterminat.
vos	adj. poss. pl. des deux genr. dét. *chevaux*, parce qu'il tient lieu d'article.
deux	adj. de nomb. card. pl. des deux genr. qualif. *chevaux*.
chevaux,	s. m. pl. sujet du v. *vaillent*.
quelque	adv. de quant. modif. l'adj. *beaux*.
beaux	adj. m. pl. attribut de *ils* pour *chevaux*.
que	conj. déterminat.
ils	pron. de la 3ᵉ pers. m. pl. rappelle l'idée de *chevaux*, sujet du v. *soient*.

soient,	v. subst. au prés. du subj. 3ᵉ pers. pl., au subj. à cause de *quelque que*. Le sujet est *ils* pour *chevaux*.
vaillent	v. n. au prés. du subj. 3ᵉ pers. pl. Le sujet est *chevaux*. Le verbe est au subj. parce que la phrase exprime un doute (Gramm. p. 148).
les	art. simp. pl. des deux genr. dét. *écus*.
deux mille	adj. de nomb. card. pl. des deux genr. qualif. *écus*.
écus	s. m. pl. compl. d'une prép. sous-ent. Le v. *valoir* est neutre, et ne peut pas avoir de compl. direct. Il faut donc qu'il y ait ici une prép. sous-ent. (Je ne crois pas que vos chevaux vaillent *pour* ou *par* les deux mille écus, etc.)
que	conj. ellipt. qui remplace plusieurs mots. Le v. *coûter* vient du verbe latin *constare*. Cela me coûte dix fr., mot à mot, est à moi, *pour*, avec dix francs. Ainsi, les mots, *qu'ils vous ont coûté*, doivent être changés en ceux-ci : *avec lesquels ils ont été à vous*. *Que* est donc mis pour *avec lesquels*.
ils	pron. de la 3ᵉ pers. m. pl. rappelle l'idée de *chevaux*, suj. du v. *ont coûté*.
vous	pour *à vous*, pron. de la 2ᵉ pers. pl. des deux genr. compl. de la prép. *à* sous-ent.
ont coûté.	v. n. au prét. indéf. 3ᵉ pers. pl. Son suj. est *ils* pour *chevaux*.
Que	adv. de quant. pour *combien*, pris substantiv. compl. du v. *a coûtés*.
de	prép. dont le compl. est *soins*.
soins	s. m. pl. compl. de la prép. *de*.

me	pour *à moi*, pron. de la 1re pers. sing. des deux genr. compl. de la prép. sous-ent.
a coûtés	v. n. pris activ. parce qu'il signifie *causer*, au prét. indéf. 3e pers. sing. Son sujet est *affaire*; son compl. est *que* (45). Le part. *coûtés*, m. pl., s'accorde avec le subst. *soins*, qui suit *que*. (Gramm. p. 174.)
cette	adj. dém. f. sing. dét. *affaire*, parce qu'il tient lieu d'article.
affaire	s. f. sing. sujet du v. *a coûtés*.
que	pron. rel. à *affaire*, et compl. du v. *avez confiée*.
vous	pron. de la 2e pers. pl. des deux genr. sujet de *avez confiée*.
me	pour *à moi*, pron. de la 1re pers. sing. des deux genr. compl. de la prép. *à* sous-ent.
avez confiée,	v. a. au prét. indéf. 2e pers. pl. Son suj. est *vous*; son compl. est *que* pour *affaire*. Le part. *confiée* f. s. s'accorde avec ce compl. qui le précède. (Troisième règle.)
et	conj. copul. lie deux membres de phrase.
que	pron. rel. à *affaire*, et compl. du v. *ai terminée*.
je	pron. de la 1re pers. sing. des deux genr. sujet du v. *ai terminée*.
ai terminée	v. a. au prét. indéf. 1re pers. sing. Son sujet est *je*; son compl. est *que* pour *affaire*. Le part. *terminée* f. s. s'accorde avec ce compl. qui le précède. (Troisième règle.)
heureusement!	adv. de manière, modif. le v. *ai terminée*.

4

Que	pron. interr. pour *à quoi*, *de quoi*, compl. de la prép. sous-ent.
vous	pron. de la 2ᵉ pers. pl. des deux genr. pour *à vous*, compl. de la prép. sous-ent.
ont servi	v. n. au prét. indéf. 3ᵉ pers. pl. Son sujet est *soins*, *peines*.
les	art. simp. pl. des deux genr. dét. *soins*.
soins	s. m. pl. sujet du v. *ont servi*, placé après ce verbe, à cause de l'interr.
que	pron. rel. à *soins*, compl. du v. *vous avez donnés*.
vous	pron. de la 2ᵉ pers. pl. des deux genr. sujet du v. *avez donnés*.
vous	pron. de la 2ᵉ pers. pl. des deux genr. pour *à vous*, compl. de la prép. sous-ent.
êtes donnés,	v. réfl. *se donner*. Le v. *êtes* est ici pour *avez*. Le sujet est *vous*; le compl. est *que* pour *soins*. Le part. *donnés* s'accorde avec ce compl. suivant la règle des part. passés des verbes réfléchis. (Gramm. p. 157.)
les	art. simp. pl. des deux genr. dét. *peines*.
peines	s. f. pl. sujet du v. *ont servi*, placé après le verbe, à cause de l'interr.
que	pron. rel. à *peines*, compl. de *avez prises*.
vous	pron. de la 2ᵉ pers. pl. des deux genr. sujet de *avez prises*.
avez prises	v. a. au prétérit indéf. 2ᵉ personne pl. Son sujet est *vous*; le compl. est *que* pour *peines*. Le part. *prises* s'accorde avec ce compl. qui le précède. (Troisième règle.)
pour	prép. dont le compl. est *obliger*.

obliger	v. a. au prés. de l'inf. compl. de *pour*. Il a pour compl. *gens*.
ces	adj. dém. pl. des deux genres, dét. *gens*, parce qu'il tient lieu d'article.
méchantes	adj. f. pl. qualif. *gens*. Lorsque l'adj. précède le subst. *gens*, ce subst. est du fém. (Gramm. p. 109.)
gens.	s. m. et f. pl. compl. du v. *obliger*.

XLe EXERCICE.

Qu'est-ce donc que l'instant où l'on cesse de vivre ?
— L'instant où de ses fers une ame se délivre.
Le corps, né de la poudre, à la poudre est rendu ;
L'esprit retourne au ciel, dont il est descendu.
Peut-on lui disputer sa naissance divine ?
N'est-ce pas cet esprit, plein de son origine,
Qui, malgré son fardeau, s'élève, prend l'essor,
A son premier séjour quelquefois vole encor,
Et revient tout chargé de richesses immenses ?

ANALYSE.

Que	pron. interr. pour *quelle chose*, attribut de *instant*.
est-	v. subst. au prés. de l'ind. 3e pers. sing. Son sujet est *ce*.
ce	pron. dém. m. sing. sujet du v. *est*, placé après le verbe à cause de l'interr.
donc	conj. qui sert à marquer la conclusion d'un raisonnement.
que	conj. explét.

5

le	art. simp. m. sing. dét. *instant*.
instant	s. m. sing. sujet du v. *est*, censé répété (46 et 47).
où	adv. de temps, modif. le v. *cesse*.
l'on	pron. indéf. m. sing. sujet du v. *cesse*. Après *si*, *où*, etc., il faut faire précéder *on* de *l'*. (Gramm. p. 143.)
cesse	v. n. au prés. de l'ind. 3ᵉ pers. du sing. Son sujet est *l'on*.
de	prép. dont le compl. est *vivre*.
vivre?	v. n. au prés. de l'inf. compl. de la prép. *de*.
—Le	art. simpl. m. sing. dét. *instant*.
instant	s. m. sing. sujet du v. *est*, censé répété. (C'est l'instant, etc.)
où	adv. de temps, modif. le v. *se délivre*.
de	prép. dont le compl. est *fers*.
ses	adj. poss. pl. des deux genr. dét. *fers*, parce qu'il tient lieu d'article.
fers	s. m. pl. compl. de la prép. *de*.
une	adj. numér. f. sing. dét. *ame*, parce qu'il tient lieu d'article.
ame	s. f. s. sujet du v. *se délivre*.
se délivre.	v. réf. au prés. de l'ind. 3ᵉ pers. du sing. Son suj. est *ame*.
Le	art. simpl. m. sing. dét. *corps*.
corps,	s. m. sing. sujet du v. *est rendu*.
né	part. pass. adj. m. sing. qualif. *corps*.
de	prép. dont le compl. est *poudre*.
la	art. simp. f. sing. dét. *poudre*.
poudre,	s. f. sing. compl. de la prép. *de*.
à	prép. dont le compl. est *poudre*.
la	art. simpl. f. sing. dét. *poudre*.
poudre	s. f. sing. compl. de la prép. *à*.
est rendu ;	v. passif au prés. de l'ind. 3ᵉ pers. du sing. Le sujet est *corps*. Le part.

	rendu s'accorde avec ce sujet. (Première règle.)
le	art. simpl. m. sing. dét. *esprit*.
esprit	s. m. sing. sujet du v. *retourne*.
retourne	v. n. au prés. de l'ind. 3ᵉ pers. du sing. Son sujet est *esprit*.
au	pour *à le*, art. comp. m. sing. *A* veut pour compl. *ciel*.
ciel,	s. m. sing. compl. de la prép. *à* dans l'art. comp. *au*.
dont	pron. rel. à *ciel*, pour *de lequel*. Toujours invar.
il	pron. de la 3ᵉ pers. m. sing. rappelle l'idée d'*esprit*, sujet du v. *est descendu*.
est descendu.	v. n. au prétérit indéf. 3ᵉ personne du singulier. Son sujet est *il* pour *esprit*. Le part. *descendu*, m. sing., s'accorde avec ce sujet. (Première règle.)
Peut-	v. n. au prés. de l'ind. 3ᵉ pers. sing. Son sujet est *on*.
on	pron. indéf. m. sing. sujet du v. *peut*, placé après ce verbe, parce que la phrase est interr.
lui	pour *à lui*, pron. de la 3ᵉ pers. se rapporte à *esprit*. Il est compl. de la prép. *à* sous-ent.
disputer	v. a. au prés. de l'inf. Il a pour compl. *naissance*. Quand deux verbes se suivent, le 2ᵉ se met à l'infinitif.
sa	adj. poss. f. sing. dét. *naissance*, parce qu'il tient lieu d'article.
naissance	s. f. sing. compl. de *disputer*.
divine ?	adj. f. sing. qualif. *naissance*.
Ne pas	adv. de nég. modif. le v. *est*.

6

est-	v. subst. au prés. de l'ind. 3ᵉ pers. du sing. Son suj. est *ce*.
ce	pron. dém. m. sing. sujet du v. *est*, placé après ce verbe, à cause de l'interr.
cet	adj. dém. m. sing. dét. *esprit*, parce qu'il tient lieu d'article.
esprit,	s. m. sing. sujet du v. *est*, censé répété (46 et 47).
plein	adj. m. sing. qualif. *esprit*.
de	prép. dont le compl. est *origine*.
son	adj. poss. f. sing. dét. *origine*, parce qu'il tient lieu d'article. Il est mis pour *sa*, parce que le nom fém. qui suit commence par une voyelle.
origine,	s. f. sing. compl. de la prép. *de*.
qui,	pron. rel. à *esprit*, sujet des v. *s'élève*, *prend*.
malgré	prép. dont le compl. est *fardeau*.
son	adj. poss. m. sing. dét. *fardeau*, parce qu'il tient lieu d'article.
fardeau,	s. m. sing. compl. de *malgré*.
s'élève,	v. réfl. au prés. de l'ind. 3ᵉ pers. du sing. Son sujet est *qui* pour *esprit*.
prend	v. a. au prés. de l'ind. 3ᵉ pers. du sing. Son sujet est *qui* pour *esprit*; son compl. est *essor*.
le	art. simp. m. sing. dét. *essor*.
essor,	s. m. sing. compl. du v. *prend*.
à	prép. dont le compl. est *séjour*.
son	adj. poss. m. sing. dét. *séjour*, parce qu'il tient lieu d'article.
premier	adj. ordin. m. sing. qualif. *séjour*.
séjour	s. m. sing. compl. de la prép. *à*.
quelquefois	adv. de temps, modif. *vole*.

vole	v. n. au prés. de l'ind. 3ᵉ pers. du sing. Son sujet est *qui* pour *esprit*.
encor,	adv. de temps, qui modif. *vole*.
et	conj. copul. lie deux membres de phrase.
revient	v. n. au prés. de l'ind. 3° pers. du sing. Son sujet est *qui* pour *esprit*.
tout	adv. de quant. modif. le part. *chargé*.
chargé	part. adj. m. sing. attr. de *qui* pour *esprit*.
de	prép. dont le compl. est *richesses*.
richesses	s. f. pl. compl. de la prép. *de*, employé sans article, parce qu'il est pris dans un sens indéfini.
immenses ?	adj. pl. des deux genr. qualif. *richesses*.

XLIᵉ EXERCICE.

DÉPLORABLE Sion, qu'as-tu fait de ta gloire ?
Tout l'univers admiroit ta splendeur :
Tu n'es plus que poussière ; et de cette grandeur
Il ne nous reste plus que la triste mémoire.
Sion, jusques au ciel élevée autrefois,
   Jusqu'aux enfers maintenant abaissée,
     Puissé-je demeurer sans voix,
  Si dans mes chants ta douleur retracée
Jusqu'au dernier soupir n'occupe ma pensée.

ANALYSE.

Déplorable	adj. sing. des deux genres, qualif. *Sion*.
Sion,	nom prop. de ville, placé en apostr.

que	pron. interr. pour *quelle chose*, compl. de *as fait*.
as fait	v. a. au prét. indéf. 2ᵉ pers. du sing. Son sujet est *tu* ; son compl. est le pron. interr. *que*.
tu	pron. de la 2ᵉ pers. sing. des deux genr. sujet du v. *as fait*, placé après ce verbe, parce que la phrase est interr.
de	prép. dont le compl. est *gloire*.
ta	adj. poss. f. sing. dét. *gloire*, parce qu'il tient lieu d'article.
gloire ?	s. f. sing. compl. de la prép. *de*.
Tout	adj. collect. m. sing. qualif. *univers*.
le	art. simp. m. sing. dét. *univers*.
univers	s. m. sing. sujet du v. *admiroit*.
admiroit	v. a. à l'imparf. de l'ind. 3ᵉ pers. du sing. Son sujet est *univers* ; son compl. est *splendeur*.
ta	adj. poss. f. sing. dét. *splendeur*, parce qu'il tient lieu d'article.
splendeur :	s. f. sing. compl. de *admiroit*.
tu	pron. de la 2ᵉ pers. sing. des deux genres, sujet du v. *es*.
ne	adv. de nég. modif. le v. *es*.
es	v. subst. au prés. de l'ind. 2ᵉ pers. du sing. Son sujet est *tu*.
plus	adv. de temps, de compar. qui, joint à *ne*, marque *cessation*. Il modif. le v. *es*.
que	conj. déterminat.
poussière ;	s. f. sing. attribut du sujet *tu*.
et	conj. copul. lie deux membres de phrase.
de	prép. dont le compl. est *grandeur*.
cette	adj. dém. f. sing. dét. *grandeur*, parce qu'il tient lieu d'article.

grandeur	s. f. sing. compl. de la prép. *de*.
il	pronom abs., c'est-à-dire, qui ne se rapporte à aucun nom. Il est sujet du v. *reste*, pris unipers.
ne	adv. de nég. modif. le v. *reste*.
nous	pron. de la 1re pers. pl. des deux genr. pour *à nous* (il reste *à nous*) compl. de la prép. sous-ent.
reste	v. n. au présent de l'ind. 3e pers. sing. Il est employé unipersonnellement (*il reste*, pour *cela reste*) (48). Le sujet est *il*.
plus	adv. de temps, de compar. qui, joint à *ne*, marque *cessation*. Il modif. *reste*.
que	conj. déterminat.
la	art. simpl. f. sing. dét. *mémoire*.
triste	adj. sing. des deux genr. qualif. *mémoire*.
mémoire	s. f. sing. sujet du v. *reste*, censé répété (cela nous *reste* seulement, la triste mémoire nous *reste*) (48).
Sion,	nom prop. de ville, placé en apostr.
jusques au	prép. qui a pour comp. *ciel*. (Je décompose *jusques au* en *jusques à le*. L'art. *le*, m. sing. dét. *ciel*.)
ciel	s. m. sing. compl. de *jusques à*.
élevée	part. adj. f. sing. qualif. *Sion*.
autrefois,	adv. de temps, modif. le part. *élevée*.
jusqu'aux	pour *jusqu'à les*. *Jusqu'à*, prép. qui a pour compl. *enfers*.... *les*, art. pl. dét. *enfers*.
enfers	s. m. pl. compl. de *jusqu'à*.
maintenant	adv. de temps, modif. le part. *abaissée*.
abaissée,	part. adj. f. sing. qualif. *Sion*.
puissé-	v. n. au présent du subj. 1re pers.

	du sing. Il faut suppléer, *je consens que* (je consens que je puisse demeurer) (44). Le sujet est *je*.
je	pron. de la 1re pers. sing. des deux genr. sujet de *puisse*. Lorsque *je* est placé après *puisse*, l'*e* final de ce verbe prend un accent aigu. (Gramm. p. 145.)
demeurer	v. n. au prés. de l'inf. Quand deux verbes se suivent, le second se met à l'infinitif.
sans	prép. qui a pour compl. *voix*.
voix,	s. f. sing. compl. de *sans*, employé sans article, parce qu'il est pris dans un sens indét.
si	conj. condit.
dans	prép. qui a pour compl. *chants*.
mes	adj. poss. pl. des deux genres, dét. *chants*, parce qu'il tient lieu d'article.
chants	s. m. pl. compl. de la prép. *dans*.
ta	adj. poss. f. sing. dét. *douleur*, parce qu'il tient lieu d'article.
douleur	s. f. sing. sujet du v. *occupe*.
retracée	part. adj. f. sing. qualif. *douleur*.
jusqu'au	pour *jusqu'à le*. Jusqu'à vent pour compl. *soupir*. *Le*, art. m. sing. dét. *soupir*.
dernier	adj. m. sing. qualif. *soupir*.
soupir	s. m. sing. compl. de *jusqu'à*.
ne	adv. de nég. modif. le v. *occupe*.
occupe	v. a. au prés. de l'ind. 3e pers. du sing. Son sujet est *douleur*; son compl. est *pensée*.
ma	adj. poss. f. sing. dét. *pensée*, parce qu'il tient lieu d'article.
pensée !	s. f. sing. compl. du v. *occupe*.

XLII.e EXERCICE.

Que de périls j'ai courus dans les deux derniers voyages que j'ai faits! Ces juges se sont laissé gagner par l'appât d'une somme qu'on leur a promise, et qu'ils n'ont point touchée. Nous les avons vus tomber, ces colosses aux pieds d'argile; c'est par ceux-là mêmes qui les avoient élevés si haut, que nous les avons vu abattre. Nous nous sommes réjouis de ce que nos ennemis avoient négligé les belles occasions qu'ils avoient eues de nous attaquer, de ce qu'ils les avoient laissées échapper, de ce qu'ils n'en avoient point profité.

ANALYSE.

Que	adv. de quant. pour *combien*, pris ici comme subst. collect. et compl. du v. *ai courus* (45).
de	prép. dont le compl. est *périls*.
périls	s. m. pl. compl. de la prép. *de*.
je	pron. de la 1re pers. sing. des deux genr. sujet du v. *ai courus*.
ai courus	v. n. pris activement au prét. indéf. 1re pers. du sing. Son sujet est *je*; son compl. est le nom collect. *que*. Le part. *courus*, m. pl., s'accorde avec le subst. *périls* (45).
dans	prép. dont le compl. est *voyages*.
les	art. simp. pl. des deux genres, dét. *voyages*.
deux	adj. de nomb. card. pl. des deux genr. qualif. *voyages*.

derniers	adj. m. pl. qualif. *voyages*.
voyages	s. m. pl. compl. de la prép. *dans*.
que	pron. rel. à *voyages*, et compl. de *ai faits*.
je	pron. de la 1re pers. sing. des deux genr. sujet de *ai faits*.
ai faits !	v. a. au prét. indéf. 1re pers. du sing. Son sujet est *je* ; son compl. est *que* pour *voyages*. Le part. *faits*, m. pl. s'accorde avec ce compl. qui le précède. (Troisième règle.)
Ces	adj. dém. pl. des deux genres, dét. *juges*, parce qu'il tient lieu d'article.
juges	s. m. pl. sujet du v. *se sont laissé*.
se sont laissé	v. réfl. au prét. indéf. 3e pers. pl. Son sujet est *juges*. Le v. *sont* est mis ici pour le v. auxil. *ont*. Le v. *ont laissé* a pour compl. *gagner*. Le pron. *se* est compl. de *gagner*, et non de *laissé*. Ainsi le part. *laissé* ne s'accorde point avec *se*. (Ces juges ont laissé gagner eux.)
gagner	v. a. au prés. de l'inf. compl. de *ont laissé*. Il a pour compl. *se* pour *eux*.
par	prép. dont le compl. est *appât*.
le	art. simp. m. sing. dét. *appât*.
appât	s. m. sing. compl. de *par*.
de	prép. dont le compl. est *somme*.
une	adj. numér. f. sing. dét. *somme*, parce qu'il tient lieu d'article.
somme	s. f. sing. compl. de la prép. *de*.
que	pron. rel. à *somme*, et compl. du v. *a promise*.
on	pron. indéf. m. sing. sujet du v. *a promise*.

leur	pron. pers. rel. pour *à eux*, compl. de la prép. sous-ent.
a promise,	v. a. au prét. indéf. 3ᵉ pers. du sing. Son sujet est *on* ; son compl. est *que* pour *somme*. Le part. *promise* s'accorde avec ce compl. qui le précède. (Troisième règle.)
et	conj. copul. lie deux membres de phrase.
que	pron. rel. à *somme*, compl. de *ont touchée*.
ils	pron. de la 3ᵉ pers. m. pl. sujet de *ont touchée*.
ne point	adv. de nég. modif. *ont touchée*.
ont touchée.	v. a. au prét. indéf. 3ᵉ pers. pl. Son sujet est *ils* pour *juges* ; son compl. est *que* pour *somme*. Le part. *touchée* f. s. s'accorde avec ce compl. qui le précède. (Troisième règle.)
Nous	pron. de la 1ʳᵉ pers. pl. des deux genr. sujet de *avons vus*.
les	pron. rel. à *colosses*, pl. des deux genr. compl. de *avons vus*. *Les* et *colosses* sont des compl. répétés par pléonasme (14).
avons vus	v. a. au prét. indéf. 1ʳᵉ pers. pl. Son sujet est *nous* ; son compl. est *les* pour *colosses*. Le part. *vus* s'accorde avec ce compl. qui le précède. (Troisième règle.)
tomber,	v. n. au prés. de l'inf. Quand deux verbes sont placés par apposition, le second doit être à l'inf.
ces	adj. dém. pl. des deux genres, dét. *colosses*, parce qu'il tient lieu d'article.
colosses	s. m. pl. compl. de *avons vus* (14).

aux	art. comp. pour *à les*, pl. des deux genr. La prép. *à* veut pour compl. *pieds*.
pieds	s. m. pl. comp. de la prép. *à* dans l'art. comp. *au*.
de	prép. dont le compl. est *argile*.
argile;	s. f. sing. compl. de la prép. *de*.
ce	pron. dém. m. sing. sujet du v. *est*.
est	v. subst. au prés. de l'ind. 3ᵉ pers. du sing. Son sujet est *ce*.
par	prép. dont le compl. est *ceux-là*.
ceux-là	pron. dém. m. pl. compl. de *par*.
mêmes	adj. pl. des deux gen. qualif. *ceux-là*.
qui	pron. rel. à *ceux-là*, et sujet de *avoient élevés*.
les	pron. rel. à *colosses*, pl. des deux genr. et compl. de *avoient élevés*.
avoient élevés	v. a. au plusq.parf. de l'ind. 3ᵉ pers. pl. Son sujet est *qui* pour *ceux-là*; son. compl. est *les* pour *colosses*. Le part. *élevés*, m. pl. s'accorde avec ce comp. qui le précède.(Troisième règle.
si	adv. de quant. modif. l'adv. *haut*.
haut,	adv. qui modif. *avoient élevés*.
que	conj. déterminat.
nous	pron. de la 1ʳᵉ pers. pl. des deux genr. sujet de *avons vu*.
les	pron. rel. à *colosses*, pl. des deux genr. compl. de *abattre*.
avons vu	v. a. au prét. indéf. 1ʳᵉ pers. pl. Son sujet est *nous*; son compl. est *abattre*.
abattre.	v. a. au prés. de l'inf. compl. de *avons vu*. Il a pour compl. *les* pour *eux* (les colosses). Nous avons vu abattre eux, et non pas, nous avons vu eux abattant, etc. (Gramm. p. 161.)

Nous	pron. de la 1ʳᵉ pers. pl. des deux genres, sujet du v. *nous sommes réjouis*.
nous sommes réjouis	v. réf. au prét. indéf. 1ʳᵉ pers. pl. Son sujet est *nous*. Le part. *réjouis*, m. pl., s'accorde avec le pron. *nous*, qui est complément direct. (Règle des participes des verbes réfléchis.)
de ce que	conj. causat.
nos	adj. poss. pl. des deux genres, dét. *ennemis*, parce qu'il tient lieu d'article.
ennemis	s. m. pl. sujet de *avoient négligé*.
avoient négligé	v. a. au plusq.-parf. de l'ind. 3ᵉ pers. pl. Son sujet est *ennemis*; son compl. est *occasions*. Le part. *négligé* ne s'accorde point avec le compl. qui n'est placé qu'après. (Quatrième règle.)
les	art. simp. pl. des deux genr. dét. *occasions*.
belles	adj. f. pl. qualif. *occasions*.
occasions	s. f. pl. compl. de *avoient négligé*.
que	pron. rel. à *occasions*, compl. de *avoient eues*.
ils	pron. de la 3ᵉ pers. m. pl. rappelle l'idée de *ennemis*. Il est sujet de *avoient eues*.
avoient eues	v. a. au plusq.-parf. de l'ind. 3ᵉ pers. pl. Son sujet est *ils* pour *ennemis*; son compl. est *que* pour *occasions*. Le part. *eues*, f. pl., s'accorde avec ce compl. qui le précède. (Troisième règle.)
de	prép. dont le compl. est *attaquer*.

nous	pron. de la 1ʳᵉ pers. pl. des deux genr. compl. de *attaquer*.
attaquer,	v. a. au prés. de l'inf. compl. de la prép. *de*. Il a pour compl. *nous*.
de ce que	conj. causat.
ils	pron. de la 3ᵉ pers. m. pl. rappelle l'idée de *ennemis*. Il est sujet du v. *avoient laissées*.
les	pron. rel. à *occasions* pl. des deux genr. compl. de *avoient laissées*.
avoient laissées	v. a. au plusq.-parf. de l'ind. 3ᵉ pers. pl. Son sujet est *ils* pour *ennemis*; son compl. est *les* pour *occasions*. Le participe *laissées* s'accorde avec ce compl. (Gramm. p. 169.)
échapper,	v. neut. au prés. de l'inf. Quand deux verbes sont placés par apposition, le second se met à l'inf.
de ce que	conj. causat.
ils	pron. de la 3ᵉ pers. m. pl. rappelle l'idée de *ennemis*. Il est sujet de *avoient profité*.
ne point	adv. de nég. modif. le v. *avoient profité*.
en	pron. rel. à *occasions*, mis pour *de cela*. Ne change point.
avoient profité.	v. n. au plusq.-parf. de l'ind. 3ᵉ pers. pl. Son sujet est *ils* pour *ennemis*. Le part. *profité* ne change point, parce que les part. des v. neutres, conjugués avec l'auxiliaire *avoir*, sont toujours invariables.

EXERCICES
D'ANALYSE LOGIQUE.

Cet Ouvrage est divisé en deux parties. La première comprend les Exercices d'*analyse grammaticale*, précédés d'un Traité de la *construction de la phrase*; la seconde comprend les Exercices d'*analyse logique*, précédés d'un Traité de la *proposition*.

Chaque partie se vend séparément 1 fr. 80 cent.

On trouve aux mêmes adresses le livre suivant:

Précis de l'Histoire universelle, par Bérardier de Bataut; édition revue et augmentée par Charles-Constant Le Tellier (an 1823).

Le Jury d'instruction du département de la Seine exige une étude approfondie de cet ouvrage dans ses examens pour l'admission des Dames qui veulent obtenir des diplomes d'institutrices.

IMPRIMERIE DE J. GRATIOT,
Rue du Foin Saint-Jacques, maison de la Reine Blanche.

EXERCICES
D'ANALYSE LOGIQUE,

PAR CHARLES-CONSTANT LE TELLIER,

Professeur de Belles-Lettres.

DEUXIÈME PARTIE,

COMPRENANT LES EXERCICES D'ANALYSE LOGIQUE,
PRÉCÉDÉS D'UN TRAITÉ DE LA PROPOSITION.

CINQUIÈME ÉDITION.

A PARIS,

Chez
- Le Prieur, Libraire, rue des Mathurins Saint-Jacques, hôtel de Cluny;
- Belin Le Prieur, Libraire, quai des Augustins, n° 55;
- Constant le Tellier, libraire, rue de Richelieu, n° 35.

1824.

Les ouvrages suivants de M. Charles-Constant LE TELLIER sont adoptés pour l'usage des Demoiselles élèves de la Maison royale de *Saint-Denis*, et des autres Maisons des Ordres royaux :

1° Nouveau Dictionnaire de la Langue Françoise, 5e édition.
2° Géographie des Commençants, 22e édition.
3° Histoire-Sainte, 3e édition.
4° Histoire Ancienne (1822).
5° Histoire de France, 10e édition.
6° Les divers ouvrages de Grammaire.

Livres Anglois nouvellement publiés.

Nouveaux dialogues anglois et françois, par Noël, professeur, 1 v. in-12. 2 f.

The Vicar of Wakefield, a tale by dr Goldsmith, 1 v. in-18. 1 f. 80 c.

(Très-belle édition classique.)

The Misanthrope, a comedy translated from Molière, v. in-12. 1 f. 50 c,

EXERCICES
D'ANALYSE LOGIQUE.

DE LA PROPOSITION.

1. La *Proposition* est l'énonciation d'un jugement, c'est-à-dire, d'une opération de l'esprit qui affirme ou qui nie quelque chose sur quelque sujet que ce soit.

2. Quand je dis, *Dieu est juste*, j'énonce un jugement; j'affirme du sujet *Dieu*, que la qualité de *juste* lui convient. Et, si je dis, *Dieu n'est pas injuste*, c'est encore un jugement que je prononce; je nie que l'idée d'*injuste* puisse être attribuée au sujet *Dieu*.

3. La première proposition est appelée *affirmative*; et la seconde, *négative*.

4. Pour former ce jugement, *Dieu est juste*, je dois avoir d'abord l'idée du sujet *Dieu*, puis celle de l'attribut *juste*; et, après avoir comparé ensemble ces deux idées, et avoir reconnu qu'elles se conviennent, j'exprime cette convenance, en disant : *Dieu est juste*.

5. Une proposition renferme donc deux parties essentielles, deux termes principaux. Le premier

terme, le *sujet*, répond à l'idée principale; le second terme, l'*attribut*, répond à l'idée accessoire qui modifie l'idée principale. Nous ne reconnoissons point d'autres éléments constitutifs de la proposition, puisque la nature ne nous offre que *substances* et *modifications*.

6. Il ne suffit point, pour l'expression de la pensée, que le sujet et l'attribut soient joints par apposition ; il faut qu'ils soient liés, unis, conçus comme ne faisant qu'un. Or, pour exprimer cette union, il faut un mot, et ce mot est le verbe *être*. Les logiciens l'appellent le *lien*. Sans *verbe*, il n'y a point de *proposition*, et par conséquent point de discours.

7. Mais le *verbe* est-il une *troisième* partie de la proposition ? Non. Car *le verbe fait partie de l'attribut, puisqu'il l'affirme du sujet*. Quand on dit, *Dieu est juste*, il n'est pas question de l'existence réelle du sujet *Dieu*, mais de son existence intellectuelle, de son existence dans l'esprit de celui qui parle. Disons donc avec Dumarsais : *le verbe fait partie de l'attribut, l'attribut commence toujours par le verbe*.

8. Toute proposition se réduit donc à un sujet et à un attribut joints ensemble par le verbe *être*. *Je sors*, équivaut à *je suis sortant*; *chantons*, équivaut à *nous, soyons chantant*; enfin, *va*, se décompose en *toi, sois allant*.

9. Le sujet et l'attribut de la proposition peuvent être, 1° simples ou composés ; 2° incomplexes ou complexes.

10. 1° Le sujet est *simple*, quand il présente à l'esprit un être déterminé par une idée unique. Tels sont les sujets des *propositions* suivantes : *Dieu est juste, les hommes sont mortels*. En effet, *Dieu* exprime un sujet déterminé par l'idée unique de la nature individuelle de l'Être suprême ; *les hommes*, un sujet déterminé par la seule idée de la nature spécifique commune à touts les individus de cette espèce.

11. Le sujet, au contraire, est *composé*, quand il comprend plusieurs idées qui peuvent convenir séparément au même attribut. Ainsi, quand on dit, *l'exercice et la diète sont utiles à la santé*, le sujet est composé, parce qu'il comprend deux sujets déterminés auxquels peut convenir séparément l'attribut *utile à la santé*. En effet, on peut dire : *la diète est utile à la santé* ; et, *l'exercice est utile à la santé* ; en faisant autant de propositions qu'il y a de sujets particuliers.

L'attribut peut être également simple ou composé.

12. L'attribut est *simple*, quand il n'exprime qu'une seule manière d'être du sujet, soit qu'il le fasse en un seul mot, soit qu'il en emploie plusieurs. Ainsi, quand on dit, *Dieu est éternel, Dieu gouverne toutes les parties de l'univers*, les attributs de ces propositions sont simples, parce que chacun n'exprime qu'une seule manière d'être du sujet. *Est éternel, est gouvernant toutes les parties de l'univers*, sont deux attributs qui expriment chacun une seule manière d'être du sujet *Dieu* ; l'un dans le premier exemple, l'autre dans le second.

13. L'attribut est *composé*, quand il exprime plusieurs manières d'être du sujet. Ainsi, quand on dit, *Dieu est juste et tout-puissant*, l'attribut total est composé, parce qu'il comprend deux manières d'être du sujet *Dieu*, la justice et la toute-puissance. On peut faire de cette proposition deux propositions séparées qui aient le même sujet et deux attributs particuliers : *Dieu est juste; Dieu est tout-puissant.*

14. Les propositions sont pareillement simples ou composées, selon la nature de leur sujet et de leur attribut.

Une proposition *simple* est celle dont le sujet et l'attribut sont également simples, c'est-à-dire, également déterminés par une seule idée totale. Exemples : *Le vice est odieux. La considération qu'on accorde à la vertu est préférable à celle qu'on rend vulgairement à la fortune.*

15. Une proposition *composée* est celle dont le sujet ou l'attribut, ou même ces deux parties sont composées, c'est-à-dire, déterminées par différentes idées totales. Exemples : *La justice, la bonne foi et la droiture doivent être le fondement de la politique. Les méchants sont méprisés et haïs de touts ceux qui les connoissent. Les vieux et les nouveaux soldats furent également patients et braves.*

16. 2° Le sujet d'une proposition est *incomplexe*, quand il n'est exprimé que par un substantif, un pronom ou infinitif, qui sont les seules espèces de mots qui puissent présenter à l'esprit un sujet déterminé, et que ce sujet n'a aucun complément expli-

catif ou déterminatif. Tels sont les sujets des propositions suivantes : *Dieu voit tout. Les mortels sont égaux. Nous naissons tous sujets à la mort. Mentir est le métier d'un lâche et d'un méchant.*

17. Lorsque le sujet est un nom précédé de son article, ce sujet ne laisse pas d'être incomplexe. Ainsi, le sujet est incomplexe dans l'exemple que nous venons de donner : *les mortels sont égaux.*

18. Le sujet est *complexe*, quand il est accompagné de quelque complément explicatif ou déterminatif. Tels sont les sujets des propositions suivantes : *Une mauvaise conscience n'est jamais tranquille. Notre premier juge est au fond de nos cœurs. Les maux que nous plaignons adoucissent les nôtres. La société des méchants est très funeste : le fruit en est amer. Cet homme est riche. Nos pères nous ont laissé de grands exemples à suivre. Servir Dieu est le premier de nos devoirs*, etc. *Dieu, qui est juste, récompensera les bons, et punira les méchants*, etc.

19. Dans toutes ces propositions, le sujet est modifié par un complément explicatif ou déterminatif. Ainsi, dans le dernier exemple, *Dieu, qui est juste, récompensera les bons, et punira les méchants*, le sujet *Dieu* est modifié par le complément *explicatif* (*qui est juste*). Dans la phrase, *les maux que nous plaignons adoucissent les nôtres*, le sujet *maux* est modifié par le complément *déterminatif* (*que nous plaignons*). Dans la proposition, *la société des méchants est très funeste*, le sujet *société* est modifié par le complément *déterminatif* (*des méchants*).

Dans l'autre proposition, *le fruit en est amer*, le sujet *fruit* est modifié par le complément déterminatif *en* pour *de elle* (de la société des *méchants*). Enfin, dans la phrase, *servir Dieu est le premier de nos devoirs*, le sujet *servir* est modifié par le complément *déterminatif* ou *objectif*, *Dieu*.

20. L'attribut peut être également incomplexe ou complexe.

21. L'attribut d'une proposition est *incomplexe*, quand la relation du sujet à la manière d'être est exprimée par un mot qui n'a aucun modificatif. Ainsi, quand on dit, *je parle, je suis content*, l'attribut de ces propositions est incomplexe, parce qu'il n'est accompagné d'aucun autre mot qui le modifie. *Je parle*, équivaut à *je suis parlant*; c'est-à-dire, qu'il renferme tout à la fois le verbe *être* et l'attribut (Gramm., p. 30). *Content* n'énonce que la relation de convenance du sujet à l'attribut.

22. L'attribut est *complexe*, quand le mot principalement destiné à énoncer la relation du sujet à la manière d'être qu'on lui attribue, est accompagné d'autres mots qui en modifient la signification. Quand je dis, *un malheureux appeloit touts les jours la mort à son secours*, et *l'économie est la source de l'indépendance et de la libéralité*, les attributs de ces deux propositions sont complexes, parce que, dans chacun, le mot principal est accompagné d'autres mots qui en modifient la signification. *Appeloit*, dans le premier exemple, est suivi de ces mots *touts les jours*,

qui présentent l'action d'appeler comme modifiée par une circonstance particulière; ensuite, de ceux-ci ; *la mort*, qui déterminent la même action d'appeler, par l'application de cette action à un objet spécial ; enfin, de ces mots, *à son secours*, qui donnent, à l'action d'appeler, un but, un motif particulier. Dans le second exemple, l'attribut *source* est suivi des mots, *de l'indépendance et de la libéralité*, qui en restreignent la signification, par l'idée spéciale d'un objet ou de deux objets déterminés.

23. L'idée que présente l'attribut d'une proposition peut donc être modifiée, restreinte, ou adaptée à quelques circonstances qui soient exprimées séparément du verbe et de l'attribut.

24. 1° L'attribut peut être modifié par un complément *objectif*. Quand je dis, *je lis un livre*, l'attribut *lisant* est modifié par le complément *objectif*, *livre*. Je lis *quoi*? Rép. *un livre*. Quand je dis, *je veux marcher*, l'attribut *voulant* est modifié par le complément *objectif*, *marcher*. Je veux *quoi*? Rép. *marcher*. Il n'y a que les verbes *actifs* qui puissent avoir un complément *objectif* ou *direct* (Gramm. p. 31 et 32).

25. 2° L'attribut peut être modifié par un complément *terminatif*. Les verbes *actifs*, outre le complément *objectif* ou *direct*, ont encore un complément *terminatif* ou *indirect*. Quand je dis, *je donne un livre à mon fils*, l'attribut *donnant* est modifié par le complément *direct*, *un livre*, et par le complément *indirect* ou *terminatif*, *à mon fils*.

26. Les verbes *neutres*, ou *intransitifs*, n'ont point de

complément *objectif* (Gramm. p.33). Ils ne peuvent avoir qu'un complément *terminatif* ou *indirect* (*ibid.*).

27. On disingue quatre espèces de *termes* ou de *compléments terminatifs*. 1° Le terme de *situation* : *il demeure* à *Paris* ; *vivre* à *la campagne* ; *être couché* sur *la terre* ; *maison située* entre *Paris* et *Versailles*. 2° Terme de *tendance* : *je vais* à *Paris*, *j'écris* à *votre frère* ; *je* lui *envoie ce livre*; *allez-vous* chez *lui*? *j'y vais* ; *je travaille* pour *vivre*. 3° Terme d'*extraction* : *il revient* de *Rome* ; *il* en *est parti*; *sortir* de *sa chambre* ; *il est aimé* de *son père* ; *il s'occupe trop* de *ses plaisirs*. 4° Terme de *passage* : *j'ai passé* par *Orléans* ; *il a fait ce voyage* par *mer* , etc.

28. 3° L'attribut peut être modifié par un complément *circonstanciel*, c'est-à-dire, qui en exprime le *mode*, les *circonstances*. On se sert pour cela d'*adverbes* ou de *propositions incidentes*. Exemples : *Cet orateur parle* avec facilité. *Cet homme s'est conduit* prudemment, avec prudence. *Vous êtes arrivé* après l'heure indiquée. *Je l'ai vue*, lorsqu'elle partoit pour Lyon.

29. Les conjonctions servent à lier les propositions entr'elles ; mais elles ne peuvent en rendre les menbres *complexes* : il en est de même de quelques mots qui se joignent accidentellement aux propositions, et qu'on peut en retrancher sans altérer le sens. Tel est le mot, *monsieur*, dans cette phrase : *j'ai reçu* , monsieur, *votre lettre* , etc.

30. Les *interjections* doivent être considérées moins comme des mots que comme des cris de la

nature : elles ne s'allient point au langage analysé ; ce ne sont point des parties de la proposition ; mais elles forment seules des propositions tout entières. C'est pour cela qu'elles doivent toujours être détachées et prononcées séparément de ce qui précède et de ce qui suit. Dans ce vers de Racine,

Ah ! Falloit-il en croire une amante insensée ?

Mlle *Duchesnois* détache avec raison le *ah !* (ce qu'on n'avoit jamais fait), et reprend ensuite :

Falloit-il en croire une amante insensée ?

Le mot qui suit l'interjection devroit donc commencer par une lettre majuscule.

31. Les interjections placées devant le sujet ou l'attribut d'une proposition ne les rendent donc point *complexes*.

32. L'article, et les verbes auxiliaires *être* et *avoir*, placés devant un attribut, ne rendent point cet attribut *complexe*, puisqu'ils n'y ajoutent aucune idée accessoire. *Ne pas, ne point*, ne rendent pas non plus l'attribut *complexe*; ils se joignent seulement au verbe *être*, pour *écarter, nier* cet attribut du sujet.

33. Le mot qui suit les verbes *devenir, paroître, sembler*, etc., ne représente point un complément objectif de ces verbes ; car ils sont intransitifs, et par conséquent ils ne peuvent point avoir de complément objectif ou direct. Ainsi, quand on dit, *cet homme devient vieux*, le mot *vieux* n'est point le complément objectif de *devient*. Cependant l'esprit ne peut s'arrêter au mot *devient*, parce que le sens ne seroit

pas fini. Ce verbe doit être suivi d'un autre mot qui en *complète* la signification. *Domergue* trouve dans l'adjectif *vieux* un complément terminatif, en décomposant ainsi la phrase : *il est venant de l'état de jeunesse à cet état, lui vieux*. Il décompose la proposition, *il est tombé malade*, en celle-ci, *il est tombé dans cet état, lui malade;* et *la mer paroît agitée*, en *la mer paroît dans cet état, elle agitée*. Au moyen de ces décompositions, les adjectifs *vieux, malade, agitée,* deviennent des compléments terminatifs qui rendent *complexes* les attributs *devenant, tombant, semblant,* etc.

34. On pourroit aussi regarder les deux mots, *devenant vieux, tombé malade, paroissant agitée,* etc., comme deux mots inséparables, qui ne représentent à l'esprit qu'une seule et même idée, et forment ensemble l'attribut. Et cet attribut seroit *incomplexe*, à moins qu'il ne fût accompagné de quelque modificatif. Cette explication me paroît même préférable à celle de Domergue.

35. Dans la phrase, *le général a fait marcher des troupes*, l'attribut est composé de deux mots qui s'identifient et s'individualisent, *faisant marcher*. Ces deux mots équivalent donc à un seul mot (Gramm., p. 168), et l'attribut que ces deux mots représentent seroit *incomplexe*, s'il n'étoit suivi du complément objectif, *des troupes*.

36. J'ai décomposé, dans la proposition ci-dessus, l'attribut *a fait marcher*, en *a été faisant marcher*. Plusieurs grammairiens d'un mérite distingué con-

damnent cette manière de décomposer l'attribut ; je vais tâcher de la justifier. Quand je dis, *j'ai lu un livre*, l'attribut me paroît devoir être décomposé en *j'ai été lisant*, etc. En effet, puisque l'on doit, de l'aveu des professeurs mêmes qui ne partagent pas mon opinion, changer, *je lis ce livre*, en *je suis lisant*, etc. ; *je lisois un livre*, en *j'étois lisant* ; *je lus un livre*, en *je fus lisant* ; *je lirai un livre* ; en *je serai lisant*, etc., en employant toujours le participe présent *lisant* avec le verbe *être* ; pourquoi ne décomposerois-je pas également *j'ai lu*, *j'avois lu un livre*, en *j'ai été lisant, j'avois été lisant*, etc., en joignant encore le participe présent *lisant* au verbe *être*, employé à un temps correspondant ?

37. Mais, dit Le Mare (en chargeant d'injures Court-de-Gébelin, Destfut-Tracy, Wailly, Sicard, etc., dont nous suivons ici le sentiment), le verbe *avoir* ne conservera donc plus rien de sa valeur ? Je réponds à M. Le Mare, et à ceux qui sont de son opinion, que le verbe *avoir* n'est ici que verbe *auxiliaire*. Dans *j'ai lu*, je ne vois qu'un verbe principal ; c'est le verbe *lire*. Le mot *ai*, dans *ai lu*, ne sert qu'à exprimer un temps composé du verbe *lire* : le participe *lu* est actif, puisqu'il est suivi d'un complément objectif, *un livre*.

38. Je ne décomposerai donc point, avec Domergue, *j'ai lu un livre*, en *je suis ayant un livre lu*. Dans *j'ai lu*, je ne reconnois point un verbe actif *avoir*, mais seulement un verbe auxiliaire placé devant un participe actif suivi de son complément direct. Je ne

puis admettre de participes passifs que ceux qui sont joints au verbe *être*, ou qui sont employés comme adjectifs sans aucun verbe auxiliaire. Concluons donc qu'on doit décomposer, *j'ai lu*, en *j'ai été lisant*, comme on décompose, *je lus*, *je lirai*, en *je fus*, *je serai lisant*.

39. Dans les phrases qui suivent, l'attribut n'est point suivi d'un complément *objectif*, mais d'un complément *terminatif* : *Les troupes partiront la nuit ; ce diamant vaut, coûte cent louis*. Les verbes *partir*, *valoir*, *coûter*, sont intransitifs. Les mots *la nuit*, *cent louis*, sont les compléments d'une préposition sous-entendue (Gramm., p. 174 ; et Traité de l'Analyse grammaticale, aussi p. 174).

40. L'attribut n'est pas toujours expressément énoncé dans la proposition. Par exemple, dans les phrases, *je suis à votre service*, *il est à la campagne*, *cette ville est en cendres*,......... *à votre service*, *à la campagne*, *en cendres*, ne sont point des attributs proprement dits. L'esprit impatient a supprimé *dévoué*, dans la première phrase ; *résidant*, dans la seconde, et *réduite*, dans la troisième. Mais ces mots doivent être rétablis dans l'analyse.

41. Les propositions sont également incomplexes ou complexes, selon la forme de l'énonciation de leur sujet et de leur attribut.

42. Une proposition *incomplexe* est celle dont le sujet et l'attribut sont également incomplexes. Exemples : *La servitude est affreuse. Vous partez. Mourir n'est rien.*

43. Une proposition *complexe* est celle dont le sujet ou l'attribut, ou même ces deux parties, sont complexes. Exemples : *Le nom de la paix est agréable. La paix fait le bonheur des nations. L'aimable paix fait bénir son empire.* La première proposition est *complexe* par son sujet ; la seconde l'est par son attribut ; et la troisième, par le sujet et par l'attribut.

44. Les propositions complexes se divisent en proposition principale et en proposition incidente.

45. La proposition *principale* est celle qui énonce ce que l'on veut spécialement faire entendre.

46. La proposition incidente est celle qui est ajoutée à un des membres de la proposition principale, pour le déterminer ou pour l'expliquer.

Quand on dit, *les savants, qui sont plus instruits que le commun des hommes, devroient aussi les surpasser en sagesse,* ... *les savants devroient surpasser le commun des hommes en sagesse,* voilà la proposition *principale,* ... *ils sont plus instruits que le commun des hommes,* voilà la proposition *incidente*. C'est une proposition partielle liée au sujet *savants*, dont elle est un supplément *explicatif*, parce qu'elle sert à en développer l'idée, pour y trouver un motif qui justifie l'énoncé de la proposition principale. La proposition *incidente* suppose donc la proposition *principale*, sans laquelle elle ne peut même exister.

47. Pareillement, quand on dit, *la gloire qui vient de la vertu a un éclat immortel,* les mots, *qui vient de la vertu,* forment une proposition *incidente* liée au sujet *gloire*, dont elle est un supplément *déter-*

minatif, parce qu'elle sert à restreindre la signification trop générale du mot *gloire*, par l'idée de la cause particulière qui la procure, savoir, *la vertu*. (*Voyez* le Traité qui se trouve au commencement de mon Dictionnaire françois, p. 20.)

48. On distingue deux sortes de propositions *principales*, savoir, la proposition détachée et la proposition relative.

49. La proposition *détachée* ou *absolue* est celle qui, seule et sans le secours d'aucune autre proposition, énonce un sens complet et fini. Exemple : *Ni l'or ni la grandeur ne nous rendent heureux*.

50. La proposition *relative* est celle qui a un sens formé, mais lié à une autre proposition pour faire un sens total. Exemple : *L'ame du sage est toujours constante : elle lutte avec un courage égal contre le malheur et contre la prospérité...* La seconde proposition, *elle* (l'ame du sage) *lutte,* etc., est une proposition *relative*, liée à la première, avec laquelle elle forme un tout complet.

51. Les propositions *incidentes* se subdivisent en propositions incidentes explicatives et en propositions incidentes déterminatives.

52. La proposition incidente *explicative* est celle qui est jointe à un membre de la proposition principale, pour le qualifier ou l'expliquer sans en restreindre la signification. La proposition incidente *explicative* peut être retranchée de la phrase, sans que la proposition *principale* cesse d'avoir un sens fini et absolument vrai. Si l'on dit, par exemple, *les*

passions, qui sont les maladies de l'ame, ne viennent que de notre révolte contre la raison, la proposition incidente, *qui sont les maladies de l'ame,* est explicative du sujet de la proposition principale, *les passions ne viennent que de notre révolte contre la raison.* Cette dernière proposition dit tout, et le retranchement de l'incidente n'en altèreroit aucunement le sens. La proposition incidente ne fait donc ici que qualifier les *passions*, et expliquer, développer le caractère, les effets des passions, sans en restreindre l'idée.

53. La proposition incidente *déterminative* est celle qui est jointe à un membre de la proposition principale, pour en restreindre la signification, et le *déterminer* à une idée moins générale que celle qu'il présente lorsqu'il est pris dans toute sa latitude. La proposition incidente *déterminative* ne peut être retranchée de la proposition *principale,* sans que l'intégrité de celle-ci soit altérée, et qu'elle cesse d'être exactement vraie. Quand je dis, *la gloire qui vient de la vertu a un éclat immortel,* la proposition incidente, *qui vient de la vertu,* détermine la *gloire* qui a un éclat immortel, et la restreint à celle qui vient de la vertu. Si l'on supprimoit la proposition incidente, et qu'on dît, *la gloire a un éclat immortel,* ce ne seroit plus la même proposition principale. Cette proposition n'auroit plus le même sujet, puisqu'il s'agiroit alors de la gloire en général, d'une gloire quelconque, ayant une cause quelconque. Donc, au lieu de la première proposition, qui est

vraie, il en résulteroit une proposition fausse; car toute espèce de gloire n'a pas un éclat immortel.

54. Quand la proposition incidente est *explicative*, elle est toujours liée au mot sur lequel elle tombe par l'un des pronoms relatifs *qui, que, dont, lequel*, etc. Le mot expliqué par la proposition incidente s'appelle alors l'*antécédent* du pronom relatif et de la proposition *incidente* même, et c'est toujours un nom ou l'équivalent d'un nom. Dans ce cas, on peut, sans altérer le sens, substituer l'antécédent au pronom relatif, et transformer ainsi la proposition *incidente* en proposition *principale*. Ainsi, dans cet exemple, *les passions, qui sont les maladies de l'ame, ne viennent que de notre révolte contre la raison*, on peut dire, *les passions sont les maladies de l'ame;* et cette proposition, devenue *principale*, a encore le même sens que quand elle étoit *incidente*.

55. Mais quand la proposition incidente est *déterminative*, quoiqu'elle soit amenée par l'un des pronoms relatifs *qui, que, dont, lequel*, etc., on ne peut pas la rendre principale, en substituant l'antécédent au pronom relatif, sans en altérer le sens. Ainsi, dans la phrase, *la gloire qui vient de la vertu a un éclat immortel*, on ne peut pas dire, *la gloire vient de la vertu*, parce que ce seroit affirmer que toute gloire en général a sa source dans la vertu, ce que ne disoit point la proposition *incidente*, et qui est faux en soi.

56. Les pronoms relatifs, *qui, que, dont, lequel*, etc., ne sont pas les seuls mots qui servent à

lier les propositions incidentes *déterminatives* à leurs antécédents. Dans cette phrase, *je sais que vous m'aimez*, il y a deux propositions : la proposition principale, *je sais*, et la proposition incidente, *vous m'aimez*. La proposition *incidente* est liée à la proposition *principale* par la conjonction déterminative *que* ; c'est comme s'il y avoit, *je sais une chose*, qui est, *vous m'aimez*. *Petit poisson deviendra grand pourvu que Dieu lui prête vie*. La conjonction *pourvu que* sert à joindre la proposition *incidente* déterminative à la proposition principale ; c'est comme s'il y avoit, *petit poisson deviendra grand*, à une condition qui est, *Dieu lui prêtera vie*. *Il viendra s'il peut*. La conjonction *si* lie la proposition *incidente* à la principale : *il viendra vous voir*, à une condition qui est, *il le pourra*.

57. Les propositions *incidentes* comprennent les mêmes parties essentielles qui se trouvent dans les propositions principales.

58. Le pronom relatif qui sert à unir la proposition *incidente* à son antécédent, doit toujours être à la tête de la proposition incidente, et immédiatement après l'antécédent. Sans cela, le rapport de liaison ne seroit pas assez sensible, et l'énonciation en seroit moins claire. Ne dites donc point, *j'ai rencontré hier votre frère dans la rue, qui revenoit de la campagne* ; mais dites, *j'ai rencontré hier dans la rue votre frère, qui revenoit de la campagne*. Cependant, le pronom relatif peut quelquefois se placer après une préposition dont il est le complément : *les amis*

sur qui *vous comptez* ; ou même après le complément d'une préposition, s'il est déterminatif de ce complément : *les amis sur les promesses desquels vous comptez.*

59. L'abbé de Condillac admet, outre la proposition *incidente*, une autre sorte de proposition qui dépend de la principale, et qu'il appelle *subordonnée*. C'est celle qui ne détermine ni ne qualifie aucun membre exprimé de la principale, mais qui se joint à celle-ci pour indiquer quelque circonstance. Par exemple, quand on dit, *je vous instruirai de tout lorsque vous reviendrez*, la proposition, *lorsque vous reviendrez*, est une proposition *subordonnée*, parce qu'elle dépend de la principale, *je vous instruirai de tout*, mais qu'elle n'en qualifie ni ne détermine aucun membre exprimé : elle y est seulement jointe pour indiquer une circonstance, *lorsque vous reviendrez*. M. *Sicard* et plusieurs autres grammairiens estimés, tels que MM. *Lehodey*, *Jégou*, etc., admettent aussi une *proposition subordonnée*.

60. Il n'est pas exact de dire que la proposition *subordonnée* ne qualifie ni ne détermine aucun membre de la proposition *principale* dont elle dépend. En effet, dans la phrase citée, *je vous instruirai de tout lorsque vous reviendrez*, la proposition, *lorsque vous reviendrez*, modifie l'attribut *instruisant* de la proposition principale, ce que l'on reconnoît aisément en rétablissant une partie de cet attribut, qui est supprimée par ellipse, *je vous instruirai de tout* dans le temps qui est celui *auquel vous reviendrez*. Dans cette phrase, citée par M. *Lehodey*, *Je crois que vous parlez,*

et dans laquelle il trouve une proposition *subordonnée*, *vous parlez*, on reconnoît sans peine que la proposition *vous parlez* détermine l'attribut de la proposition principale, *je crois*, en rétablissant les mots retranchés par ellipse, *je crois ceci*, une chose qui est, *vous parlez*.

61. Cette analyse nous fait voir que les propositions *subordonnées* sont de véritables propositions *incidentes elliptiques*. Il paroît donc superflu de distinguer les *subordonnées* des *incidentes*, d'autant que toutes les propositions incidentes sont subordonnées à la principale ; et l'on pourroit les qualifier indifféremment d'*incidentes*, ou de *subordonnées*, sauf à désigner, par la double qualification d'*incidentes elliptiques*, celles que l'abbé de Condillac appelle *subordonnées*... (Le mot *incidente* vient du latin *incidere*, qui veut dire *tomber dans* ou *sur*. Une proposition *incidente* est donc celle qui tombe *dans* ou *sur* une autre.)

62. En conséquence de la distinction des incidentes en *explicatives* et en *déterminatives*, l'abbé Girard établit une règle de ponctuation qui est très-raisonnable : c'est de mettre entre deux virgules la proposition *incidente explicative*, parce que, pouvant être ajoutée à la proposition *principale* ou pouvant en être retranchée sans altérer le sens, elle n'a pas une liaison nécessaire avec l'antécédent. Mais il veut qu'on écrive de suite, sans virgule, la proposition *incidente déterminative*, parce que, comme elle ne peut point être séparée de la proposition *prin-*

cipale sans altérer le sens de celle-ci, la virgule indiqueroit faussement la possibilité de cette séparation.

63. Les propositions, considérées sous le rapport de leur forme, peuvent nous présenter trois principaux aspects. 1° On peut les envisager par rapport à la totalité des parties qui doivent entrer dans la composition analytique de la proposition ; 2° par rapport à l'ordre successif que l'analyse assigne à chacune de ces parties ; 3° par rapport au sens particulier qui peut dépendre de telle ou telle disposition.

64. 1° Par rapport à la totalité des parties qui doivent entrer dans la composition analytique de la *proposition*, elle est explicite ou implicite, complète ou incomplète, c'est-à-dire, pleine ou elliptique.

65. La proposition est *explicite*, lorsque tous les membres nécessaires à l'énonciation du sens qu'elle présente, y sont *explicitement* et séparément énoncés, comme : *La terre tourne autour du soleil*. Nous trouvons dans cette proposition, un sujet, *la terre* ; un attribut, *tournant*, suivi d'un complément terminatif, *autour du soleil*.

66. Une proposition est *implicite*, lorsque tous les membres qui la composent y sont énoncés, non séparément, mais implicitement, c'est-à-dire, lorsqu'un des mots dont elle est composée annonce, par sa forme, qu'il comprend en lui plus d'un membre. Ainsi *mourons*, est une proposition *implicite*,

parce qu'il comprend en un seul mot le sujet, l'attribut et le verbe *être : nous, soyons mourant.*

67. La proposition est *complète* ou *pleine*, lorsque tous les membres dont elle est composée y sont énoncés, soit explicitement, soit implicitement, de sorte qu'on n'ait besoin d'en rétablir aucun pour faire l'analyse. Exemple : *Le cœur trompe souvent l'esprit.*

68. La proposition est *incomplète* ou *elliptique*, lorsque l'un des principaux membres, le sujet ou l'attribut, ne se trouve pas expressément énoncé, et qu'on est obligé de le rétablir pour faire l'analyse. Exemple : *Qui a fait cela ? Mon frère.* Cette phrase présente deux phrases elliptiques. Dans l'interrogation, il faut suppléer l'attribut et le sujet pour rendre la phrase *pleine* et *complète. Qui est celui* qui a fait cela ? La proposition principale est supprimée tout entière par l'ellipse, mais l'incidente, *qui a fait cela ?* annonce suffisamment l'ellipse : et l'on supplée sans peine les mots supprimés. La réponse à cette question n'énonce explicitement qu'un sujet, *mon frère.* Suppléez *a fait cela*, ou *c'est* mon frère, ou mon frère *est celui qui a fait cela…. Que faire ?* Il y a ellipse du sujet et de l'attribut dans cette proposition. Suppléez : que *dois-je*, que *devons-nous faire ?… Cet homme est plus heureux que sage….* Suppléez : cet homme est plus heureux qu'il *n'est* sage. Ainsi, le sujet *il* et le verbe *n'est* sont supprimés par ellipse. « Nous voudrions, dit l'abbé de « Condillac, donner à nos expressions la rapidité de

« nos pensées. Ainsi, non-seulement le style doit
« être dégagé de toute superfluité, il doit encore être
« débarrassé de tout ce qui se supplée facilement :
« moins on emploie de mots, plus les idées sont liées ? »
Voilà la cause et le fondement de l'ellipse.

69. *Oui* et *non*, sont des propositions elliptiques, qui supposent chacune une proposition tout entière. En effet, chacune suppose celle à laquelle elle sert de réponse. *Viendrez-vous nous voir ? Oui;* c'est-à-dire, *je viendrai vous voir... Partirez-vous ? Non;* c'est-à-dire, *je ne partirai point.*

70. *Peut-être*, est encore une proposition elliptique, qui suppose une proposition entière à laquelle elle sert de réponse. *Irez-vous à la campagne cet été ? Peut-être;* c'est-à-dire, *j'irai peut-être cet été à la campagne.*

71. Quand on dit, *courage*, *bon*, *ferme*, ces mots seuls sont autant de propositions elliptiques, qu'on peut rendre pleines au moyen de quelques additions, comme : *prenez* courage ; *cela est* bon ; *soyez* ou *frappez* ferme. En général, les exclamations, les interjections, équivalent à des propositions entières.

72. Il est aisé de voir quelle différence il y a entre une proposition explicite et une proposition complète. La proposition *explicite* est toujours complète; mais la proposition *complète* n'est pas toujours explicite. Si l'on dit, *sortez*, la proposition est *complète*; mais elle est *implicite*, en ce que le sujet *vous* n'y est pas explicitement exprimé, *vous, soyez*

sortant. L'explicite est opposée à l'implicite, et la complète à l'elliptique.

73. 2° Par rapport à l'ordre successif que l'analyse assigne à chaque partie, la *proposition* est *directe* ou *inverse*. (Voyez le Traité de la construction grammaticale au commencement de la première partie de ces exercices, p. 1re et suiv.)

74. 3° Enfin, par rapport au sens particulier qui peut dépendre de la disposition des parties, la *proposition* est, ou expositive, ou impérative, ou interrogative, ou exclamative.

75. La proposition *expositive* est celle qui exprime l'énoncé d'un jugement actuel : *Dieu punira les méchants*. Elle est expositive avec hypothèse dans la seconde partie de cette phrase : *les hommes seroient trop heureux, si l'équité les gouvernoit*. Elle est expositive, en tirant une conséquence, dans la seconde partie de cette autre phrase : *vous êtes homme, donc vous mourrez*.

76. La proposition est *impérative*, lorsqu'elle exprime le commandement ou la défense de faire quelque chose. Exemple : *Mon fils, donne ta confiance aux actions des hommes, ne l'accorde pas à leurs discours*.

78. La proposition est *interrogative*, lorsqu'elle présente un doute, une incertitude, une question. *Que faites-vous ? Comment pouvez-vous perdre ainsi votre temps ?* etc.

78. La proposition est *exclamative*, lorsqu'elle annonce un mouvement de l'ame dans celui qui parle

et qui fait une exclamation. Exemples : *Que vous êtes joli ! Que vous me semblez beau !* etc.

79. Les locutions que nous appelons *gallicismes* offrent des difficultés dans l'analyse logique comme dans l'analyse grammaticale. Nous allons tâcher d'aplanir aux élèves la route qui peut les conduire à rendre raison de ces phrases. Pour analyser celles-ci,

Il importe que vous partiez promptement ;
Il est inutile de se donner cette peine ;
Il n'appartient qu'à vous de commander ici ;

nous devons les tourner en cette sorte :

Il (cela, savoir), *que vous partez promptement*, importe.

Il (cela, savoir), *se donner cette peine*, est inutile.

Il (cela, savoir), *commander ici*, n'appartient qu'à vous.

Les phrases, *il est un Dieu vengeur, il y a un Dieu vengeur*, doivent se changer en celle-ci : *il* (ceci, savoir) *un Dieu vengeur* est existant. (Voy. la première partie de ces exercices, p. 15 et 16.)

80. Les propositions, *il pleut, il neige*, etc., etc., se changent en, *ceci* pleut, le *ciel* pleut, ou le *nuage* pleut, etc. (*Ibid.*, p. 16.)

81. Les phrases, *c'est à lui que je veux parler*, ou, *c'est lui à qui je veux parler*, peuvent prendre ce tour analytique, *lui est ce*, ou *celui*, à qui je veux parler. De même, dans cet exemple, *c'est votre père qui me l'a appris*, je puis dire : *votre*

père est ce ou *celui qui me l'a appris* ; ou bien, *celui qui me l'a appris est votre père.*

82. La phrase, *ce sont eux qui doivent venir,* doit s'analyser ainsi : *ceux qui doivent venir sont eux,* ou, *eux sont ceux qui doivent venir....* Les phrases, *c'est toi qui as fait la faute, ce sera nous qui l'instruirons,* doivent se transformer en celles-ci : *celui qui a fait la faute, c'est toi* ; ou, *toi-même as fait la faute ; ceux qui l'instruiront, ce sera nous;* ou, *nous serons ceux qui l'instruiront,* etc.

EXERCICES
D'ANALYSE LOGIQUE.

PREMIER EXERCICE.

Pendant que ces pensées rouloient dans mon esprit, je m'enfonçai dans une sombre forêt, où j'aperçus tout à coup un vieillard qui tenoit un livre dans sa main. Ce vieillard avoit un grand front chauve et un peu ridé : une barbe blanche pendoit jusqu'à sa ceinture ; sa taille étoit haute et majestueuse ; son teint étoit encore frais et vermeil ; ses yeux étoient vifs et perçants, sa voix douce, ses paroles simples et aimables. Jamais je n'ai vu un si vénérable vieillard. Il s'appeloit Termosiris. Il étoit prêtre d'Apollon, qu'il servoit dans un temple de marbre que les rois d'Égypte avoient consacré à ce dieu dans cette forêt. Le livre qu'il tenoit étoit un recueil d'hymnes en l'honneur des dieux.

ANALYSE.

Pendant que ces pensées rouloient dans mon esprit, je m'enfonçai dans une sombre forêt, où j'aperçus tout à coup un vieillard qui tenoit un livre dans sa main.

Cette phrase contient quatre propositions ; savoir :

une principale, deux incidentes explicatives, et une incidente déterminative.

Je m'enfonçai dans une sombre forêt: voilà la proposition principale. Le sujet est *je*. Il est simple, parce qu'il présente à l'esprit un être déterminé par une idée unique ; il est incomplexe, parce qu'il n'est accompagné d'aucun modificatif. L'attribut est *enfonçant*. Il est simple, parce qu'il n'exprime qu'une seule manière d'être du sujet ; il est complexe, parce qu'il a pour complément objectif, *me* (pour *moi*) ; pour complément terminatif, *dans une sombre forêt;* et pour complément circonstanciel, *pendant que ces pensées rouloient,* etc.

Où j'aperçus tout à coup un vieillard : voilà une proposition incidente explicative. Son sujet est *je*. Il est simple, parce qu'il exprime un être unique ; il est incomplexe, parce qu'il n'a aucun modificatif. L'attribut est *apercevant*. Il est simple, parce qu'il n'exprime qu'une seule manière d'être du sujet ; il est complexe, parce qu'il a pour complément objectif, *un vieillard*, et pour compléments terminatifs, l'adverbe *où*, qui marque la situation, et l'adverbe *tout à coup*, qui marque la circonstance.

Qui tenoit un livre dans sa main ; c'est une proposition incidente déterminative. Le sujet est *qui*, pour *vieillard*. Il est simple, parce qu'il exprime un être déterminé par une idée unique ; il est incomplexe, parce qu'il n'a aucun complément explicatif ni déterminatif. L'attribut est *tenant*. Il est simple, parce qu'il n'exprime qu'une seule manière d'être du sujet ;

il est complexe, parce qu'il a pour complément direct, *un livre*, et pour complément terminatif, *dans sa main*.

Pendant que ces pensées rouloient dans mon esprit : voilà une proposition incidente explicative. Le sujet est *pensées*. Il est simple, parce qu'il n'exprime qu'une seule idée ; il est complexe, parce qu'il est modifié par l'adjectif démonstratif *ces*. L'attribut est *roulant*. Cet attribut est simple, parce qu'il n'exprime qu'une manière d'être du sujet ; il est complexe, parce qu'il a pour complément terminatif, *dans mon esprit*.

Ce vieillard avoit un grand front chauve et un peu ridé : une barbe blanche pendoit jusqu'à sa ceinture ; sa taille étoit haute et majestueuse ; son teint étoit encore frais et vermeil ; ses yeux étoient vifs et perçants ; sa voix douce, ses paroles simples et aimables.

Cette phrase renferme sept propositions. La première est une proposition principale absolue ; les six autres sont des propositions principales relatives.

Ce vieillard avoit un grand front chauve et un peu ridé ; c'est une proposition principale absolue. Le sujet est *vieillard*. Ce sujet est simple, parce qu'il présente à l'esprit un être déterminé par une idée unique ; il est complexe, parce qu'il est qualifié par l'adjectif démonstratif *ce*. L'attribut est *ayant*. Il est simple, parce qu'il n'exprime qu'une manière d'être du sujet, et complexe, parce qu'il a pour complément direct, *un grand front chauve et un peu ridé*.

Une barbe blanche pendoit jusqu'à sa ceinture :

voilà une proposition principale relative. Le sujet est *barbe*. Ce sujet est simple, parce qu'il n'exprime qu'une idée ; il est complexe, parce qu'il est modifié par l'adjectif métaphysique *une*, et par l'adjectif physique *blanche*. L'attribut est *pendant*. Cet attribut est simple, parce qu'il n'indique qu'une manière d'être du sujet; et il est complexe, parce qu'il a pour complément terminatif, *jusqu'à sa ceinture*.

Sa taille étoit haute et majestueuse ; cette proposition est principale relative. Son sujet est *taille*. Il est simple, parce qu'il n'exprime qu'une idée; et complexe, parce qu'il est modifié par l'adjectif possessif *sa*, qui y attache une idée de possession, d'appartenance. L'attribut est *haute et majestueuse*. Cet attribut est composé, parce qu'il énonce deux manières d'être du sujet ; et il est incomplexe, parce qu'il n'est accompagné d'aucun modificatif.

Son teint étoit encore frais et vermeil ; c'est encore une proposition principale relative. Le sujet est *teint*. Il est simple, parce qu'il exprime une idée unique ; il est complexe, parce qu'il est modifié par l'adjectif possessif *son*. L'attribut est *frais et vermeil*. Cet attribut est composé, parce qu'il indique deux manières d'être du sujet; et complexe, parce qu'il est modifié par l'adverbe de temps *encore*.

Ses yeux étoient vifs et perçants ; cette proposition est principale relative. Le sujet est *yeux*. Ce sujet est simple, parce qu'il n'exprime qu'une seule idée ; il est complexe, parce qu'il est modifié par l'adjectif possessif *ses*. L'attribut est *vifs et perçants*. Cet attribut est composé, parce qu'il exprime deux manières d'être du sujet; et il est incomplexe, parce qu'il n'est accompagné d'aucun modificatif.

Sa voix (étoit) *douce;* cette proposition est principale relative. Le sujet est *voix*. Il est simple, parce qu'il exprime une idée unique; il est complexe, parce qu'il est modifié par l'adjectif possessif *sa*. L'attribut est *douce*. Cet attribut est simple, parce qu'il n'exprime qu'une manière d'être du sujet; il est incomplexe, parce qu'il n'a aucun modificatif.

Ses paroles (étoient) *simples et aimables :* voilà encore une proposition principale relative. Le sujet est *paroles*. Il est simple, parce qu'il exprime une idée unique; il est complexe, parce qu'il est modifié par l'adjectif possessif *ses*. L'attribut est *simples et aimables*. Cet attribut est composé, parce qu'il énonce plusieurs manières d'être du sujet; il est incomplexe, parce qu'il n'est accompagné d'aucun modificatif.

Jamais je n'ai vu un si vénérable vieillard; cette proposition est principale absolue. Le sujet est *je*. Ce sujet est simple, parce qu'il présente à l'esprit un être déterminé par une idée unique; il est incomplexe, parce qu'il n'est accompagné d'aucun modificatif. L'attribut est *voyant*. Il est simple, parce qu'il n'exprime qu'une seule manière d'être du sujet; il est complexe, parce qu'il a pour complément direct, *un si vénérable vieillard*, et qu'il est modifié par l'adverbe de temps *jamais*.

Il s'appeloit Termosiris : voilà une proposition principale absolue. Le sujet est *il*, qui rappelle l'idée de *vieillard*. Il est simple, parce qu'il énonce un être unique ; il est incomplexe, parce qu'il n'a point de modificatif. L'attribut est *appelé* (car le verbe est ici *pronominal*, Gramm., p. 33). Cet attribut est simple, parce qu'il n'exprime qu'une manière d'être du sujet; il est complexe, parce qu'il a pour complément terminatif, *Termosiris* (*il étoit appelé* du nom de *Termosiris*).

Il étoit prêtre d'Apollon, qu'il servoit dans un temple de marbre que les rois d'Égypte avoient consacré à ce dieu dans cette forêt.

Cette phrase renferme trois propositions : une principale, une incidente explicative, et une incidente déterminative.

Il étoit prêtre d'Apollon : voilà une proposition principale. Son sujet est *il*, qui rappelle l'idée du *vieillard*. Ce sujet est simple, parce qu'il présente à l'esprit un être déterminé par une idée unique ; il est incomplexe, parce qu'il n'a point de modificatif. L'attribut est *prêtre*. Il est simple, parce qu'il n'exprime qu'une manière d'être du sujet ; et complexe, parce qu'il a pour déterminatif, *d'Apollon*.

Qu'il servoit dans un temple de marbre ; cette proposition est incidente explicative. Le sujet est *il*, qui rappelle l'idée de *vieillard*. Il est simple, parce qu'il énonce un être déterminé par une idée unique ; et incomplexe, parce qu'il n'a point de modificatif. L'attribut est *servant*. Cet attribut est simple, parce qu'il n'exprime qu'une manière d'être du sujet ; et complexe, parce qu'il a pour complément objectif, *que*

(pour *Apollon*), et pour complément terminatif, *dans un temple de marbre.*

Que les rois d'Égypte avoient consacré à ce dieu dans cette forêt: voilà une proposition incidente déterminative. Le sujet est *rois*. Il est simple, parce qu'il offre à l'esprit une idée unique; il est complexe, parce qu'il a pour déterminatif *d'Égypte*. L'attribut est *consacrant*. Cet attribut est simple, parce qu'il n'exprime qu'une manière d'être du sujet; il est complexe, parce qu'il a pour complément direct, *que* (pour *temple*); pour complément indirect, *à ce dieu*, et pour complément terminatif, qui marque la situation, *dans cette forêt*.

Le livre qu'il tenoit étoit un recueil d'hymnes en l'honneur des dieux.

Cette phrase renferme deux propositions : l'une principale, et l'autre incidente déterminative.

Le livre étoit un recueil d'hymnes en l'honneur des dieux: voilà la proposition principale. Son sujet est *livre*. Il est simple, parce qu'il énonce une idée unique; il est complexe, parce qu'il a pour déterminatif, *qu'il tenoit*. L'attribut est *recueil*. Cet attribut est simple, parce qu'il n'exprime qu'une manière d'être du sujet; et il est complexe, parce qu'il a pour déterminatif, *d'hymnes en l'honneur des dieux*.

Qu'il tenoit; c'est une proposition incidente déterminative. Le sujet est *il*, qui rappelle l'idée de *vieillard*. Il est simple, parce qu'il présente à l'esprit un être déterminé par une idée unique; il est incomplexe, parce qu'il n'a point de modificatif. L'attribut est *tenant*. Cet attribut est simple, parce qu'il n'énonce qu'une manière d'être du sujet; et il est complexe, parce qu'il a pour complément objectif, *que* (pour *livre*).

DEUXIÈME EXERCICE.

Il m'aborde avec amitié: nous nous entretenons. Il racontoit si bien les choses passées qu'on croyoit les voir; mais il les racontoit courtement, et jamais ses histoires ne m'ont lassé. Il prévoyoit l'avenir par la profonde sagesse qui lui faisoit connoître les hommes, et les desseins dont ils sont capables. Avec tant de prudence, il étoit gai, complaisant; et la jeunesse la plus enjouée n'a point autant de grâce qu'en avoit cet homme dans une vieillesse si avancée : aussi aimoit-il les jeunes gens lorsqu'ils étoient dociles, et qu'ils avoient le goût de la vertu.

ANALYSE.

Il m'aborde avec amitié: nous nous entretenons. Cette phrase renferme deux propositions : l'une principale absolue, et l'autre principale relative.

Il m'aborde avec amitié : voilà la proposition principale absolue. Le sujet est *il*, qui rappelle l'idée du *vieillard Termosiris*. Ce sujet est simple, parce qu'il offre à l'esprit un être déterminé par une idée unique; il est incomplexe, parce qu'il n'est accompagné d'aucun modificatif. L'attribut est *abordant*. Il est simple, parce qu'il n'exprime qu'une manière d'être du sujet; il est complexe, parce qu'il a pour complément direct, *me* (pour *moi*), et pour complément circonstanciel, *avec amitié.*

Nous nous entretenons ; cette proposition est principale relative. Le sujet est *nous*. Il est composé, parce qu'il comprend l'idée de deux êtres différents, savoir, de *Télémaque* et de *Termosiris* ; il est incomplexe, parce qu'il n'a aucun modificatif. L'attribut est *entretenant.* Cet attribut est simple, parce qu'il n'exprime qu'une manière d'être du sujet ; et il est complexe, parce qu'il a pour complément objectif, *nous* (Gramm., p. 33).

Il racontoit si bien les choses passées qu'on croyoit les voir ; mais il les racontoit courtement, et jamais ses histoires ne m'ont lassé.

Cette phrase comprend quatre propositions : une principale absolue, une incidente déterminative, et deux principales relatives.

Il racontoit si bien les choses passées : voilà une proposition principale absolue. Le sujet est *il*, pour *Termosiris.* Il est simple, parce qu'il présente à l'esprit un être déterminé par une idée unique ; il est incomplexe, parce qu'il n'est accompagné d'aucun modificatif. L'attribut est *racontant.* Cet attribut est simple, parce qu'il n'énonce qu'une manière d'être du sujet. Il est complexe, parce qu'il a pour complément objectif, *les choses passées,* et pour complément circonstanciel, *si bien que,* etc.

Qu'on croyoit les voir ; cette proposition est incidente déterminative. Le sujet est *on.* Il est simple, parce qu'il exprime une idée unique ; et incomplexe, parce qu'il n'a point de modificatif. L'attribut est *croyant*. Il est simple, parce qu'il n'indique qu'une manière d'être du sujet ; il est complexe, parce qu'il a pour complément objectif, *voir elles* (*les choses passées*).

Mais il les racontoit courtement : voilà une proposition principale relative. Le sujet est *il*, qui rappelle l'idée du *vieillard Termosiris*. Ce sujet est simple, parce qu'il offre à l'esprit un être déterminé par une idée unique ; il est incomplexe, parce qu'aucun modificatif n'y est joint. L'attribut est *racontant*. Il est simple, parce qu'il n'exprime qu'une manière d'être du sujet ; et il est complexe, parce qu'il a pour complément objectif, le pronom *les* (pour *choses*), et pour complément circonstanciel, l'adverbe de manière *courtement*.

Et jamais ses histoires ne m'ont lassé ; cette proposition est encore principale relative. Le sujet est *histoires*. Il est simple, parce qu'il énonce une idée unique ; il est complexe, parce qu'il est modifié par l'adjectif possessif *ses*. L'attribut est *lassant*. Cet attribut est simple, parce qu'il n'indique qu'une manière d'être du sujet ; il est complexe, parce qu'il a pour complément objectif, *me* (pour *moi*), et pour complément circonstanciel, l'adverbe de temps *jamais*.

Il prévoyoit l'avenir par la profonde sagesse qui lui faisoit connoître les hommes, et les desseins dont ils sont capables.

Cette phrase renferme trois propositions : une principale, et deux incidentes déterminatives.

Il prévoyoit l'avenir par la profonde sagesse : voilà une proposition principale. Le sujet est *il*, qui rappelle l'idée du *vieillard Termosiris*. Il est *simple*, parce qu'il présente à l'esprit un être déterminé par une idée unique; il est incomplexe, parce qu'il n'a point de modificatif. L'attribut est *prévoyant*. Cet attribut est simple, parce qu'il n'exprime qu'une manière d'être du sujet; et il est complexe, parce qu'il a pour complément direct, *l'avenir*, et pour complément circonstanciel, *par la profonde sagesse*.

Qui lui faisoit connoître les hommes, et les desseins; c'est une proposition incidente déterminative. Le sujet est *qui* (pour *sagesse*). Il est simple, parce qu'il présente à l'esprit une idée unique; il est incomplexe, parce qu'il n'a point de modificatif. L'attribut est *faisant connoître* (35). Cet attribut est simple, parce qu'il n'exprime qu'une manière d'être du sujet; il est complexe, parce qu'il a pour complément objectif *les hommes et les desseins* (Gramm. p. 168).

Dont ils sont capables; cette proposition est incidente déterminative. Le sujet est *ils*, qui rappelle l'idée d'*hommes*. Il est simple, parce qu'il exprime une idée unique; et incomplexe, parce qu'il n'a aucun modificatif. L'attribut est *capables*. Cet attribut est simple, parce qu'il n'indique qu'une manière d'être du sujet, et il est complexe, parce qu'il a pour déterminatif, *dont*, pour *de lesquels* (desseins).

Avec tant de prudence, il étoit gai, complaisant; et la jeunesse la plus enjouée n'a point autant de grâce qu'en avoit cet homme dans une vieillesse si avancée : aussi aimoit-il les jeunes gens lorsqu'ils étoient dociles, et qu'ils avoient le goût de la vertu.

Cette phrase renferme six propositions : une principale absolue, deux principales relatives, et trois incidentes déterminatives.

Avec tant de prudence, il étoit gai, complaisant; c'est la proposition principale absolue. Le sujet est *il*, qui rappelle l'idée du *vieillard Termosiris*. Ce sujet est simple, parce qu'il offre à l'esprit un être déterminé par une idée unique ; il est incomplexe, parce qu'il n'est accompagné d'aucun modificatif. L'attribut est *gai, complaisant*. Cet attribut est composé, parce qu'il énonce deux manières d'être du sujet ; et il est complexe, parce qu'il a pour complément circonstanciel, *avec tant de prudence* (28).

Et la jeunesse la plus enjouée n'a point autant de grâce : voilà une proposition principale relative. Le sujet est *jeunesse*. Ce sujet est simple, parce qu'il exprime une idée unique ; il est complexe, parce qu'il a pour modificatif, *la plus enjouée*. L'attribut est *ayant*. Il est simple, parce qu'il n'indique qu'une manière d'être du sujet ; et complexe, parce qu'il a pour complément objectif, *autant de grâce*.

Qu'en avoit cet homme dans une vieillesse si avancée; cette proposition est incidente déterminative. Le sujet est *homme*. Ce sujet est simple, parce qu'il présente à l'esprit un être déterminé par une idée unique; il est complexe, parce qu'il est modifié par l'adjectif démonstratif *cet*. L'attribut est *ayant*. Il est simple, parce qu'il n'exprime qu'une manière d'être du sujet; il est complexe, parce qu'il a pour complément terminatif, le pronom relatif *en*, et pour complément circonstanciel, *dans une vieillesse si avancée*.

Aussi aimoit-il les jeunes gens; c'est une proposition principale relative. Le sujet est *il*, qui rappelle l'idée de *Termosiris*. Il est simple, parce qu'il offre à l'esprit un être déterminé par une idée unique; il est incomplexe, parce qu'il n'est accompagné d'aucun modificatif. L'attribut est *aimant*. Cet attribut est simple, parce qu'il n'exprime qu'une manière d'être du sujet; il est complexe, parce qu'il a pour complément direct, *les jeunes gens*, et qu'il est déterminé par les propositions suivantes, etc.

Lorsqu'ils étoient dociles; c'est une proposition incidente déterminative. Le sujet est *ils* (pour *les jeunes gens*). Il est simple, parce qu'il offre une idée unique; et incomplexe, parce qu'il n'a point de modificatif. L'attribut est *dociles*. Cet attribut est simple, parce qu'il n'énonce qu'une manière d'être du sujet; et il est incomplexe, parce qu'aucun modificatif ne s'y trouve joint.

Et qu'ils avoient le goût de la vertu; c'est une autre proposition incidente déterminative. Le sujet est *ils*, qui rappelle l'idée de *jeunes gens*. Il est simple, parce qu'il présente une idée unique; il est incomplexe, parce qu'il n'a point de modificatif. L'attribut est *ayant*. Cet attribut est simple, parce qu'il n'exprime qu'une manière d'être du sujet; et il est complexe, parce qu'il a pour complément objectif, *le goût de la vertu.*

TROISIÈME EXERCICE.

Bientôt il m'aima tendrement, et me donna des livres pour me consoler : il m'appeloit, mon fils. Je lui disois souvent : Mon père, les dieux, qui m'ont ôté Mentor, ont eu pitié de moi ; ils m'ont donné en vous un autre soutien. Cet homme, semblable à Orphée ou à Linus, étoit sans doute inspiré des dieux : il me récitoit les vers qu'il avoit faits, et me donnoit ceux de plusieurs excellents poëtes favorisés des Muses.

ANALYSE.

Bientôt il m'aima tendrement, et me donna des livres pour me consoler : il m'appeloit, mon fils.

Cette phrase contient trois propositions : une principale absolue ; et deux principales relatives.

Bientôt il m'aima tendrement ; cette proposition est principale absolue. Son sujet est *il*, qui rappelle l'idée du *vieillard Termosiris*. Ce sujet est simple, parce qu'il énonce un être déterminé par une idée unique ; il est incomplexe, parce qu'il n'est accompagné d'aucun modificatif. L'attribut est *aimant*. Il est simple, parce qu'il n'indique qu'une manière d'être du sujet ; et il est complexe, parce qu'il a pour complément objectif, *me* (pour *moi*), et pour compléments circonstanciels, l'adverbe de temps *bientôt*, et l'adverbe de manière *tendrement*.

Et (il) me donna des livres pour me consoler; cette proposition est principale relative. Le sujet est *il*, censé répété, et rappelant l'idée de *Termosiris*. Ce sujet est simple, parce qu'il exprime un être déterminé par une idée unique; et il est incomplexe, parce qu'il n'a point de modificatif. L'attribut est *donnant*. Il est simple, parce qu'il n'énonce qu'une manière d'être du sujet; il est complexe, parce qu'il a pour complément direct, *des livres;* pour complément indirect, *me* (pour *à moi*), et pour complément terminatif (marquant le but, la tendance), les mots, *pour me consoler*.

Il m'appeloit, mon fils; cette proposition est encore principale relative. Le sujet est *il*, qui tient la place de *Termosiris*. Il est simple, parce qu'il offre à l'esprit un être déterminé par une idée unique; il est incomplexe, parce qu'il n'est accompagné d'aucun modificatif. L'attribut est *appelant*. Cet attribut est simple, parce qu'il n'exprime qu'une manière d'être du sujet; et il est complexe, parce qu'il a pour complément objectif, *me*, (pour *moi*), et pour complément terminatif, *mon fils* (de ce nom, *mon fils*).

Je lui disois souvent : Mon père, les dieux, qui m'ont ôté Mentor, ont eu pitié de moi; ils m'ont donné en vous un autre soutien.

Cette phrase renferme quatre propositions : une principale absolue, deux principales relatives, et une incidente explicative.

Je lui disois souvent : voilà une proposition principale. Le sujet est *je*, qui rappelle l'idée de *Télémaque*. Ce sujet est simple, parce qu'il exprime un être déterminé par une idée unique ; il est incomplexe, parce qu'il n'a point de modificatif. L'attribut est *disant*. Cet attribut est simple, parce qu'il n'exprime qu'une manière d'être du sujet ; il est complexe, parce qu'il a pour complément indirect, *lui* (pour *à lui*) ; et pour complément circonstanciel, l'adverbe *souvent*.

Les dieux ont eu pitié de moi ; cette proposition est principale relative. Le sujet est *dieux*. Il est simple, parce qu'il exprime une idée unique ; il est complexe, parce qu'il est modifié par ces mots, *qui m'ont ôté Mentor*. L'attribut est *ayant pitié* (Gramm. p. 118). Cet attribut est simple, parce qu'il n'exprime qu'une manière d'être du sujet ; il est complexe, parce qu'il a pour complément terminatif, *de moi* (27).

Qui m'ont ôté Mentor, c'est une proposition incidente explicative. Le sujet est *qui* (pour *dieux*). Ce sujet est simple, parce qu'il exprime une idée unique ; il est incomplexe, parce qu'il n'a point de modificatif. L'attribut est *ôtant*. Cet attribut est *simple*, parce qu'il n'indique qu'une manière d'être du sujet ; et il est complexe, parce qu'il a pour complément direct, *Mentor*, et pour complément indirect, *me* (pour *à moi*).

Ils m'ont donné en vous un autre soutien ; cette proposition est principale relative. Le sujet est ils

(pour *les dieux*). Ce sujet est simple, parce qu'il exprime une idée unique ; il est incomplexe, parce qu'il n'a point de modificatif. L'attribut est *donnant*. Il est simple, parce qu'il n'énonce qu'une manière d'être du sujet ; et il est complexe, parce qu'il a pour complément direct, *un autre soutien*; pour complément indirect, *me* (pour *à moi*), et pour complément terminatif, *en vous*.

Cet homme, semblable à Orphée ou à Linus, étoit sans doute inspiré des dieux : il me récitoit les vers qu'il avoit faits, et me donnoit ceux de plusieurs excellents poëtes favorisés des Muses.

Cette phrase renferme quatre propositions : une principale absolue, deux principales relatives, et une incidente déterminative.

Cet homme, semblable à Orphée ou à Linus, étoit sans doute inspiré des dieux : voilà une proposition principale absolue. Le sujet est *homme*. Ce sujet est simple, parce qu'il exprime un être déterminé par une idée unique ; il est complexe, parce qu'il est modifié par l'adjectif démonstratif *cet*, et par ces mots, *semblable à Orphée ou à Linus*. L'attribut est *inspiré*. Il est simple, parce qu'il n'indique qu'une manière d'être du sujet ; il est complexe, parce qu'il a pour complément terminatif, *des dieux*, et pour complément circonstanciel, *sans doute*.

Il me récitoit les vers ; cette proposition est principale relative. Le sujet est *il*, qui rappelle l'idée de *cet homme* (*Termosiris*). Il est simple, parce qu'il indique un être déterminé par une idée unique ; il est incomplexe, parce qu'aucun modificatif ne s'y trouve joint. L'attribut est *récitant.* Il est simple, parce qu'il n'énonce qu'une manière d'être du sujet; il est complexe, parce qu'il a pour complément direct, *les vers qu'il,* etc., et pour complément indirect, *me* (pour *à moi*).

Qu'il avoit faits; cette proposition est incidente déterminative. Le sujet est *il* (pour *Termosiris*). Il est simple, parce qu'il indique un être déterminé par une idée unique; il est incomplexe, parce qu'il n'a aucun modificatif. L'attribut est *faisant* (36 et 37). Il est simple, parce qu'il n'exprime qu'une manière d'être du sujet; il est complexe, parce qu'il a pour complément objectif, *que* (pour *lesquels vers*).

Et (il) *me donnoit ceux de plusieurs excellents poëtes favorisés des Muses.* Cette proposition est principale relative. Le sujet est *il*, censé répété, et rappelant l'idée de *Termosiris*. Ce sujet est simple, parce qu'il exprime un être déterminé par une idée unique; il est incomplexe, parce qu'il n'est accompagné d'aucun modificatif. L'attribut est *donnant.* Cet attribut est simple, parce qu'il n'exprime qu'une manière d'être du sujet; et il est complexe, parce qu'il a pour complément direct, *ceux* (les vers) *de plusieurs excellents poëtes favorisés des Muses*, et pour complément indirect, *me* (pour *à moi*).

QUATRIÈME EXERCICE.

Lorsqu'il étoit revêtu de sa longue robe d'une éclatante blancheur, et qu'il prenoit en main sa lyre d'ivoire, les tigres, les ours, les lions, venoient le flatter et lécher ses pieds; les Satyres sortoient des forêts pour danser autour de lui ; les arbres mêmes paroissoient émus ; et vous auriez cru que les rochers attendris alloient descendre du haut des montagnes, aux charmes de ses doux accents. Il ne chantoit que la grandeur des dieux, la vertu des héros, et la sagesse des hommes qui préfèrent la gloire au plaisir.

ANALYSE.

Lorsqu'il étoit revêtu de sa longue robe d'une éclatante blancheur, et qu'il prenoit en main sa lyre d'ivoire, les tigres, les ours, les lions, venoient le flatter et lécher ses pieds; les Satyres sortoient des forêts pour danser autour de lui ; les arbres mêmes paroissoient émus; et vous auriez cru que les rochers attendris alloient descendre du haut des montagnes, aux charmes de ses doux accents.

Cette phrase comprend sept propositions : une principale absolue, trois principales relatives, et trois incidentes déterminatives.

Les tigres, les ours, les lions, venoient le flatter et lécher ses pieds; cette proposition est principale absolue. Le sujet est *tigres, ours, lions*. Ce sujet est composé, parce qu'il comprend plusieurs idées auxquelles peut convenir séparément le même attribut (11); il est incomplexe, parce qu'il n'a point de modificatif. L'attribut est *venant*. Il est simple, parce qu'il n'exprime qu'une manière d'être du sujet ; il est complexe, parce qu'il a pour complément terminatif, *le flatter et lécher ses pieds*, et pour complément circonstanciel, *lorsqu'il étoit revêtu*, etc.

Lorsqu'il étoit revêtu de sa longue robe d'une éclatante blancheur; c'est une proposition incidente déterminative. Le sujet est *il*, qui rappelle l'idée de *Termosiris*. Il est simple, parce qu'il indique un être déterminé par une idée unique ; il est incomplexe, parce qu'aucun modificatif n'y est joint. L'attribut est *revêtu*. Il est simple, parce qu'il n'énonce qu'une manière d'être du sujet ; il est complexe, parce qu'il a pour complément terminatif, *de sa longue robe d'une éclatante blancheur*.

Et qu'il prenoit en main sa lyre d'ivoire ; cette proposition est incidente déterminative. Le sujet est *il*, qui rappelle l'idée de *Termosiris*. Ce sujet est simple, parce qu'il exprime un sujet déterminé par une idée unique; il est incomplexe, parce qu'il n'a point de modificatif. L'attribut est *prenant*. Il est simple, parce qu'il n'indique qu'une manière d'être du sujet ; et il est complexe, parce qu'il a pour complément objectif, *sa lyre d'ivoire*, et pour complément terminatif, *en main*.

Les Satyres sortoient des forêts pour danser autour de lui ; cette proposition est principale relative. Le sujet est *Satyres*. Ce sujet est simple, parce qu'il énonce une idée unique; et il est incomplexe, parce qu'il n'est accompagné d'aucun modificatif. L'attribut est *sortant*. Il est simple, parce qu'il n'exprime qu'une manière d'être du sujet ; il est complexe, parce qu'il a pour complémens terminatifs, *des forêts*, et, *pour danser autour de lui.*

Les arbres mêmes paroissoient émus : voilà une proposition principale relative. Le sujet est *arbres.* Ce sujet est simple, parce qu'il énonce une idée unique ; il est complexe, parce qu'il est modifié par l'adjectif *mêmes.* L'attribut est *paroissant émus* (34). Cet attribut est simple, parce qu'il ne présente qu'une manière d'être du sujet ; et il est incomplexe, parce qu'il n'est accompagné d'aucun modificatif.

Et vous auriez cru, etc.; cette proposition est principale relative. Le sujet est *vous.* Il est simple, parce qu'il offre à l'esprit une idée unique ; il est incomplexe, parce qu'il n'a point de modificatif. L'attribut est *croyant.* Cet attribut est simple, parce qu'il n'indique qu'une manière d'être du sujet ; et il est complexe, parce qu'il est suivi de la proposition déterminative, *que les rochers attendris alloient,* etc.

Que les rochers attendris alloient descendre du haut des montagnes, aux charmes de ses doux accens; cette proposition est incidente déterminative. Le sujet est *rochers.* Ce sujet est simple, parce qu'il énonce une idée unique ; il est complexe, parce qu'il est modifié par le participe adjectif *attendris.* L'attribut est *allant.* Il est simple, parce qu'il n'exprime qu'une manière d'être du sujet ; et il est complexe, parce qu'il a pour complémens terminatifs, *descendre du haut des montagnes, aux charmes de ses doux accens.*

Il ne chantoit que la grandeur des dieux, la vertu

des héros, et la sagesse des hommes qui préfèrent la gloire au plaisir.

Cette phrase comprend deux propositions : une principale, et une incidente déterminative.

Il ne chantoit que la gloire des dieux, la vertu des héros, et la sagesse des hommes; c'est une proposition principale. Le sujet est *il*, qui rappelle l'idée du *vieillard Termosiris*. Ce sujet est simple, parce qu'il désigne un être déterminé par une idée unique ; il est incomplexe, parce qu'il n'a point de modificatif. L'attribut est *chantant*. Il est simple, parce qu'il n'exprime qu'une manière d'être du sujet ; il est complexe, parce qu'il a pour complément objectif, *la gloire des dieux, la vertu des héros, et la sagesse des hommes qui,* etc.

Qui préfèrent la gloire au plaisir : voilà une proposition incidente déterminative. Le sujet est *qui* (pour *hommes*). Ce sujet est simple, parce qu'il exprime une idée unique ; il est incomplexe, parce qu'il n'a aucun modificatif. L'attribut est *préférant*. Il est simple, parce qu'il n'exprime qu'une manière d'être du sujet ; et il est complexe, parce qu'il a pour complément direct, *la gloire*, et pour complément indirect, *au plaisir*.

CINQUIÈME EXERCICE.

Il me disoit souvent que je devois prendre courage, et que les dieux n'abandonneroient ni Ulysse ni son fils. Enfin, il m'assura que je devois, à l'exemple d'Apollon, enseigner aux bergers à cultiver les Muses. Apollon, disoit-il, indigné de ce que Jupiter par ses foudres troubloit le ciel dans les plus beaux jours, voulut s'en venger sur les Cyclopes qui forgeoient les foudres, et les perça de ses flèches. Aussitôt le mont Etna cessa de vomir des tourbillons de flammes; on n'entendit plus les coups des terribles marteaux qui, frappant l'enclume, faisoient gémir les profondes cavernes de la terre, et les abymes de la mer. Le fer et l'airain, n'étant plus polis par les Cyclopes, commençoient à se rouiller.

ANALYSE.

Il me disoit souvent que je devois prendre courage, et que les dieux n'abandonneroient ni Ulysse ni son fils.

Cette phrase comprend trois propositions : une principale, et deux incidentes déterminatives.

Il me disoit souvent : voilà la proposition principale. Le sujet est *il*, qui rappelle l'idée de *Termosiris*. Il est simple, parce qu'il exprime un être déterminé par une idée unique; il est incomplexe, parce qu'il n'a point de modificatif. L'attribut est *disant*. Il est simple, parce qu'il n'exprime qu'une manière d'être du sujet; il est complexe, parce qu'il est suivi de la proposition déterminative, *que je devois*, etc., et qu'il a pour complément circonstanciel, l'adverbe de temps *souvent*, et pour complément indirect, *me* (pour *à moi*).

Que je devois prendre courage ; cette proposition est incidente déterminative. Le sujet est *je*, pour *Télémaque*. Il est simple, parce qu'il exprime un être déterminé par une idée unique; il est incomplexe, parce qu'il n'a point de modificatif. L'attribut est *devant*. Cet attribut est simple, parce qu'il n'exprime qu'une manière d'être du sujet; il est complexe, parce qu'il a pour complément objectif, *prendre courage*.

Et que les dieux n'abandonneroient ni Ulysse ni son fils; c'est encore une proposition incidente déterminative. Le sujet est *dieux*. Il est simple, parce qu'il énonce une idée unique; il est incomplexe, parce qu'il n'est accompagné d'aucun modificatif. L'attribut est *abandonnant*. Cet attribut est simple, parce qu'il n'exprime qu'une manière d'être du sujet; et il est complexe, parce qu'il a pour complément objectif, *Ulysse et son fils*.

Enfin, il m'assura que je devois, à l'exemple d'Apollon, enseigner aux bergers à cultiver les muses.

Cette phrase renferme deux propositions : l'une principale, et l'autre incidente déterminative.

Enfin, il m'assura : voilà la proposition principale. Le sujet est *il*, qui rappelle l'idée de *Termosiris*. Il est simple, parce qu'il indique un être déterminé par une idée unique; il est incomplexe, parce qu'il n'a point de modificatif. L'attribut est *assurant*. Cet attribut est simple, parce qu'il n'énonce qu'une manière d'être du sujet; il est complexe, parce qu'il est suivi de la proposition déterminative, *que je devois*, etc.

C

Que je devois, à l'exemple d'Apollon, enseigner aux bergers à cultiver les muses; cette proposition est incidente déterminative. Le sujet est *je* (pour *Télémaque*). Il est simple, parce qu'il indique un être déterminé par une idée unique; il est incomplexe, parce qu'il n'est accompagné d'aucun modificatif. L'attribut est *devant*. Cet attribut est simple, parce qu'il n'exprime qu'une manière d'être du sujet; et il est complexe, parce qu'il a pour complément objectif, *enseigner aux bergers à cultiver les muses*, et pour complément circonstanciel, *à l'exemple d'Apollon*.

Apollon, disoit-il, indigné de ce que Jupiter par ses foudres troubloit le ciel dans les plus beaux jours, voulut s'en venger sur les Cyclopes qui forgeoient les foudres, et les perça de ses flèches.

Cette phrase est composée de cinq propositions: une principale absolue, une principale relative, deux incidentes déterminatives, et une incidente explicative.

Apollon, indigné, etc., *voulut s'en venger sur les Cyclopes...* Cette proposition est principale absolue. Le sujet est *Apollon*. Il est simple, parce qu'il énonce un être déterminé par une idée unique; il est complexe, parce qu'il a pour modificatif, *indigné de ce que*, etc. L'attribut est *voulant*. Cet attribut est simple, parce qu'il n'indique qu'une seule manière d'être du sujet; il est complexe, parce qu'il a pour complément objectif, *s'en venger sur les Cyclopes*.

Jupiter par ses foudres troubloit le ciel dans les plus beaux jours; cette proposition est incidente déterminative. Le sujet est *Jupiter*. Il est simple, parce qu'il indique un être déterminé par une idée unique; il est incomplexe, parce qu'il n'a point de modificatif. L'attribut est *troublant*. Cet attribut est simple, parce qu'il n'exprime qu'une manière d'être du sujet; il est complexe, parce qu'il a pour complément objectif, *le ciel*; pour complément terminatif, *par ses foudres*, et pour complément circonstanciel, *dans les plus beaux jours*.

Qui forgeoient les foudres; c'est une proposition incidente déterminative. Le sujet est *qui* (pour *les Cyclopes*). Il est simple, parce qu'il exprime une idée unique; il est incomplexe, parce qu'il n'a point de modificatif. L'attribut est *forgeant*. Il est simple, parce qu'il n'énonce qu'une manière d'être du sujet; il est complexe, parce qu'il a pour complément objectif, *les foudres*.

Disoit-il; cette proposition est incidente explicative. Le sujet est *il*, qui rappelle l'idée de *Termosiris*. Il est simple, parce qu'il exprime un être déterminé par une idée unique; il est incomplexe, parce qu'il n'a point de modificatif. L'attribut est *disant*. Il est simple, parce qu'il n'indique qu'une manière d'être du sujet; et il est incomplexe, parce qu'il n'est accompagné d'aucun modificatif.

Et (il) *les perça de ses flèches;* c'est une proposition principale relative. Le sujet est *il* (pour *Apollon*). Il est simple, parce qu'il énonce un être déterminé par une idée unique; il est incomplexe, parce qu'il n'a point de modificatif. L'attribut est *perçant*. Il est simple, parce qu'il n'exprime qu'une manière d'être du sujet; il est complexe, parce qu'il a pour complément objectif, *les* (pour *Cyclopes*); et pour complément terminatif, *de ses flèches*.

Aussitôt le mont Etna cessa de vomir des tourbillons de flammes ; on n'entendit plus les coups des terribles marteaux qui, frappant l'enclume, faisoient gémir les profondes cavernes de la terre et les abymes de la mer : le fer et l'airain, n'étant plus polis par les Cyclopes, commençoient à se rouiller.

Cette phrase renferme quatre propositions : une principale absolue, deux principales relatives, et une incidente déterminative.

Aussitôt le mont Etna cessa de vomir des tourbillons de flammes : voilà une proposition principale absolue. Le sujet est *mont*. Ce sujet est simple, parce qu'il énonce une idée unique; il est complexe, parce qu'il a pour déterminatif, le nom propre *Etna*. L'attribut est *cessant*. Il est simple, parce qu'il n'exprime qu'une manière d'être du sujet; il est complexe, parce qu'il a pour complément terminatif, *de vomir des tourbillons de flammes*, et pour complément circonstanciel, *aussitôt*.

On n'entendit plus les coups des terribles marteaux ; cette proposition est principale relative. Le sujet est *on*. Il est simple, parce qu'il exprime une idée unique ; il est incomplexe, parce qu'il n'a point de modificatif. L'attribut est *entendant*. Cet attribut est simple, parce qu'il n'indique qu'une manière d'être du sujet; il est complexe, parce qu'il a pour complément objectif, *les coups des terribles marteaux*, et pour complément circonstanciel, l'adverbe *ne plus*, qui marque ici cessation d'action.

Qui, frappant l'enclume, faisoient gémir les profondes cavernes de la terre et les abymes de la mer; c'est une proposition incidente déterminative. Le sujet est *qui* (pour *marteaux*). Ce sujet est simple, parce qu'il exprime une idée unique; il est complexe, parce qu'il est modifié par ces mots, *frappant l'enclume*. L'attribut est *faisant gémir* (35, et Gramm. p. 168). Il est simple, parce qu'il ne présente qu'une manière d'être du sujet; il est complexe, parce qu'il a pour complément objectif, *les profondes cavernes de la terre et les abymes de la mer*.

Le fer et l'airain, n'étant plus polis par les Cyclopes, commençoient à se rouiller : voilà une proposition principale relative. Le sujet est *fer* et *airain*. Ce sujet est composé, parce qu'il comprend plusieurs idées auxquelles peut convenir séparément le même attribut; il est complexe, parce qu'il est modifié par ces mots, *n'étant plus polis par les Cyclopes*. L'attribut est *commençant*. Il est simple, parce qu'il n'indique qu'une manière d'être du sujet; il est complexe, parce qu'il a pour complément terminatif, *à se rouiller*.

SIXIÈME EXERCICE.

Vulcain, furieux, sort de sa fournaise : quoique boiteux, il monte en diligence vers l'Olympe; il arrive, suant et couvert de poussière, dans l'assemblée des dieux; il fait des plaintes amères. Jupiter s'irrite contre Apollon, le chasse du ciel, et le précipite sur la terre. Son char vide faisoit de lui-même son cours ordinaire, pour donner aux hommes les jours et les nuits avec le changement régulier des saisons.

Apollon, dépouillé de touts ses rayons, fut contraint de se faire berger, et de garder les troupeaux du roi Admète. Il jouoit de la flûte, et touts les autres bergers venoient à l'ombre des ormeaux sur le bord d'une claire fontaine écouter ses chansons. Jusque-là, ils avoient mené une vie sauvage et brutale; ils ne savoient que conduire leurs brebis, les tondre, traire leur lait, et faire des fromages : toute la campagne étoit comme un désert affreux.

ANALYSE.

Vulcain, furieux, sort de sa fournaise : quoique boiteux, il monte en diligence vers l'Olympe ; il arrive, suant et couvert de poussière, dans l'assemblée des dieux ; il fait des plaintes amères.

Cette phrase renferme quatre propositions : une principale absolue, et trois principales relatives.

Vulcain, furieux, sort de sa fournaise : voilà une proposition principale absolue. Le sujet est *Vulcain*. Il est simple, parce qu'il exprime un être déterminé par une idée unique ; il est complexe, parce qu'il est modifié par l'adjectif *furieux*. L'attribut est *sortant*. Cet attribut est simple, parce qu'il n'indique qu'une manière d'être du sujet ; il est complexe, parce qu'il a pour complément terminatif, *de sa fournaise*.

Quoique boiteux, il monte en diligence vers

l'Olympe; cette proposition est principale relative. Le sujet est *il* (pour *Vulcain*). Il est simple, parce qu'il indique un être déterminé par une idée unique; il est complexe, parce qu'il a pour modificatif, *quoique boiteux.* L'attribut est *montant.* Cet attribut est simple, parce qu'il n'exprime qu'une manière d'être du sujet; il est complexe, parce qu'il a pour complément terminatif, *vers l'Olympe*, et pour complément circonstanciel, *en diligence.*

Il arrive, suant et couvert de poussière, dans l'assemblée des dieux ; c'est une proposition principale relative. Le sujet est *il* (pour *Vulcain.*) Ce sujet est simple, parce qu'il exprime un être déterminé par une idée unique; il est incomplexe, parce qu'il n'est accompagné d'aucun modificatif. L'attribut est *arrivant.* Il est simple, parce qu'il n'énonce qu'une manière d'être du sujet; et il est complexe, parce qu'il a pour complément terminatif, *dans l'assemblée des dieux* (27 *), et pour complément circonstanciel, (dans cet état, lui) *suant et couvert de poussière.*

Il fait des plaintes amères, voilà encore une proposition principale relative. Le sujet est *il*, qui rappelle l'idée de *Vulcain.* Il est simple, parce qu'il exprime un être déterminé par une idée unique; il est incomplexe, parce qu'il n'a point de modificatif. L'attribut est *faisant.* Cet attribut est simple, parce

---

(*) Ces chiffres indiquent ceux du *Traité de la Proposition* où nous avons donné l'analyse de la difficulté qui se présente à résoudre.

qu'il n'indique qu'une manière d'être du sujet; il est complexe, parce qu'il a pour complément objectif, *des plaintes amères*.

Jupiter s'irrite contre Apollon, le chasse du ciel, et le précipite sur la terre.

Cette phrase renferme trois propositions : une principale absolue, et deux principales relatives.

Jupiter s'irrite contre Apollon; c'est une proposition principale absolue. Le sujet est *Jupiter*. Il est simple, parce qu'il indique un être déterminé par une idée unique; il est incomplexe, parce qu'il n'a aucun modificatif. L'attribut est *irrité* (Le verbe est ici pronominal, Gramm. p. 33 et 160). Cet attribut est simple, parce qu'il n'exprime qu'une manière d'être du sujet; il est complexe, parce qu'il a pour complément terminatif, *contre Apollon*.

(Il) *le chasse du ciel*; cette proposition est principale relative. Le sujet est *il*, censé mis pour rappeler l'idée de *Jupiter*. Ce sujet est simple, parce qu'il énonce un être déterminé par une idée unique; il est incomplexe, parce qu'il n'a point de modificatif. L'attribut est *chassant*. Il est simple, parce qu'il n'indique qu'une manière d'être du sujet; il est complexe, parce qu'il a pour complément objectif, le pronom relatif *le*, qui tient la place d'*Apollon*, et pour complément terminatif, *du ciel*.

Et (il) *le précipite sur la terre*; c'est encore une proposition principale relative. Le sujet est *il*, censé répété pour tenir la place de *Jupiter*. Il est simple, parce qu'il exprime un être déterminé par une idée unique; il est incomplexe, parce qu'il n'a point de modificatif. L'attribut est *précipitant*. Cet attribut est simple, parce qu'il n'énonce qu'une manière d'être du sujet; il est complexe, parce qu'il a pour complément objectif, *le*, qui rappelle l'idée d'*Apollon*, et pour complément terminatif, *sur la terre*.

Son char vide faisoit de lui-même son cours ordinaire, pour donner aux hommes les jours et les nuits avec le changement régulier des saisons ; cette phrase ne renferme qu'une proposition, qui est principale absolue. Le sujet est *char*. Il est simple, parce qu'il exprime une idée unique; il est complexe, parce qu'il est modifié par les adjectifs *son* et *vide*. L'attribut est *faisant*. Cet attribut est simple, parce qu'il n'indique qu'une manière d'être du sujet; il est complexe, parce qu'il a pour complément objectif, *son cours ordinaire ;* pour complément circonstanciel, *de lui-même*, et pour complément terminatif, *pour donner aux hommes les jours et les nuits avec le changement régulier des saisons*.

Apollon, dépouillé de touts ses rayons, fut contraint de se faire berger, et de garder les troupeaux du roi Admète.

Cette phrase n'offre qu'une proposition, qui est principale absolue. Le sujet est *Apollon*. Il est simple, parce qu'il indique un être déterminé par une idée unique; il est complexe, parce qu'il a pour modificatif, *dépouillé de touts ses rayons*. L'attribut est *contraint*. Il est simple, parce qu'il n'énonce qu'une manière d'être du sujet; il est complexe, parce qu'il a pour complément terminatif, *de se faire berger, et de garder les troupeaux du roi Admète.*

*Il jouoit de la flûte, et touts les autres bergers ve-
noient à l'ombre des ormeaux sur le bord d'une claire
fontaine écouter ses chansons.*

Cette phrase renferme deux propositions : l'une principale absolue, et l'autre principale relative.

Il jouoit de la flûte; c'est la proposition principale absolue. Son sujet est *il*, qui tient la place d'*Apollon*. Il est simple, parce qu'il indique un être déterminé par une idée unique; il est incomplexe, parce qu'il n'est accompagné d'aucun modificatif. L'attribut est *jouant*. Cet attribut est simple, parce qu'il n'exprime qu'une manière d'être du sujet; il est complexe, parce qu'il a pour complément terminatif, *de la flûte*.

Et touts les autres bergers venoient à l'ombre des ormeaux sur le bord d'une claire fontaine écouter ses chansons; cette proposition est principale relative. Le sujet est *bergers*. Il est simple, parce qu'il exprime une idée unique; il est complexe, parce qu'il est modifié par les adjectifs *touts* et *autres*. L'attribut est *venant*. Cet attribut est simple, parce qu'il n'indique qu'une manière d'être du sujet; il est complexe, parce qu'il a pour complément terminatif, *écouter ses chansons*, et pour complément circonstanciel, *à l'ombre des ormeaux sur le bord d'une claire fontaine*.

Jusque-là ils avoient mené une vie sauvage et brutale; ils ne savoient que conduire leurs brebis, les tondre, traire leur lait, et faire des fromages : toute la campagne étoit comme un désert affreux.

Cette phrase contient trois propositions : une principale absolue, et deux principales relatives.

Jusque-là ils avoient mené une vie sauvage et brutale ; c'est la proposition principale absolue. Le sujet est *ils*, qui rappelle l'idée de *bergers*. Ce sujet est simple, parce qu'il exprime une idée unique ; il est incomplexe, parce qu'il n'a point de modificatif. L'attribut est *menant* (36, 37 et 38). Cet attribut est simple, parce qu'il n'énonce qu'une manière d'être du sujet ; il est complexe, parce qu'il a pour complément objectif, *une vie sauvage et brutale*, et pour complément circonstanciel, *jusque-là*.

Ils ne savoient que conduire leurs brebis, les tondre, traire leur lait, et faire des fromages ; cette proposition est principale relative. Le sujet est *ils*, qui rappelle l'idée de *bergers*. Il est simple, parce qu'il exprime une idée unique ; il est incomplexe, parce qu'il n'est accompagné d'aucun modificatif. L'attribut est *sachant*. Il est simple, parce qu'il n'indique qu'une manière d'être du sujet ; il est complexe, parce qu'il a pour complément objectif, *conduire leurs brebis, les tondre, traire leur lait, et faire des fromages*, et pour complément terminatif, *ne que*, qui équivaut à *seulement*, et marque restriction.

Toute la campagne étoit comme (semblable à) *un désert affreux* ; c'est une proposition principale relative. Le sujet est *campagne*. Il est simple, parce qu'il exprime une idée unique ; il est complexe, parce qu'il est modifié par l'adjectif *toute*. L'attribut est *semblable*. Il est simple, parce qu'il n'indique qu'une manière d'être du sujet ; il est complexe, parce qu'il a pour complément terminatif, à (comme) *un désert affreux.*

SEPTIÈME EXERCICE.

Bientôt Apollon montra à touts ces bergers les arts qui peuvent rendre la vie agréable. Il chantoit les fleurs dont le printemps se couronne, les parfums qu'il répand, et la verdure qui naît sous ses pas. Puis il chantoit les délicieuses nuits de l'été, où les zéphyrs rafraîchissent les hommes, et où la rosée désaltère la terre. Il mêloit aussi dans ses chansons les fruits dorés dont l'automne récompense les travaux des laboureurs, et le repos de l'hiver, pendant lequel la folâtre jeunesse danse auprès du feu. Enfin, il représentoit les forêts sombres qui couvrent les montagnes, et les creux vallons, où les rivières, par mille détours, semblent se jouer au milieu des riantes prairies. Il apprit ainsi aux bergers quels sont les charmes de la vie champêtre, quand on sait goûter ce que la simple nature a de gracieux.

ANALYSE.

Bientôt Apollon montra à touts ces bergers les arts qui peuvent rendre la vie agréable.

Cette phrase renferme deux propositions : l'une principale, et l'autre incidente déterminative.

Bientôt Apollon montra à touts ces bergers les arts; cette proposition est principale. Le sujet est *Apollon.* Il est simple, parce qu'il indique un être déterminé par une idée unique ; il est incomplexe, parce qu'il n'est accompagné d'aucun modificatif. L'attribut est *montrant.* Cet attribut est simple, parce qu'il n'énonce qu'une manière d'être du sujet ; il est complexe, parce qu'il a pour complément direct, *les arts*, pour complément indirect, *à touts ces bergers*, et pour complément circonstanciel, *bientôt*.

Qui peuvent rendre la vie agréable ; c'est la proposition incidente déterminative. Le sujet est *qui* (pour *les arts*). Ce sujet est simple, parce qu'il exprime une idée unique ; il est incomplexe, parce qu'il n'a point de modificatif. L'attribut est *pouvant*. Il est simple, parce qu'il n'indique qu'une manière d'être du sujet ; il est complexe, parce qu'il a pour complément terminatif, *rendre la vie agréable*.

Il chantoit les fleurs dont le printemps se couronne, les parfums qu'il répand, et la verdure qui naît sous ses pas.

Cette phrase contient quatre propositions : une principale, et trois incidentes déterminatives.

Il chantoit les fleurs, les parfums et la verdure ; c'est la proposition principale. Le sujet est *il*, qui tient la place d'*Apollon*. Il est simple, parce qu'il exprime un être déterminé par une idée unique ; il est incomplexe, parce qu'il n'est accompagné d'aucun modificatif. L'attribut est *chantant*. Cet attribut est simple, parce qu'il n'énonce qu'une manière d'être du sujet ; il est complexe, parce qu'il a pour complément objectif, *les fleurs, les parfums et la verdure*.

Dont le printemps se couronne ; cette proposition est incidente déterminative. Le sujet est *printemps*. Il est simple, parce qu'il exprime une idée unique ;

il est incomplexe, parce qu'il n'est accompagné d'aucun modificatif. L'attribut est *couronné* (Le verbe est ici pronominal (Gramm., p. 33 et 160). Cet attribut est simple, parce qu'il indique une seule manière d'être du sujet ; il est complexe, parce qu'il a pour complément terminatif *dont*, pour *desquelles* (fleurs).

Qu'il répand ; c'est une proposition incidente déterminative. Le sujet est *il* (pour *printemps*). Il est simple, parce qu'il exprime une idée unique; il est incomplexe, parce qu'il n'a point de modificatif. L'attribut est *répandant*. Il est simple, parce qu'il n'indique qu'une manière d'être du sujet ; il est complexe, parce qu'il a pour complément objectif, le pronom relatif *que*, qui tient la place de *parfums*.

Qui naît sous ses pas ; c'est encore une proposition incidente déterminative. Le sujet est *qui* (pour *verdure*). Il est simple, parce qu'il énonce une idée unique; il est incomplexe, parce qu'il n'a point de modificatif. L'attribut est *naissant*. Cet attribut est simple, parce qu'il n'exprime qu'une manière d'être du sujet ; il est complexe, parce qu'il a pour complément terminatif, *sous ses pas*.

Puis il chantoit les délicieuses nuits de l'été, où les zéphyrs rafraîchissent les hommes, et où la rosée désaltère la terre.

Cette phrase comprend trois propositions : une absolue, et deux incidentes explicatives.

Puis il chantoit les délicieuses nuits de l'été : voilà une proposition principale. Le sujet est *il*, qui rappelle l'idée d'*Apollon*. Il est simple, parce qu'il indique un être déterminé par une idée unique; il est incomplexe, parce qu'il n'est accompagné d'aucun modificatif. L'attribut est *chantant*. Il est simple, parce qu'il ne présente à l'esprit qu'une manière d'être du sujet; il est complexe, parce qu'il a pour complément objectif, *les délicieuses nuits de l'été*, et pour complément circonstanciel, l'adverbe *puis*.

Où les zéphyrs rafraîchissent les hommes; cette proposition est incidente explicative. Le sujet est *zéphyrs*. Il est simple, parce qu'il présente une idée unique; il est incomplexe, parce qu'il n'a point de modificatif. L'attribut est *rafraîchissant*. Il est simple, parce qu'il n'indique qu'une manière d'être du sujet; il est complexe, parce qu'il a pour complément objectif, *les hommes*, et pour complément circonstanciel, l'adverbe de temps *où*, pour *pendant lesquelles* (nuits).

Et où la rosée désaltère la terre; c'est encore une proposition incidente explicative. Le sujet est *rosée*. Il est simple, parce qu'il exprime une idée unique; il est incomplexe, parce qu'il n'a point de modificatif. L'attribut est *désaltérant*. Il est simple, parce qu'il n'énonce qu'une manière d'être du sujet; il est complexe, parce qu'il a pour complément objectif, *la terre*, et pour complément circonstanciel, l'adverbe de temps *où*, pour *pendant lesquelles* (nuits).

Il mêloit aussi dans ses chansons les fruits dorés dont l'automne récompense les travaux des laboureurs, et le repos de l'hiver, pendant lequel la folâtre jeunesse danse auprès du feu.

Cette phrase est composée de trois propositions, savoir, d'une proposition principale, d'une proposition incidente déterminative, et d'une proposition incidente explicative.

Il méloit aussi dans ses chansons les fruits dorés dont, etc., *et le repos de l'hiver*: voilà la proposition principale. Le sujet est *il*, qui rappelle l'idée d'*Apollon*. Il est simple, parce qu'il offre à l'esprit un être déterminé par une idée unique ; il est incomplexe, parce qu'il n'est accompagné d'aucun modificatif. L'attribut est *mêlant*. Il est simple, parce qu'il n'énonce qu'une manière d'être du sujet; il est complexe, parce qu'il a pour complément objectif, *les fruits dorés, et le repos de l'hiver*; pour complément terminatif, *dans ses chansons*, et pour complément circonstanciel l'adverbe *aussi*, qui marque addition, quantité.

Dont l'automne récompense les travaux des laboureurs ; cette proposition est incidente déterminative. Le sujet est *automne*. Il est simple, parce qu'il offre à l'esprit une idée unique ; il est incomplexe, parce qu'il n'a point de modificatif. L'attribut est *récompensant*. Il est simple, parce qu'il n'exprime qu'une manière d'être du sujet; il est complexe, parce qu'il a pour complément objectif, *les travaux des laboureurs*, et pour complément terminatif, *dont*, pour *desquels* (fruits).

Pendant lequel la folâtre jeunesse danse auprès du feu; cette proposition est incidente explicative. Le sujet est *jeunesse*. Il est simple, parce qu'il n'offre à l'esprit qu'une seule idée ; il est complexe, parce qu'il a pour modificatif, *folâtre*. L'attribut est *dansant*. Il est simple, parce qu'il n'indique qu'une manière d'être du sujet ; il est complexe, parce qu'il a pour complément terminatif, *auprès du feu*, et pour complément circonstanciel, *pendant lequel* (hiver).

Enfin, il représentoit les forêts sombres qui couvrent les montagnes, et les creux vallons, où les rivières, par mille détours, semblent se jouer au milieu des riantes prairies.

Nous trouvons dans cette phrase trois propositions : une principale, une incidente déterminative, et une incidente explicative.

Enfin, il représentoit les forêts sombres, et les creux vallons : voilà la proposition principale. Le sujet est *il*, qui rappelle l'idée d'*Apollon*. Ce sujet est simple, parce qu'il offre à l'esprit un être déterminé par une idée unique ; il est incomplexe, parce qu'il n'est accompagné d'aucun modificatif. L'attribut est *représentant*. Il est simple, parce qu'il n'indique qu'une manière d'être du sujet ; il est complexe, parce qu'il a pour complément objectif, *les forêts sombres, et les creux vallons*.

Qui couvrent les montagnes : voilà une proposition incidente déterminative. Le sujet est *qui* (pour *forêts*). Il est simple, parce qu'il exprime une idée unique ; il est incomplexe, parce qu'il n'a point de modificatif. L'attribut est *couvrant*. Il est simple, parce qu'il n'énonce qu'une manière d'être du sujet ; il est complexe, parce qu'il a pour complément objectif, *les montagnes.*

Où les rivières, par mille détours, semblent se jouer au milieu des riantes prairies ; cette proposition est incidente explicative. Elle a pour sujet *les rivières.* Ce sujet est simple, parce qu'il ne présente à l'esprit qu'une seule idée; il est incomplexe, parce qu'il n'a point de modificatif. L'attribut est *semblant se jouer* (34). Cet attribut est simple, parce qu'il n'indique qu'une manière d'être du sujet; il est complexe, parce qu'il a pour compléments terminatifs, l'adverbe de lieu *où*, et les mots *au milieu des riantes prairies*, et pour complément circonstanciel, *par mille détours.*

Il apprit ainsi aux bergers quels sont les charmes de la vie champêtre, quand on sait goûter ce que la simple nature a de gracieux.

Cette phrase comprend quatre propositions : une principale, et trois incidentes déterminatives.

Il apprit ainsi aux bergers : voilà la proposition principale. Le sujet est *il*, qui rappelle l'idée d'*Apollon.* Il est simple, parce qu'il présente à l'esprit un être déterminé par une idée unique ; il est incomplexe, parce qu'il n'a point de modificatif. L'attribut est *apprenant.* Il est simple, parce qu'il ne marque qu'une manière d'être du sujet; et complexe, parce qu'il est déterminé par la proposition, *quels sont les charmes de la vie champêtre*, et qu'il a pour complément indirect, *aux bergers*, et pour complément circonstanciel, l'adverbe de manière *ainsi*.

Quels sont les charmes de la vie champêtre ; cette proposition est incidente déterminative. Le sujet est *charmes*. Il est simple, parce qu'il exprime une idée unique ; il est complexe, parce qu'il a pour déterminatif, *de la vie champêtre*. L'attribut est *quels*, adjectif de quantité indéfinie, qui équivaut ici à *combien grands*. Cet attribut est simple, parce qu'il n'indique qu'une manière d'être du sujet; et incomplexe, parce qu'il n'est accompagné d'aucun modificatif.

Quand on sait goûter ce ; cette proprosition est incidente déterminative (54 et 55). Le sujet est *on*. Il est simple, parce qu'il n'indique qu'une seule idée ; il est incomplexe, parce qu'il n'a point de modificatif. L'attribut est *sachant*. Il est simple, parce qu'il ne marque qu'une manière d'être du sujet; il est complexe, parce qu'il a pour complément objectif, *goûter ce*, etc.

Que la simple nature a de gracieux ; cette proposition est encore incidente déterminative. Le sujet est *nature*. Il est simple, parce qu'il offre à l'esprit une idée unique; il est complexe, parce qu'il est modifié par l'adjectif *simple*. L'attribut est *ayant*. Il est simple, parce qu'il n'indique qu'une manière d'être du sujet ; il est complexe, parce qu'il a pour complément objectif, le pronom relatif *que*, modifié par l'adjectif *gracieux*.

HUITIÈME EXERCICE.

Les bergers, avec leurs flûtes, se virent bientôt plus heureux que les rois ; et leurs cabanes attiroient en foule les plaisirs purs qui fuient les palais dorés : Les jeux, les ris, les grâces, suivoient par-tout les innocentes bergères. Touts les jours étoient des fêtes : on n'entendoit que le gazouillement des oiseaux, ou la douce haleine des zéphyrs qui se jouoient dans les rameaux des arbres, ou le murmure d'une onde claire qui tomboit de quelque rocher, ou les chansons que les Muses inspiroient aux bergers qui suivoient Apollon. Ce dieu leur enseignoit à remporter le prix de la course, et à percer de flèches les daims et les cerfs. Les dieux mêmes devinrent jaloux des bergers : cette vie leur parut plus douce que toute leur gloire, et ils rappelèrent Apollon dans l'Olympe.

ANALYSE.

Les bergers, avec leurs flûtes, se virent bientôt plus heureux que les rois ; et leurs cabanes attiroient en foule les plaisirs purs qui fuient les palais dorés.

Cette phrase contient trois propositions : une principale absolue, une principale relative, et une incidente déterminative.

Les bergers, avec leurs flûtes, se virent bientôt plus heureux que les rois ; cette proposition est principale absolue. Le sujet est *bergers*. Ce sujet est simple, parce qu'il présente à l'esprit une idée unique; il est complexe, parce qu'il a pour modificatif, *avec leurs flûtes*. L'attribut est *voyant*. Il est simple, parce qu'il ne marque qu'une manière d'être du sujet; il est complexe, parce qu'il a pour complément objectif *se* (pour *eux*) *plus heureux que les rois*.

Et leurs cabanes attiroient en foule les plaisirs purs.... Cette proposition est principale relative. Le sujet est *cabanes*. Il est simple, parce qu'il énonce une idée unique; il est complexe, parce que l'adjectif possessif *leurs* le qualifie et le détermine. L'attribut est *attirant*. Il est simple, parce qu'il n'énonce qu'une manière d'être du sujet; il est complexe, parce qu'il a pour complément objectif, *les plaisirs purs*, et pour complément circonstanciel, *en foule*.

Qui fuient les palais dorés : voilà une proposition incidente déterminative. Le sujet est *qui* (pour *plaisirs*). Il est simple, parce qu'il n'indique qu'une seule idée ; il est incomplexe, parce qu'il n'a point de modificatif. L'attribut est *fuyant*. Il est simple, parce qu'il n'exprime qu'une manière d'être du sujet; il est complexe, parce qu'il a pour complément objectif, *les palais dorés*.

Les jeux, les ris, les grâces, suivoient par-tout les innocentes bergères; cette phrase nous offre une proposition principale. Le sujet est *jeux*, *ris*, *grâces*. Ce sujet est composé, parce qu'il comprend plusieurs idées auxquelles peut convenir séparément le même attribut; il est incomplexe, parce qu'il n'est accompagné d'aucun modificatif. L'attribut est *sui-*

vant. Il est simple, parce qu'il n'exprime qu'une manière d'être du sujet ; il est complexe, parce qu'il a pour complément objectif, *les innocentes bergères*, et pour complément circonstanciel, l'adverbe *partout*.

Touts les jours étoient des fêtes : on n'entendoit plus que le gazouillement des oiseaux, ou la douce haleine des zéphyrs qui se jouoient dans les rameaux des arbres, ou le murmure d'une onde claire qui tomboit de quelque rocher, ou les chansons que les Muses inspiroient aux bergers qui suivoient Apollon.

Cette phrase est composée de six propositions, dont une est principale absolue, une principale relative, et quatre sont incidentes déterminatives.

Touts les jours étoient des fêtes : voilà une proposition principale absolue. Le sujet est *jours*. Il est simple, parce qu'il indique une idée unique ; il est complexe, parce qu'il est modifié par l'adjectif *touts*. L'attribut est *fêtes*. Il est simple, parce qu'il n'énonce qu'une manière d'être du sujet ; il est incomplexe, parce qu'il n'est accompagné d'aucun modificatif.

On n'entendoit plus que le gazouillement des oiseaux, ou la douce haleine des zéphyrs, ou le murmure d'une onde claire, ou les chansons que, etc. Cette proposition est principale relative. Le sujet est *on*. Il est simple, parce qu'il n'exprime qu'une seule idée ; il est incomplexe, parce qu'il n'a point de modificatif. L'attribut est *entendant*. Il est simple, parce qu'il n'indique qu'une manière d'être du sujet ; il est complexe, parce qu'il a pour complément objectif, *le gazouillement des oiseaux*, ou *la douce haleine des zéphyrs*, ou *le murmure d'une onde claire*, ou *les chansons*, etc., et pour complément circonstanciel, l'adverbe *ne plus*, qui marque cessation.

Qui se jouoient dans les rameaux des arbres; c'est une proposition incidente déterminative. Le sujet est *qui* (pour les *zéphyrs*). Il est simple, parce qu'il énonce une idée unique; il est incomplexe, parce qu'il n'est accompagné d'aucun modificatif. L'attribut est *se jouant*. Cet attribut est simple, parce qu'il n'exprime qu'une manière d'être du sujet; il est complexe, parce qu'il a pour complément terminatif, *dans les rameaux des arbres*.

Qui tomboit de quelque rocher; cette proposition est incidente déterminative. Le sujet est *qui* (pour *l'onde*). Il est simple, parce qu'il ne présente à l'esprit qu'une seule idée: il est incomplexe, parce qu'il n'a point de modificatif. L'attribut est *tombant*. Cet attribut est simple, parce qu'il n'indique qu'une manière d'être du sujet; il est complexe, parce qu'il a pour complément terminatif, *de quelque rocher*.

Que les Muses inspiroient aux bergers; c'est une proposition incidente déterminative. Le sujet est *Muses*. Il est simple, parce qu'il exprime une idée unique; il est incomplexe, parce qu'il n'est accompagné d'aucun modificatif. L'attribut est *inspirant*. Il est simple, parce qu'il énonce une seule manière d'être du sujet; il est complexe, parce qu'il a pour complément direct, le pronom relatif *que*, qui rappelle l'idée de *chansons*, et pour complément indirect, *aux bergers*.

Qui suivoient Apollon ; c'est encore une proposition incidente déterminative. Le sujet est *qui* (pour *les bergers*). Il est simple, parce qu'il n'offre à l'esprit qu'une seule idée ; il est incomplexe, parce qu'il n'a point de modificatif. L'attribut est *suivant*. Il est simple, parce qu'il n'indique qu'une manière d'être du sujet ; il est complexe, parce qu'il a pour complément objectif, *Apollon*.

Ce dieu leur enseignoit à remporter le prix de la course, et à percer de flèches les daims et les cerfs. Nous trouvons dans cette phrase une proposition principale absolue. Le sujet est *dieu*. Il est simple, parce qu'il offre à l'esprit un être déterminé par une idée unique ; il est complexe, parce que l'adjectif démonstratif *ce* le qualifie et le détermine. L'attribut est *enseignant*. Cet attribut est simple, parce qu'il exprime une seule manière d'être du sujet ; il est complexe, parce qu'il a pour complément direct elliptique (*ces choses qui consistent*) *à remporter le prix de la course, et à percer de flèches les daims et les cerfs*, et pour complément indirect, *leur*, pour *à eux* (bergers).

Les dieux mêmes devinrent jaloux des bergers : cette vie leur parut plus douce que toute leur gloire, et ils rappelèrent Apollon dans l' Olympe.

Cette phrase renferme trois propositions : une principale absolue, et deux principales relatives.

Les dieux mêmes devinrent jaloux des bergers ;

c'est une proposition principale absolue. Le sujet est *dieux*. Il est simple, parce qu'il énonce une idée unique; il est complexe, parce qu'il a pour modificatif l'adjectif *mêmes*. L'attribut est *devenant jaloux* (34). Cet attribut est simple, parce qu'il n'exprime qu'une manière d'être du sujet; il est complexe, parce qu'il a pour complément terminatif, *des bergers*.

Cette vie leur parut plus douce que toute leur gloire; cette proposition est principale relative. Le sujet est *vie*. Il est simple, parce qu'il exprime une idée unique; il est complexe, parce que l'adjectif démonstratif *cette* le qualifie et le détermine. L'attribut est *paroissant douce* (34). Il est simple, parce qu'il n'exprime qu'une manière d'être du sujet; il est complexe, parce qu'il a pour complément terminatif, *leur* pour *à eux*), et pour complément circonstanciel, *plus que toute leur gloire*.

Et ils rappelèrent Apollon dans l'Olympe; c'est encore une proposition principale relative. Le sujet est *ils* (pour *les dieux*). Il est simple, parce qu'il ne présente à l'esprit qu'une seule idée; il est incomplexe, parce qu'il n'est accompagné d'aucun modificatif. L'attribut est *rappelant*. Il est simple, parce qu'il n'indique qu'une manière d'être du sujet; il est complexe, parce qu'il a pour complément objectif, *Apollon*, et pour complément terminatif, *dans l'Olympe*.

NEUVIÈME EXERCICE.

La pantomime est le premier langage de l'homme;

elle est connue de toutes les nations. Elle est si naturelle et si expressive que les enfants des blancs ne tardent pas à l'apprendre dès qu'ils ont vu ceux des noirs s'y exercer. Virginie se rappelant, dans les lectures que lui faisoit sa mère, les histoires qui l'avoient le plus touchée, en rendoit les principaux événements avec beaucoup de naïveté. Tantôt, au son du tamtam de Domingue, elle se présentoit sur la pelouse, portant une cruche sur sa tête. Elle s'avançoit avec timidité à la source d'une fontaine voisine pour y puiser de l'eau. Domingue et Marie, représentant les bergers de Madian, lui en défendoient l'approche, et feignoient de la repousser.

ANALYSE.

La pantomime est le premier langage de l'homme elle est connue de toutes les nations.

Cette phrase contient deux propositions : l'une principale absolue, et l'autre principale relative.

La pantomime est le premier langage de l'homme; cette proposition est principale absolue. Le sujet est *pantomime*. Il est simple, parce qu'il n'offre à l'esprit qu'une seule idée ; il est incomplexe, parce qu'il n'a aucun modificatif. L'attribut est *langage*. Cet attribut est simple, parce qu'il n'exprime qu'une manière d'être du sujet ; il est complexe, parce qu'il est modifié par l'adjectif *premier*, et qu'il a pour déterminatif, *l'homme.*

Elle est connue de toutes les nations ; cette proposition est principale relative. Le sujet est *elle*, qui rappelle l'idée de *pantomime*. Il est simple, parce qu'il exprime une idée unique; il est incomplexe, parce qu'il n'a point de modificatif. L'attribut est *connue*. Il est simple, parce qu'il n'énonce qu'une manière d'être du sujet; il est complexe, parce qu'il a pour complément terminatif, *de toutes les nations*.

Elle est si naturelle et si expressive que les enfants des blancs ne tardent pas à l'apprendre dès qu'ils ont vu ceux des noirs s'y exercer.

Cette phrase est composée de trois propositions, savoir, d'une principale, et de deux incidentes déterminatives.

Elle est si naturelle et si expressive; cette proposition est principale. Le sujet est *elle*, qui rappelle l'idée de *pantomime*. Il est simple, parce qu'il présente une idée unique; il est incomplexe, parce qu'il n'a point de modificatif. L'attribut est *taturelle et expressive*. Cet attribut est composé, parce qu'il exprime deux manières d'être du sujet; il est complexe, parce qu'il est modifié par l'adverbe de quantité *si*, et qu'il est déterminé par la proposition suivante...

Que les enfants des blancs ne tardent pas à l'apprendre; cette proposition est incidente déterminative. Le sujet est *enfants*. Il est simple parce qu'il n'énonce qu'une seule idée; il est complexe, parce qu'il a pour déterminatif, *des blancs*. L'attribut est *tardant*. Il est simple, parce qu'il n'indique qu'une manière d'être du sujet; il est complexe, parce qu'il a pour complément terminatif, *à l'apprendre* (*elle*, la pantomime).

D 2

Dès qu'ils ont vu ceux des noirs s'y exercer : voilà une proposition incidente déterminative. Le sujet est *ils* (pour *enfants des blancs*). Il est simple, parce qu'il exprime une idée unique ; il est incomplexe, parce qu'il n'a point de modificatif. L'attribut est *voyant.* Cet attribut est simple, parce qu'il n'exprime qu'une manière d'être du sujet ; il est complexe, parce qu'il a pour complément objectif, *ceux* (les enfants) *des noirs s'y exercer.*

Virginie se rappelant, dans les lectures que lui faisoit sa mère, les histoires qui l'avoient le plus touchée, en rendoit les principaux événements avec beaucoup de naïveté.

Cette phrase contient trois propositions : une principale, et deux incidentes determinatives.

Virginie se rappelant les histoires... en rendoit les principaux événements avec beaucoup de naïveté ; cette proposition est principale. Le sujet est *Virginie.* Il est simple, parce qu'il offre à l'esprit un être déterminé par une idée unique ; il est complexe, parce qu'il a pour modificatif, *se rappelant les histoires qui,* etc. L'attribut est *rendant.* Il est simple, parce qu'il n'exprime qu'une manière d'être du sujet ; il est complexe, parce qu'il a pour complément direct, *les principaux événements ;* pour complément indirect, le pronom relatif *en,* pour *d'elles* (des histoires), et pour complément circonstanciel, *avec beaucoup de naïveté.*

Qui l'avoient le plus touchée dans les lectures ; cette proposition est incidente déterminative. Le sujet est *qui* (pour *les histoires*). Il est simple, parce qu'il n'indique qu'une seule idée ; il est incomplexe, parce qu'il n'est accompagné d'aucun modificatif. L'attribut est *touchant* (36, 37 et 38). Il est simple, parce qu'il n'énonce qu'une manière d'être du sujet; il est complexe, parce qu'il a pour complément objectif, *la*, pour *elle* (Virginie); pour complément circonstanciel, l'adverbe *le plus*, qui marque le superlatif; et pour complément terminatif, *dans les lectures*.

Que lui faisoit sa mère ; cette proposition est encore incidente déterminative. Le sujet est *mère*. Il est simple, parce qu'il énonce un être déterminé par une idée unique ; il est complexe, parce que l'adjectif possessif *sa* le qualifie et le détermine. L'attribut est *faisant*. Il est simple, parce qu'il n'exprime qu'une manière d'être du sujet; il est complexe, parce qu'il a pour complément objectif le pronom relatif *que* (pour *lectures*).

Tantôt, au son du tamtam de Domingue, elle se présentoit sur la pelouse, portant une cruche sur sa tête.

Cette phrase présente une proposition principale absolue. Le sujet est *elle*, qui rappelle l'idée de *Virginie*. Il est simple, parce qu'il indique à l'esprit un être déterminé par une idée unique; il est incomplexe, parce qu'il n'a point de modificatif. L'attribut est *présentant*. Il est simple parce qu'il n'énonce qu'une manière d'être du sujet ; il est complexe, parce qu'il a pour complément objectif, *se* (pour *elle*) *portant une cruche sur sa tête*; pour complément terminatif, *sur la pelouse*, et pour compléments circonstanciels, *tantôt*, *et au son du tamtam de Domingue*.

Elle s'avançoit avec timidité à la source d'une fontaine voisine pour y puiser de l'eau : voilà une proposition principale absolue. Le sujet est *elle* (pour *Virginie*). Il est simple, parce qu'il désigne un être déterminé par une idée unique; il est incomplexe, parce qu'il n'est accompagné d'aucun modificatif. L'attribut est *avançant*. Il est simple, parce qu'il n'indique qu'une manière d'être du sujet; il est complexe, parce qu'il a pour complément objectif le pronom réfléchi *se* (pour *elle*); pour complément terminatif, *à la source d'une fontaine voisine pour y puiser de l'eau*, et pour complément circonstanciel, *avec timidité*.

Domingue et Marie, représentant les bergers de Madian, lui en défendoient l'approche, et feignoient de la repousser.

Cette phrase renferme deux propositions : une principale absolue, et l'autre principale relative.

Domingue et Marie, représentant les bergers de Madian, lui en défendoient l'approche; cette proposition est principale absolue. Le sujet est *Domingue et Marie*. Il est composé, parce qu'il comprend deux idées auxquelles peut convenir séparément le même attribut; il est complexe, parce qu'il a pour modificatif, *représentant les bergers de Madian*. L'attribut est *défendant*. Il est simple, parce qu'il n'indique qu'une manière d'être du sujet; il est complexe, parce qu'il a pour complément direct *l'approche* (*d'elle*, de la fontaine, *en*), et pour complément indirect, *lui* (pour *à elle*).

Et (ils) *feignoient de la repousser*; c'est une proposition principale relative. Le sujet est *ils*, censé mis pour représenter *Domingue* et *Marie*. Il est simple, parce qu'il n'exprime qu'une seule idée (l'idée d'*eux*); il est incomplexe, parce qu'il n'a point de modificatif. L'attribut est *feignant*. Il est simple, parce qu'il n'indique qu'une manière d'être du sujet; il est complexe, parce qu'il a pour complément terminatif, *de la repousser*.

DIXIÈME EXERCICE.

Paul accouroit à son secours, battoit les bergers, remplissoit la cruche de Virginie; et, en la lui posant sur la tête, il lui mettoit en même temps une couronne de fleurs rouges de pervenche, qui relevoit la blancheur de son teint. Alors, me prêtant à leurs jeux, je me chargeois du personnage de Raguel, et j'accordois à Paul ma fille Séphora en mariage.

Une autre fois, elle représentoit l'infortunée Ruth, qui retourne veuve et pauvre dans son pays, où elle se trouve étrangère après une longue absence. Domingue et Marie contrefaisoient les moissonneurs. Virginie feignoit de glaner çà et là, sur leurs pas, quelques épis de blé.

4

ANALYSE.

Paul accouroit à son secours, battoit les bergers, remplissoit la cruche de Virginie; et, en la lui posant sur la tête, il lui mettoit en même temps une couronne de fleurs rouges de pervenche, qui relevoit la blancheur de son teint.

Cette phrase est composée de cinq propositions, savoir, d'une principale absolue, de trois principales relatives, et d'une incidente explicative.

Paul accouroit à son secours : voilà une proposition principale absolue. Le sujet est *Paul.* Il est simple, parce qu'il désigne un être déterminé par une idée unique; il est incomplexe, parce qu'il n'a point de modificatif. L'attribut est *accourant.* Il est simple, parce qu'il n'indique qu'une manière d'être du sujet; il est complexe, parce qu'il a pour complément terminatif, *à son secours.*

(Il) *battoit les bergers;* cette proposition est principale relative. Le sujet est *il,* censé mis pour rappeler l'idée de *Paul.* Il est simple, parce qu'il exprime un être unique; il est incomplexe, parce qu'il n'a point de modificatif. L'attribut est *battant.* Il est simple, parce qu'il ne présente qu'une seule manière d'être du sujet; il est complexe, parce qu'il a pour complément objectif, *les bergers.*

(Il) *remplissoit la cruche de Virginie ;* cette proposition est principale relative. Le sujet est *il,* censé répété pour tenir la place de *Paul.* Il est simple, parce qu'il indique un être unique; il est incomplexe, parce qu'il n'a point de modificatif. L'attribut est *remplissant*. Il est simple, parce qu'il n'énonce qu'une manière d'être du sujet ; il est complexe, parce qu'il a pour complément objectif, *la cruche de Virginie*.

Et, en la lui posant sur la tête, il lui mettoit en même temps une couronne de fleurs rouges de pervenche; c'est encore ici une proposition principale relative. Le sujet est *il* (pour *Paul*). Il est simple, parce qu'il énonce un être déterminé par une idée unique ; il est incomplexe, parce qu'il n'a point de modificatif. L'attribut est *mettant*. Il est simple, parce qu'il n'exprime qu'une manière d'être du sujet ; il est complexe, parce qu'il a pour complément direct, *une couronne de fleurs rouges de pervenche*; pour complément indirect, *lui* (pour *à elle*), et pour compléments circonstanciels, *en la lui posant sur la tête, en même temps*.

Qui relevoit la blancheur de son teint; c'est une proposition incidente explicative. Le sujet est *qui* (pour *couronne*). Il est simple, parce qu'il exprime une idée unique ; il est incomplexe, parce qu'il n'a aucun modificatif. L'attribut est *relevant*. Cet attribut est simple, parce qu'il n'indique qu'une manière d'être du sujet ; il est complexe, parce qu'il a pour complément objectif, *la blancheur de son teint.*

Alors, me prêtant à leurs jeux, je me chargeois du personnage de Raguel, et j'accordois à Paul ma fille Séphora en mariage.

Cette phrase contient deux propositions : une principale absolue, et une principale relative.

Alors, me prêtant à leurs jeux, je me chargeois du personnage de Raguel; c'est la proposition principale absolue. Le sujet est *je*. Il est simple, parce qu'il offre à l'esprit un être déterminé par une idée unique; il est incomplexe, parce qu'il n'a pas de modificatif. L'attribut est *chargeant*. Il est simple, parce qu'il n'énonce qu'une manière d'être du sujet; il est complexe, parce qu'il a pour complément objectif, *me* (pour *moi*) *me prêtant à leurs jeux*; pour complément terminatif, *du personnage de Raguel*, et pour complément circonstanciel, *alors*.

Et j'accordois à Paul ma fille Séphora en mariage; cette proposition est principale relative. Le sujet est *je*. Il est simple, parce qu'il exprime un être unique; il est incomplexe, parce qu'il n'est accompagné d'aucun modificatif. L'attribut est *accordant*. Il est simple, parce qu'il n'indique qu'une manière d'être du sujet; il est complexe, parce qu'il a pour complément direct, *ma fille Séphora*; pour complément indirect, *à Paul*, et pour complément circonstanciel, *en mariage*.

Une autre fois, elle représentoit l'infortunée Ruth, qui retourne veuve et pauvre dans son pays, où elle se trouve étrangère après une longue absence.

Cette phrase nous fournit trois propositions: une principale, et deux incidentes explicatives.

Une autre fois, elle représentoit l'infortunée Ruth: voilà une proposition principale. Le sujet est *elle* (pour *Virginie*). Il est simple, parce qu'il désigne un être déterminé par une idée unique; il est incomplexe, parce qu'il n'a aucun modificatif. L'attribut est *représentant*. Il est simple, parce qu'il n'indique qu'une manière du sujet ; il est complexe, parce qu'il a pour complément objectif, *l'infortunée Ruth*, et pour complément circonstanciel, *une autre fois*.

Qui retourne veuve et pauvre dans son pays; c'est une proposition incidente explicative. Le sujet est *qui* (pour *Ruth*). Il est simple, parce qu'il exprime un être unique; il est incomplexe, parce qu'il n'a point de modificatif. L'attribut est *retournant*. Il est simple, parce qu'il n'indique qu'une manière d'être du sujet ; il est complexe, parce qu'il a pour complément terminatif, *dans son pays*, et pour complément circonstanciel, (dans l'état de femme) *veuve et pauvre*.

Où elle se trouve étrangère après une longue absence; c'est encore une proposition incidente explicative. Le sujet est *elle* (pour *Ruth*). Il est simple, parce qu'il ne désigne qu'un seul être; il est incomplexe, parce qu'il n'est accompagné d'aucun modificatif. L'attribut est *trouvant*. Cet attribut est simple, parce qu'il ne présente qu'une manière d'être du sujet; il est complexe, parce qu'il a pour complément objectif *se* (pour *elle*, *étrangère*); pour complément terminatif, *où* (*dans ce pays*), et pour complément circonstanciel, *après une longue absence*.

Domingue et Marie contrefaisoient les moissonneurs ; cette proposition est principale absolue. Le sujet est *Domingue* et *Marie*. Il est composé, parce qu'il comprend deux idées auxquelles peut convenir séparément le même attribut. L'attribut est *contre-*

faisant. Il est simple, parce qu'il n'offre à l'esprit qu'une manière d'être du sujet; il est complexe, parce qu'il a pour complément objectif, *les moissonneurs*.

Virginie feignoit de glaner çà et là, sur leurs pas, quelques épis de blé; c'est une proposition principale absolue. Le sujet est *Virginie*. Il est simple, parce qu'il désigne un être déterminé par une idée unique; il est incomplexe, parce qu'il n'a point de modificatif. L'attribut est *feignant*. Cet attribut est simple, parce qu'il n'indique qu'une manière d'être du sujet; il est complexe, parce qu'il a pour complément terminatif, *de glaner çà et là, sur leurs pas, quelques épis de blé*.

ONZIÈME EXERCICE.

Paul, imitant la gravité d'un patriarche, l'interrogeoit; elle répondoit en tremblant à ses questions. Bientôt, ému de pitié, il accordoit un asile à l'innocence, et l'hospitalité à l'infortune. Il remplissoit le tablier de Virginie de toutes sortes de provisions, et l'amenoit devant nous, comme devant les anciens de la ville, en déclarant qu'il la prenoit en mariage malgré son indigence.

Ces drames étoient rendus avec tant de vérité qu'on se croyoit transporté dans les champs de la Syrie ou de la Palestine. La nuit nous surprenoit bien souvent dans ces fêtes champêtres. Mais il y avoit dans l'année des jours qui étoient, pour Paul et Virginie, des jours de plus grande réjouissance: c'étoient les fêtes de leurs mères.

ANALYSE.

Paul, imitant la gravité d'un patriarche, l'interrogeoit; elle répondoit en tremblant à ses questions.

Cette phrase renferme deux propositions : l'une principale absolue, et l'autre principale relative.

Paul, imitant la gravité d'un patriarche, l'interrogeoit; c'est la proposition principale absolue. Le sujet est *Paul.* Il est simple, parce qu'il nous présente un être déterminé par une idée unique; il est complexe, parce qu'il a pour modificatif, *imitant la gravité d'un patriarche.* L'attribut est *interrogeant.* Il est simple, parce qu'il n'indique qu'une manière d'être du sujet; il est complexe, parce qu'il a pour complément objectif, *la*, pour *elle* (Virginie).

Elle répondoit en tremblant à ses questions; cette proposition est principale relative. Le sujet est *elle*, qui rappelle l'idée de *Virginie.* Il est simple, parce qu'il présente à l'esprit un être déterminé par une idée unique; il est incomplexe, parce qu'il n'est accompagné d'aucun modificatif. L'attribut est *répondant.* Il est simple, parce qu'il n'énonce qu'une manière d'être du sujet; il est complexe, parce qu'il a pour complément terminatif, *à ses questions*, et pour complément circonstanciel, *en tremblant.*

Bientôt, ému de pitié, il accordoit un asile à l'innocence, et l'hospitalité à l'infortune; cette phrase nous présente une proposition principale absolue. Le sujet est *il* (pour *Paul*). Il est simple, parce qu'il exprime un être déterminé par une idée unique; il est complexe, parce qu'il a pour modificatif, *ému de pitié*. L'attribut est *accordant*. Il est simple, parce qu'il n'énonce qu'une manière d'être du sujet; il est complexe, parce qu'il a pour compléments directs, *un asile et l'hospitalité*; pour compléments indirects, *à l'innocence, à l'infortune*; et pour complément circonstanciel, l'adverbe *bientôt*.

Il remplissoit le tablier de Virginie de toutes sortes de provisions, et l'amenoit devant nous, comme devant les anciens de la ville, en déclarant qu'il la prenoit en mariage malgré son indigence.

Cette phrase contient trois propositions : une principale absolue, une principale relative, et une incidente déterminative.

Il remplissoit le tablier de Virginie de toutes sortes de provisions; c'est une proposition principale absolue. Le sujet est *il*, qui rappelle l'idée de *Paul*. Il est simple, parce qu'il désigne un être déterminé par une idée unique; il est incomplexe, parce qu'il n'est accompagné d'aucun modificatif. L'attribut est *remplissant*. Il est simple, parce qu'il n'exprime qu'une manière d'être du sujet; il est complexe, parce qu'il a pour complément objectif, *le tablier de Virginie*, et pour complément terminatif, *de toutes sortes de provisions*.

Et (il) l'amenoit devant nous, comme devant les anciens de la ville, en déclarant.... Cette proposition est principale relative. Le sujet *il*, censé mis pour tenir la place de *Paul*. Il est simple, parce qu'il désigne un seul être; il est incomplexe, parce qu'il n'a aucun modificatif. L'attribut est *amenant*. Il est simple, parce qu'il n'énonce qu'une manière d'être du sujet; il est complexe, parce qu'il a pour complément objectif, *la*, pour *elle* (Virginie); pour complément terminatif, *devant nous, comme devant les anciens de la ville*, et pour complément circonstanciel, *en déclarant*.

Qu'il la prenoit en mariage malgré son indigence: voilà une proposition incidente déterminative. Le sujet est *il* (pour *Paul*). Il est simple, parce qu'il désigne un être déterminé par une idée unique; il est incomplexe, parce qu'il n'a point de modificatif. L'attribut est *prenant*. Il est simple, parce qu'il n'exprime qu'une manière d'être du sujet; il est complexe, parce qu'il a pour complément objectif *la*, pour *elle* (Virginie); pour complément terminatif, *en mariage*, et pour complément circonstanciel, *malgré son indigence*.

Ces drames étoient rendus avec tant de vérité qu'on se croyoit transporté dans les champs de la Syrie ou de la Palestine.

Cette phrase renferme deux propositions : une principale, et une incidente déterminative.

Ces drames étoient rendus avec tant de vérité : voici la proposition principale. Le sujet est *drames*. Il est simple, parce qu'il exprime une idée unique; il est complexe, parce l'adjectif démonstratif *ces* le qualifie et le détermine. L'attribut est *rendus*. Il est simple, parce qu'il n'indique qu'une manière d'être du sujet; il est complexe, parce qu'il a pour complément circonstanciel, *avec tant de vérité que*, etc.

Qu'on se croyoit transporté dans les champs de la Syrie ou de la Palestine; cette proposition est incidente déterminative. Le sujet est *on*. Il est simple, parce qu'il exprime une idée unique; il est incomplexe, parce qu'il n'a point de modificatif. L'attribut est *croyant*. Il est simple, parce qu'il ne désigne qu'une manière d'être du sujet; il est complexe, parce qu'il a pour complément objectif, *se* (pour *soi*) *transporté dans les champs de la Syrie ou de la Palestine*.

La nuit nous surprenoit bien souvent dans ces fêtes champêtres; cette proposition est principale absolue. Le sujet est *nuit*. Il est simple, parce qu'il n'énonce qu'une seule idée; il est incomplexe, parce qu'il n'est accompagné d'aucun modificatif. L'attribut est *surprenant*. Il est simple, parce qu'il n'exprime qu'une manière d'être du sujet; il est complexe, parce qu'il a pour complément objectif, *nous*; pour complément terminatif, *dans ces fêtes champêtres*, et pour complément circonstanciel, *bien souvent*.

Mais il y avoit dans l'année des jours qui étoient, pour Paul et Virginie, des jours de plus grande réjouissance; c'étoient les fêtes de leurs mères.

Cette phrase se décompose en trois propositions : une principale, une incidente déterminative, et une principale relative.

Mais il y avoit dans l'année des jours.... Cette proposition est principale. Nous la ramenons à celle-ci : *des jours étoient dans l'année*. Le sujet est *jours*. Il est simple, parce qu'il n'exprime qu'une seule idée; il est complexe, parce qu'il a pour déterminatif *qui étoient, pour Paul et Virginie, des jours*, etc. L'attribut est *existant.* Il est simple, parce qu'il n'énonce qu'une manière d'être du sujet; il est complexe, parce qu'il a pour complément terminatif, *dans l'année.*

Qui étoient, pour Paul et Virginie, des jours de plus grande réjouissance : voilà une proposition incidente déterminative. Le sujet est *qui* (pour *jours*). Il est simple, parce qu'il n'exprime qu'une idée; il est incomplexe, parce qu'il n'a point de modificatif. L'attribut est *des jours.* Il est simple, parce qu'il ne présente à l'esprit qu'une manière d'être du sujet; il est complexe, parce qu'il a pour déterminatif, *de plus grande réjouissance.*

C'étoient les fêtes de leurs mères; cette proposition est principale relative. Nous la ramenons à celle-ci : *ce* (ceci, savoir, *ces jours*) *étoient les fêtes de leurs mères.* Le sujet est *ce* pour *jours*. Il est simple, parce qu'il énonce une idée unique; il est incomplexe, parce qu'il n'a aucun modificatif. L'attribut est *fêtes.* Il est simple, parce qu'il n'exprime qu'une manière d'être du sujet; il est complexe, parce qu'il a pour déterminatif *de leurs mères.*

DOUZIÈME EXERCICE.

Vous avez à peindre un vaisseau battu par la tempête, et sur le point de faire naufrage. D'abord ce tableau ne se présente à votre pensée que dans un lointain qui l'efface; mais voulez-vous qu'il vous soit plus présent? Parcourez des yeux de l'esprit les parties qui le composent : dans l'air, dans les eaux, dans le vaisseau même, voyez ce qui doit se passer. Dans l'air, des vents mutinés qui se combattent; des nuages qui éclipsent le jour, qui se choquent, qui se confondent, et qui de leurs flancs sillonnés d'éclairs vomissent la foudre avec un bruit horrible.

ANALYSE.

Vous avez à peindre un vaisseau battu par la tempête, et sur le point de faire naufrage.

Cette phrase nous présente une proposition principale absolue. Le sujet est *vous*. Il est simple, parce qu'il indique un être déterminé par une idée unique; il est incomplexe, parce qu'il n'a aucun modificatif. L'attribut est *ayant*. Il est simple, parce qu'il n'exprime qu'une manière d'être du sujet; il est complexe, parce qu'il a pour complément objectif non énoncé, *ceci, ce travail qui consiste*, et pour complément terminatif, *à peindre un vaisseau battu par la tempête, et sur le point de faire naufrage.*

D'abord ce tableau ne se présente à votre pensée que dans un lointain qui l'efface; mais voulez-vous qu'il vous soit plus présent ?

Cette phrase comprend quatre propositions : une principale absolue, une principale relative, et deux incidentes déterminatives.

D'abord ce tableau ne se présente à votre pensée que dans un lointain... Voilà une proposition principale absolue. Le sujet est *tableau*. Il est simple, parce qu'il ne présente à l'esprit qu'une seule idée ; il est complexe, parce que l'adjectif démonstratif *ce* le qualifie et le détermine. L'attribut est *présenté* (Le verbe est ici *pronominal*, Gramm. p. 33 et 160). Cet attribut est simple, parce qu'il n'indique qu'une manière d'être du sujet ; il est complexe, parce qu'il a pour complément terminatif, *à votre pensée*, *dans un lointain*, et pour complément circonstanciel, *d'abord*.

Qui l'efface; cette proposition est incidente déterminative. Le sujet est *qui* (pour *lointain*). Il est simple, parce qu'il énonce une idée unique; il est incomplexe, parce qu'il n'a point de modificatif. L'attribut est *effaçant*. Cet attribut est simple, parce qu'il ne désigne qu'une manière d'être du sujet ; il est complexe, parce qu'il a pour complément objectif, le pronom *le*, qui se rapporte à *tableau*.

Mais voulez-vous... Cette proposition est principale relative. Le sujet est *vous*. Il est simple, parce qu'il exprime un être déterminé par une idée unique ; il est incomplexe, parce qu'il n'est accompagné d'aucun modificatif. L'attribut est *voulant*. Il est simple, parce qu'il n'indique qu'une manière d'être du sujet ; il est complexe, parce qu'il a pour déterminatif, *qu'il vous soit plus présent*.

Qu'il vous soit plus présent.... C'est une proposition incidente déterminative. Le sujet est *il*, qui rappelle l'idée de *tableau*. Il est simple, parce qu'il ne présente qu'une seule idée ; il est incomplexe, parce qu'il n'a point de modificatif. L'attribut est *présent*. Il est simple, parce qu'il n'indique qu'une manière d'être du sujet ; il est complexe, parce qu'il est modifié par l'adverbe *plus*, et qu'il a pour complément terminatif, *vous* (pour *à vous*).

Parcourez des yeux de l'esprit les parties qui le composent: dans l'air, dans les eaux, dans le vaisseau même, voyez ce qui doit se passer.

Nous trouvons dans cette phrase quatre propositions : une principale absolue, une principale relative, et deux incidentes déterminatives.

Parcourez des yeux de l'esprit les parties; c'est la proposition principale absolue. Le sujet est *vous* (vous, soyez parcourant). Ce sujet est simple, parce qu'il présente un être déterminé par une idée unique, il est incomplexe, parce qu'il n'a point de modificatif. L'attribut est *parcourant*. Il est simple, parce qu'il n'indique qu'une manière d'être du sujet; il est complexe, parce qu'il a pour complément objectif, *les parties*, et pour complément terminatif, *des yeux de l'esprit*.

Qui le composent : voilà une proposition incidente déterminative. Le sujet est *qui* (pour *parties*). Il est simple, parce qu'il exprime une idée unique; il est incomplexe, parce qu'il n'est accompagné d'aucun modificatif. L'attribut est *composant*. Il est simple, parce qu'il n'indique qu'une manière d'être du sujet; il est complexe, parce qu'il a pour complément objectif, le pronom *le*, qui se rapporte à *tableau*.

Dans l'air, dans les eaux, dans le vaisseau même, voyez ce... Cette proposition est principale relative. Le sujet est *vous* (vous, soyez voyant). Il est simple, parce qu'il désigne un être déterminé par une idée unique ; il est incomplexe, parce qu'il n'a point de modificatif. L'attribut est *voyant*. Il est simple, parce qu'il n'énonce qu'une manière d'être du sujet ; il est complexe, parce qu'il a pour complément objectif, le pronom démonstratif *ce*, et pour complément terminatif, *dans l'air, dans les eaux, dans le vaisseau même.*

Qui doit se passer ; c'est une proposition incidente déterminative. Le sujet est *qui* (pour *ce*). Il est simple, parce qu'il ne présente à l'esprit qu'une seule idée ; il est incomplexe, parce qu'il n'a point de modificatif. L'attribut est *devant*. Cet attribut est simple, parce qu'il n'exprime qu'une manière d'être du sujet ; il est complexe, parce qu'il a pour complément objectif, *se passer*.

Dans l'air, des vents mutinés qui se combattent ; des nuages qui éclipsent le jour, qui se choquent, qui se confondent, et qui de leurs flancs sillonnés d'éclairs vomissent la foudre avec un bruit horrible.

Cette phrase renferme six propositions : une principale, et cinq incidentes déterminatives.

Dans l'air, (voyez) *des vents mutinés, des nuages* : voilà une proposition principale absolue. Le sujet est *vous* (vous, soyez voyant). Il est simple, parce qu'il présente à l'esprit un être déterminé par une idée unique ; il est incomplexe, parce qu'il n'a point de modificatif. L'attribut est *voyant*. Il est simple, parce qu'il n'indique qu'une manière d'être du sujet ; il est complexe, parce qu'il a pour complément objectif, *des vents mutinés, des nuages*, et pour complément terminatif, *dans l'air*.

Qui se combattent; c'est une proposition incidente déterminative. Le sujet est *qui* (pour *les vents*). Il est simple, parce qu'il exprime une idée unique; il est incomplexe, parce qu'il n'a point de modificatif. L'attribut est *combattant*. Il est simple, parce qu'il n'indique qu'une manière d'être du sujet; il est complexe, parce qu'il a pour complément objectif, *se*.

Qui éclipsent le jour; cette proposition est incidente déterminative. Le sujet est *qui* (pour *les nuages*). Il est simple, parce qu'il énonce une idée unique; il est incomplexe, parce qu'il n'a point de modificatif. L'attribut est *éclipsant*. Il est simple, parce qu'il ne présente qu'une manière d'être du sujet; il est complexe, parce qu'il a pour complément objectif, *le jour*.

Qui se choquent; c'est une proposition incidente déterminative. Le sujet est *qui* (pour les *nuages*). Il est simple, parce qu'il n'énonce qu'une seule idée; il est incomplexe, parce qu'il n'a point de modificatif. L'attribut est *choquant*. Il est simple, parce qu'il n'exprime qu'une manière d'être du sujet; il est complexe, parce qu'il a pour complément objectif, *se*.

Qui se confondent; cette proposition est incidente déterminative. Le sujet est *qui* (pour les *nuages*). Il est simple, parce qu'il exprime une idée unique; il est incomplexe, parce qu'il n'a aucun modificatif. L'attribut est *confondant*. Il est simple, parce qu'il n'énonce qu'une manière d'être du sujet; il est complexe, parce qu'il a pour complément objectif, *se*.

Et qui de leurs flancs sillonnés d'éclairs vomissent

la foudre avec un bruit horrible; cette proposition est est encore incidente déterminative. Le sujet est *qui* (pour *les nuages*). Il est simple, parce qu'il ne présente qu'une seule idée; il est incomplexe, parce qu'il n'a point de modificatif. L'attribut est *vomissant.* Il est simple, parce qu'il n'énonce qu'une manière d'être du sujet; il est complexe, parce qu'il a pour complément objectif, *la foudre;* pour complément terminatif, *de leurs flancs sillonnés d'éclairs,* et pour complément circonstanciel, *avec un bruit horrible.*

TREIZIÈME EXERCICE.

Dans les eaux, (*voyez*) les vagues écumantes qui s'élèvent jusqu'aux nues, des lames polies comme des glaces qui réfléchissent les feux du ciel, des montagnes d'eau suspendues sur les abymes où le vaisseau paroît s'engloutir, et d'où il s'élance sur la cime des flots. Vers la terre, des rochers aigus où la mer va se briser en mugissant, et qui présentent aux yeux des nochers les débris récents d'un naufrage, augure effrayant de leur sort. Dans le vaisseau, les antennes qui fléchissent sous l'effort des voiles, les mâts qui crient et se rompent, les flancs mêmes du vaisseau qui gémissent battus par les vagues, et menacent de s'entr'ouvrir; un pilote éperdu dont l'art épuisé succombe, et fait place au désespoir; des matelots accablés d'un travail inutile, et qui, suspendus aux cordages, demandent au ciel, avec des cris lamentables, de seconder leurs derniers efforts; un héros qui les encourage, et qui tâche de leur inspirer la confiance qu'il n'a plus.

ANALYSE.

Dans les eaux, les vagues écumantes qui s'élèvent jusqu'aux nues, des lames polies comme des glaces qui réfléchissent les feux du ciel, des montagnes d'eau suspendues sur les abymes où le vaisseau paroît s'engloutir, et d'où il s'élance sur la cime des flots.

Cette phrase renferme cinq propositions : une principale, et quatre incidentes déterminatives.

Dans les eaux, (voyez) *les vagues écumantes, des lames polies comme des glaces, des montagnes d'eau,* etc.; voilà une proposition principale. Le sujet est *vous* (vous, soyez voyant). Il est simple, parce qu'il désigne un être déterminé par une idée unique ; il est incomplexe, parce qu'il n'a point de modificatif. L'attribut est *voyant*. Il est simple, parce qu'il n'indique qu'une manière d'être du sujet ; il est complexe, parce qu'il a pour complément objectif, *les vagues écumantes, des lames polies comme des glaces, des montagnes d'eau,* etc., et pour complément terminatif, *dans les eaux*.

Qui s'élèvent jusqu'aux nues ; cette proposition est incidente déterminative. Le sujet est *qui* (pour les *vagues*). Il est simple, parce qu'il énonce une idée unique ; il est incomplexe, parce qu'il n'a point de modificatif. L'attribut est *élevant*. Il est simple, parce qu'il ne présente qu'une manière d'être du sujet ; il est complexe, parce qu'il a pour complément objectif, *se*, et pour complément terminatif, *jusqu'aux nues*.

Qui réfléchissent les feux du ciel : voilà une proposition incidente déterminative. Le sujet est *qui* (pour *des lames polies comme des glaces*). Il est simple, parce qu'il exprime une idée unique ; il est incomplexe, parce qu'il n'a aucun modificatif. L'attribut est *réfléchissant.* Il est simple, parce qu'il n'offre à l'esprit qu'une manière d'être du sujet; il est complexe, parce qu'il a pour complément objectif les *feux du ciel.*

Où le vaisseau paroît s'engloutir ; cette proposition est incidente déterminative. Le sujet est *vaisseau.* Il est simple, parce qu'il ne présente qu'une seule idée; il est incomplexe, parce qu'il n'est accompagné d'aucun modificatif. L'attribut est *paroissant s'engloutir* (34). Cet attribut est simple, parce qu'il n'indique qu'une manière d'être du sujet; il est complexe, parce qu'il a pour complément terminatif l'adverbe *où.*

Et d'où il s'élance sur la cime des flots : voilà encore une proposition incidente déterminative. Le sujet est *il,* qui rappelle l'idée de *vaisseau.* Il est simple, parce qu'il présente une idée unique ; il est incomplexe, parce qu'il n'a point de modificatif; l'attribut est *élançant.* Il est simple, parce qu'il n'exprime qu'une manière d'être du sujet, il est complexe, parce qu'il a pour complément objectif le pronom *se*, et pour complémens terminatifs, *d'où,* et *sur la cime des flots.*

Vers la terre, des rochers aigus où la mer va se briser en mugissant, et qui présentent aux yeux des

E

nochers les débris récents d'un naufrage, augure effrayant de leur sort.

Cette phrase est composée de trois propositions, savoir, d'une principale, et de deux incidentes déterminatives.

Vers la terre, (voyez) *des rochers aigus*... Cette proposition est principale. Le sujet est *vous* (vous, soyez voyant). Il est simple, parce qu'il désigne un être déterminé par une idée unique ; il est incomplexe, parce qu'il n'a point de modificatif. L'attribut est *voyant*. Il est simple, parce qu'il n'exprime qu'une manière d'être du sujet ; il est complexe, parce qu'il a pour complément objectif, *des rochers aigus*, et pour complément terminatif, *vers la terre*.

Où la mer va se briser en mugissant ; cette proposition est incidente déterminative. Le sujet est *mer*. Il est simple, parce qu'il présente une idée unique ; il est incomplexe, parce qu'il n'est accompagné d'aucun modificatif. L'attribut est *allant*. Il est simple, parce qu'il n'indique qu'une manière d'être du sujet ; il est complexe, parce qu'il a pour premier complément terminatif, (à cet état) *se briser en mugissant*, et pour second complément terminatif, l'adverbe *où*.

Et qui présentent aux yeux des nochers les débris recents d'un naufrage, augure effrayant de leur sort ; c'est encore une proposition incidente déterminative. Le sujet est *qui* (pour *rochers aigus*). Il est simple, parce qu'il n'offre qu'une seule idée ; il est incomplexe, parce qu'il n'a point de modificatif. L'attribut est *présentant*. Il est simple, parce qu'il n'indique

Qu'une manière d'être du sujet ; il est complexe, parce qu'il a pour complément direct, *les débris récents d'un naufrage, augure effrayant de leur sort*, et pour complément indirect, *aux yeux des nochers*.

Dans le vaisseau, les antennes qui fléchissent sous l'effort des voiles, les mâts qui crient et se rompent, les flancs mêmes du vaisseau qui gémissent battus par les vagues, et menacent de s'entr'ouvrir ; un pilote éperdu, dont l'art épuisé succombe, et fait place au désespoir ; des matelots accablés d'un travail inutile, et qui, suspendus aux cordages, demandent au ciel, avec des cris lamentables, de seconder leurs derniers efforts ; un héros qui les encourage, et qui tâche de leur inspirer la confiance qu'il n'a plus.

Cette phrase nous présente douze propositions : une principale, et onze incidentes déterminatives.

Dans le vaisseau, (voyez) *les antennes, les mâts, les flancs mêmes du vaisseau, un pilote éperdu, des matelots accablés d'un travail inutile, un héros,* etc. Voilà une proposition principale. Le sujet est *vous* (vous, soyez voyant). Il est simple, parce qu'il désigne un être déterminé par une idée unique ; il est incomplexe, parce qu'il n'a point de modificatif. L'attribut est *voyant.* Il est simple, parce qu'il n'offre à l'esprit qu'une manière d'être du sujet ; il est complexe, parce qu'il a pour complément objectif, *les antennes, les mâts, les flancs mêmes du vaisseau, un pilote éperdu, des matelots,* etc., *un héros,* etc., et pour complément terminatif, *dans le vaisseau.*

Qui fléchissent sous l'effort des voiles ; c'est une

E 2

proposition incidente déterminative. Le sujet est *qui* (pour *antennes*). Il est simple, parce qu'il n'exprime qu'une seule idée; il est incomplexe, parce qu'il n'a point de modificatif. L'attribut est *fléchissant*. Il est simple, parce qu'il n'indique qu'une manière d'être du sujet; il est complexe, parce qu'il a pour complément terminatif, *sous l'effort des voiles*.

Qui crient; cette proposition est incidente déterminative. Le sujet est *qui* (pour *mâts*). Il est simple, parce qu'il n'offre à l'esprit qu'une seule idée; il est incomplexe, parce qu'il n'a point de modificatif. L'attribut est *criant*. Il est simple, parce qu'il n'indique qu'une manière d'être du sujet; il est incomplexe, parce qu'il n'est accompagné d'aucun modificatif.

Et (qui) *se rompent*; cette proposition, suite de la précédente, est encore incidente déterminative. Le sujet est *qui* (pour *mâts*, censé répété). Il est simple, parce qu'il n'énonce qu'une seule idée; il est incomplexe, parce qu'il n'a point de modificatif. L'attribut est *rompus* (Gramm. page 33). Il est simple, parce qu'il n'indique qu'une manière d'être du sujet; il est incomplexe, parce qu'il n'a point de modificatif.

Qui gémissent battus par les vagues; c'est une proposition incidente déterminative. Le sujet est *qui* (pour *les flancs du vaisseau*). Il est simple, parce qu'il énonce une idée unique; il est incomplexe, parce qu'il n'a point de modificatif. L'attribut est *gémissant*. Il est simple, parce qu'il n'exprime qu'une manière d'être du sujet; il est complexe, parce qu'il a pour complément terminatif, (dans cet état de étant) *battus par les vagues.*

Et (qui) *menacent de s'entr'ouvrir;* cette proposition, suite de la précédente, est pareillement incidente déterminative. Le sujet est *qui*, censé répété (pour *les flancs du vaisseau*). Il est simple, parce qu'il n'énonce qu'une seule idée ; il est incomplexe, parce qu'il n'a point de modificatif. L'attribut est *menaçant*. Il est simple, parce qu'il n'offre à l'esprit qu'une manière d'être du sujet; il est complexe, parce qu'il a pour complément terminatif, *de s'entr'ouvrir.*

Dont l'art épuisé succombe ; cette proposition est incidente déterminative. Le sujet est *art*. Il est simple, parce qu'il n'indique qu'une seule idée; il est complexe, parce qu'il a pour modificatif le participe adjectif *épuisé*, et pour déterminatif, *dont* (duquel). L'attribut est *succombant*. Il est simple, parce qu'il n'énonce qu'une manière d'être du sujet; il est incomplexe, parce qu'il n'est accompagné d'aucun modificatif.

Et fait place au désespoir; cette proposition, suite de la précédente, est aussi incidente déterminative. Le sujet est *il* pour *l'art*. Il est simple, parce qu'il ne nous présente qu'une seule idée ; il est incomplexe, parce qu'il n'a point de modificatif. L'attribut est *faisant place* (Gramm. page 118, 3º). Cet attribut est simple, parce qu'il n'indique qu'une manière d'être du sujet ; il est complexe, parce qu'il a pour complément terminatif, *au désespoir.*

Et qui, suspendus aux cordages, demandent au ciel, avec des cris lamentables, de seconder leurs der-

niers efforts; cette proposition est incidente déterminative. Le sujet est *qui* (pour *matelots.*) Il est simple, parce qu'il exprime une idée unique; il est complexe, parce qu'il a pour modificatif, *suspendus aux cordages.* L'attribut est *demandant.* Il est simple, parce qu'il n'offre à l'esprit qu'une manière d'être du sujet; il est complexe, parce qu'il a pour complément objectif, (ceci, cette grâce) *de seconder leurs derniers efforts;* pour complément terminatif, *au ciel*, et pour complément circonstanciel, *avec des cris lamentables.*

Qui les encourage; voilà une proposition incidente déterminative. Le sujet est *qui* (pour *héros*). Il est simple, parce qu'il désigne un être déterminé par une idée unique; il est incomplexe, parce qu'il n'est accompagné d'aucun modificatif. L'attribut est *encourageant.* Il est simple, parce qu'il ne présente qu'une manière d'être du sujet; il est complexe, parce qu'il a pour complément objectif le pronom relatif *les*, qui rappelle l'idée de *matelots.*

Et qui tâche de leur inspirer la confiance; cette proposition, suite de la précédente est encore incidente déterminative. Le sujet est *qui* (pour *héros*). Il est simple, parce qu'il présente à l'esprit un être déterminé par une idée unique; il est incomplexe, parce qu'il n'est accompagné d'aucun modificatif. L'attribut est *tâchant.* Il est simple, parce qu'il n'exprime qu'une manière d'être du sujet; il est complexe, parce qu'il a pour complément terminatif, *de leur inspirer la confiance.*

Qu'il n'a plus ; cette dernière proposition est encore incidente déterminative. Le sujet est *il* (pour *héros*). Il est simple, parce qu'il indique un être déterminé par une idée unique; il est incomplexe, parce qu'il n'a point de modificatif. L'attribut est *ayant*. Il est simple, parce qu'il ne présente qu'une manière d'être du sujet; il est complexe, parce qu'il a pour complément objectif le pronom relatif *que* (pour *confiance*), et pour complément circonstanciel, l'adverbe *plus*, qui marque cessation.

QUATORZIÈME EXERCICE.

Voulez-vous rendre ce tableau plus touchant et plus terrible encore ? Supposez dans le vaisseau un père avec son fils unique, des époux qui s'adorent, qui s'embrassent, qui se disent : *nous allons périr.* Il dépend de vous de faire de ce vaisseau le théâtre des passions, et de mouvoir avec cette machine touts les ressorts les plus puissants de la terreur et de la pitié. Il suffit pour cela de réfléchir aux circonstances d'une tempête. Il en est de même de touts les tableaux dont les objets tombent sous les sens : plus on y réfléchit, plus ils se développent.

ANALYSE.

Voulez-vous rendre ce tableau plus touchant et plus terrible encore ?

Cette phrase renferme une proposition principale. Le sujet est *vous*. Il est simple, parce qu'il exprime un être déterminé par une idée unique ; il est incomplexe, parce qu'il n'a point de modificatif. L'attribut est *voulant*. Il est simple, parce qu'il n'énonce qu'une manière d'être du sujet; il est complexe parce qu'il a pour complément objectif, *rendre ce tableau plus touchant et plus terrible encore.*

Supposez dans le vaisseau un père avec son fils unique, des époux qui s'adorent, qui s'embrassent, qui se disent : nous allons périr.

Cette phrase est composée de cinq propositions, savoir, d'une principale, et de quatre incidentes déterminatives.

Supposez dans le vaisseau un père avec son fils unique, des époux.... Voilà une proposition principale. Le sujet est *vous* (vous, soyez supposant). Ce sujet est simple, parce qu'il présente à l'esprit un être déterminé par une idée unique; il est incomplexe, parce qu'il n'a point de modificatif. L'attribut est *supposant*. Il est simple, parce qu'il n'indique qu'une manière d'être du sujet; il est complexe, parce qu'il a pour complément objectif, *un père avec son fils unique, des époux qui,* etc., et pour complément terminatif, *dans le vaisseau.*

Qui s'adorent; cette proposition est incidente déterminative. Le sujet est *qui* (pour *époux*). Il est simple, parce qu'il n'exprime qu'une seule idée ; il est incomplexe, parce qu'il n'a point de modificatif. L'attribut est *adorant.* Il est simple, parce qu'il ne marque qu'une manière d'être du sujet; il est complexe, parce qu'il a pour complément objectif, le pronom *se.*

Qui s'embrassent; cette proposition, suite de la

précédente, est incidente déterminative. Le sujet est *qui* (pour *époux*). Il est simple, parce qu'il présente une idée unique; il est incomplexe, parce qu'il n'est accompagné d'aucun modificatif. L'attribut est *embrassant*. Il est simple, parce qu'il n'énonce qu'une manière d'être du sujet; il est complexe, parce qu'il a pour complément objectif, le pronom *se*.

Qui se disent; cette proposition, suite des deux précédentes, est aussi incidente déterminative. Le sujet est *qui* (pour *époux*). Il est simple, parce qu'il n'indique qu'une seule idée; il est incomplexe, parce qu'il n'a aucun modificatif. L'attribut est *disant*. Il est simple, parce qu'il ne présente à l'esprit qu'une manière d'être du sujet; il est complexe, parce qu'il a pour complément direct, (ceci, ces paroles) *nous allons périr*, et pour complément indirect, le pronom *se* (pour *à eux*).

Nous allons périr; cette proposition est incidente déterminative. Le sujet est *nous*. Il est simple, parce qu'il n'énonce qu'une seule idée; il est incomplexe, parce qu'il n'est accompagné d'aucun modificatif. L'attribut est *allant*. Il est simple, parce qu'il n'indique qu'une manière d'être du sujet; il est complexe, parce qu'il a pour complément terminatif, (à l'état de) *périr*.

Il dépend de vous de faire de ce vaisseau le théâtre des passions, et de mouvoir avec cette machine touts les ressorts les plus puissants de la terreur et de la pitié.

Cette phrase ne contient qu'une proposition ; elle est principale, et doit se ramener à celle-ci :

5

il (cela, l'action de) *faire de ce vaisseau le théâtre des passions, et mouvoir avec cette machine touts les ressorts les plus puissants de la terreur et de la pitié, dépend de vous.* Le sujet est *il*, pour le pronom collectif *ce* (faire et mouvoir). Il est simple, parce que, sous cette forme, il n'énonce qu'une idée ; il est complexe, parce qu'il a pour déterminatif, *faire de ce vaisseau le théâtre des passions, et mouvoir avec cette machine touts les ressorts de la terreur et de la pitié.* L'attribut est *dépendant.* Il est simple, parce qu'il ne présente qu'une manière d'être du sujet ; il est complexe, parce qu'il a pour complément terminatif, *de vous.*

Il suffit pour cela de réfléchir aux circonstances d'une tempête ; cette phrase présente un proposition principale. Nous la ramenons à celle-ci : *il* (cela, l'action de) *réfléchir aux circonstances d'une tempête est suffisante pour cela.* Le sujet est *il.* Il est simple, parce qu'il ne présente à l'esprit qu'une seule idée ; il est complexe, parce qu'il a pour déterminatif, *réfléchir aux circonstances d'une tempête.* L'attribut est *suffisant.* Il est simple, parce qu'il n'exprime qu'une manière d'être du sujet ; il est complexe, parce qu'il a pour complément terminatif, *pour cela.*

Il en est de même de touts les tableaux dont les objets tombent sous les sens : plus on y réfléchit, plus ls se développent.

Cette phrase renferme quatre propositions : une principale absolue, une principale relative, et deux incidentes déterminatives.

Il en est de même de touts les tableaux ; cette proposition est principale absolue. Nous devons la décomposer ainsi : *il* (cela) *est* (arrivant, se faisant) *de la même* (manière) pour *touts les tableaux*. Le sujet est *il*. Ce sujet est simple, parce qu'il ne présente qu'une seule idée ; il est incomplexe, parce qu'il n'a point de modificatif. L'attribut est *arrivant* ou *se faisant* (non énoncé). Il est simple, parce qu'il n'exprime qu'une seule manière d'être du sujet ; il est complexe, parce qu'il a pour compléments terminatifs, *en* (pour *de ceci*), *de touts les tableaux*, et pour complément circonstanciel, *de même* (de la même manière).

Dont les objets tombent sous les sens : voilà une proposition incidente déterminative. Le sujet est *objets*. Il est simple, parce qu'il n'exprime qu'une seule idée ; il est complexe, parce qu'il a pour déterminatif le pronom relatif *dont*, pour *de lesquels* (tableaux). L'attribut est *tombant*. Il est simple, parce qu'il n'énonce qu'une manière d'être du sujet ; il est complexe, parce qu'il a pour complément terminatif, *sous les sens*.

Plus on y réfléchit, plus ils se développent ; ces deux propositions doivent être rétablies en cette sorte : *ils* (les tableaux) *se développent d'autant plus qu'on y réfléchit plus*. La première est principale relative ; la seconde est incidente déterminative.

Ils se développent d'autant plus : voilà une proposition principale relative. Le sujet est *ils* (pour *tableaux*. Il est simple, parce qu'il ne nous présente qu'une seule idée ; il est incomplexe, parce qu'il n'a point de modificatif. L'attribut est *développés* (Gram.

6

p. 33). Cet attribut est simple, parce qu'il n'indique qu'une manière d'être du sujet ; il est complexe, parce qu'il a pour complément circonstanciel, l'adverbe *plus*, ou *d'autant plus*).

Qu'on y réfléchit plus; cette proposition est incidente déterminative. Le sujet est *on*. Il est simple, parce qu'il exprime une idée unique ; il est incomplexe, parce qu'il n'est accompagné d'aucun modificatif. L'attribut est *réfléchissant*. Il est simple, parce qu'il n'offre à l'esprit qu'une manière d'être du sujet ; il est complexe, parce qu'il a pour complément terminatif, *y* pour *à cela* (à ces tableaux), et pour complément circonstanciel, l'adverbe *plus*.

QUINZIÈME EXERCICE.

Massillon adresse à l'Être suprême cette sublime apostrophe, dans son sermon *sur le petit nombre des prédestinés;* O Dieu! *où sont vos élus ?* Ces paroles si simples répandent la consternation : chaque auditeur se place lui-même dans le dénombrement des réprouvés qui a précédé ce trait ; il n'ose plus répondre à l'orateur qui lui a demandé et redemandé s'il étoit du nombre des justes dont les noms seront seuls écrits dans le Livre de vie ; et, rentrant avec effroi dans son propre cœur, qui s'explique assez par ses remords, il croit alors entendre l'arrêt irrévocable de sa réprobation.

ANALYSE.

Massillon adresse à l'Être suprême cette sublime

apostrophe, dans son sermon sur le petit nombre des prédestinés : *O Dieu ! où sont vos élus?*

Cette phrase comprend trois propositions, savoir, une principale, et deux incidentes déterminatives.

Massillon adresse à l'Être suprême cette sublime apostrophe, dans son sermon sur le petit nombre des prédestinés. Cette proposition est principale. Le sujet est *Massillon*. Il est simple, parce qu'il désigne un être déterminé par une idée unique ; il est incomplexe, parce qu'il n'est accompagné d'aucun modificatif. L'attribut est *adressant*. Il est simple, parce qu'il n'indique qu'une manière d'être du sujet ; il est complexe, parce qu'il a pour complément direct, *cette sublime apostrophe ;* pour complément indirect, *à l'Être suprême*, et pour complément circonstanciel, *dans son sermon sur le petit nombre des prédestinés.*

O Dieu! Cette proposition exclamative elliptique (30) est incidente déterminative. Elle doit être ramenée à celle-ci : *je vous le demande* (j'ose vous le demander), *ô mon Dieu !* Le sujet est *je*. Il est simple, parce qu'il énonce un être déterminé par une idée unique ; il est incomplexe, parce qu'il n'a point de modificatif. L'attribut est *demandant*. Il est simple, parce qu'il ne présente à l'esprit qu'une seule manière d'être du sujet ; il est complexe, parce qu'il a pour complément objectif, *le* (ceci), *où sont*, etc.

Où sont vos élus ? Cette proposition interrogative est incidente déterminative. Le sujet est *élus*. Il est simple, parce qu'il n'offre à l'esprit qu'une seule idée ; il est complexe, parce que l'adjectif possessif *vos* le qualifie et le détermine. L'attribut est *existant*. Il est simple, parce qu'il n'exprime qu'une manière d'être du sujet ; il est complexe, parce qu'il a pour complément terminatif, l'adverbe *où*, qui marque la situation (27).

Ces paroles si simples répandent la consternation : chaque auditeur se place lui-même dans le dénombrement des réprouvés qui a précédé ce trait ; il n'ose plus répondre à l'orateur qui lui a demandé et redemandé s'il étoit du nombre des justes dont les noms seront seuls écrits dans le Livre de vie ; et, rentrant avec effroi dans son propre cœur, qui s'explique assez par ses remords, il croit alors entendre l'arrêt irrévocable de sa réprobation.

Cette phrase est composée de neuf propositions, savoir, d'une proposition principale absolue, de trois principales relatives, de quatre incidentes déterminatives, et d'une incidente explicative.

Ces paroles si simples répandent la consternation ; cette proposition est principale absolue. Le sujet est *paroles*. Il est simple, parce qu'il ne présente à l'esprit qu'une seule idée ; il est complexe, parce qu'il a pour modificatifs les adjectifs *ces* et *si simples*. L'attribut est *répandant*. Cet attribut est simple, parce qu'il n'énonce qu'une manière d'être du sujet ; il est complexe, parce qu'il a pour complément objectif, *la consternation*.

Chaque auditeur se place lui-même dans le dénombrement des réprouvés ; c'est une proposition principale relative. Le sujet est *auditeur*. Il est simple, parce qu'il indique un être déterminé par une idée unique ; il est complexe, parce que l'adjectif *chaque* le qualifie et le détermine. L'attribut est *plaçant*. Il est simple, parce qu'il n'exprime qu'une manière d'être du sujet ; il est complexe, parce qu'il a pour complément objectif, *se*, *lui-même*, et pour complément terminatif, *dans le dénombrement des réprouvés*.

Qui a précédé ce trait : voilà une proposition incidente déterminative. Le sujet est *qui* (pour *dénombrement*). Il est simple, parce qu'il présente une idée unique ; il est incomplexe, parce qu'il n'a point de modificatif. L'attribut est *précédant* (36, 37 et 38). Il est simple, parce qu'il n'indique qu'une manière d'être du sujet ; il est complexe, parce qu'il a pour complément objectif, *ce trait*.

Il n'ose plus répondre à l'orateur; cette proposition est principale relative. Le sujet est *il*, qui rappelle l'idée d'*auditeur*. Il est simple, parce qu'il désigne un être déterminé par une idée unique ; il est incomplexe, parce qu'il n'est accompagné d'aucun modificatif. L'attribut est *osant*. Il est simple, parce qu'il n'offre à l'esprit qu'une manière d'être du sujet ; il est complexe, parce qu'il a pour complément objectif, *répondre à l'orateur*, et pour complément circonstanciel, l'adverbe *plus*.

Qui lui a demandé et redemandé ; cette proposition est incidente déterminative. Le sujet est *qui* (pour *orateur*). Il est simple, parce qu'il exprime un être unique ; il est incomplexe, parce qu'il n'a point de modificatif. L'attribut est *demandant* et *redemandant* (36, 37 et 38). Il est composé, parce qu'il indique deux manières d'être qui peuvent convenir successivement au même sujet; il est complexe, parce qu'il a pour complément objectif non énoncé, (*ceci*, savoir) *s'il étoit*, etc., et pour complément indirect, *lui* pour *à lui*.

S'il étoit du nombre des justes ; c'est une proposition incidente déterminative. Le sujet est *il*, qui rapelle l'idée d'*auditeur*. Il est simple, parce qu'il désigne un être déterminé par une idée unique; il est incomplexe, parce qu'il n'a aucun modificatif. L'attribut est *faisant partie* (40). Il est simple, parce qu'il ne présente qu'une manière d'être du sujet; il est complexe, parce qu'il a pour complément terminatif, *du nombre des justes*.

Dont les noms seront seuls écrits dans le Livre de vie ; cette proposition est encore une proposition incidente déterminative. Le sujet est *noms*. Il est simple, parce qu'il exprime une idée unique; il est complexe, parce qu'il a pour déterminatif, le pronom relatif *dont*, pour *de lesquels* (justes). L'attribut est *écrits*. Il est simple, parce qu'il n'indique qu'une manière d'être du sujet; il est complexe ; parce qu'il est modifié par l'adjectif *seuls*, et qu'il a pour complément terminatif, *dans le Livre de vie*.

Et, rentrant avec effroi dans son propre cœur, il croit alors entendre l'arrêt irrévocable de sa réprobation ; cette proposition est principale relative. Le sujet est *il*, qui rappele l'idée d'*auditeur*. Il est simple, parce qu'il désigne un être unique; il est complexe, parce qu'il a pour modificatif, *rentrant avec effroi dans son propre cœur*. L'attribut est *croyant*. Il est simple, parce qu'il n'indique qu'une manière d'être du sujet ; il est complexe, parce qu'il a pour complément objectif, *entendre l'arrêt irrévocable de sa réprobation*, et pour complément terminatif, l'adverbe de temps *alors*.

Qui s'explique assez par ses remords : voilà une proposition incidente explicative. Le sujet est *qui* pour *cœur*. Il est simple, parce qu'il n'offre à l'esprit qu'une seule idée ; il est incomplexe, parce qu'il n'est accompagné d'aucun modificatif. L'attribut est *expliquant*. Il est simple, parce qu'il n'exprime qu'une manière d'être du sujet ; il est complexe, parce qu'il a pour complément objectif, *se* ; pour complément terminatif, *par ses remords*, et pour complément circonstanciel, *assez*.

SEIZIÈME EXERCICE.

Louis XII mérita et reçut de la nation le plus beau titre que les rois puissent porter, le nom de *père du peuple*. Il diminua les impôts de plus de moitié ; jamais il n'exigea de nouveaux subsides pour les dépenses de la guerre. S'il employa une ressource dangereuse, et jusqu'alors peu connue, la vénalité des charges, il ne l'étendit point aux offices de judicature, les moins susceptibles de vénalité. Les dignités de la robe ne se donnoient alors qu'au mérite. C'étoit l'usage que les parlements présentassent trois sujets pour une place vacante, et que le roi en nommât un. Choisis entre les plus célèbres avocats, ils avoient en quelque sorte acquis le droit de juger, en se distinguant par leurs lumières et leurs vertus.

ANALYSE.

Louis XII mérita et reçut de la nation le plus beau titre que les rois puissent porter, le nom de père du peuple.

Cette phrase est composée de deux propositions, savoir, d'une principale, et d'une incidente déterminative.

Louis XII mérita et reçut de la nation le plus beau titre, le nom de père du peuple : voilà une proposition principale (*). Le sujet est *Louis*. Il est simple, parce qu'il désigne un être déterminé par une idée unique ; il est complexe, parce qu'il a pour modificatif, l'adjectif ordinal *douze* ou *douzième*. L'attribut est *méritant et recevant*. Cet attribut est composé, parce qu'il exprime deux manières d'être du sujet ; il est complexe, parce qu'il a pour complément objectif, *le plus beau titre, le nom de* père du peuple, et pour complément terminatif, *de la nation*.

Que les rois puissent porter ; cette proposition est incidente déterminative. Le sujet est *rois*. Il est simple, parce qu'il exprime une idée unique ; il est incomplexe, parce qu'il n'a point de modificatif. L'attribut est *pouvant*. Il est simple, parce qu'il ne présente

―――――――――――――――――――――
(*) On pourroit faire aussi deux propositions séparées : *Louis XII mérita, Louis XII reçut*, etc.

qu'une manière d'être du sujet; il est complexe, parce qu'il a pour complément terminatif, *porter*, etc.

Il diminua les impôts de plus de moitié ; jamais il n'exigea de nouveaux subsides pour les dépenses de la guerre.

Cette phrase comprend deux propositions : une principale absolue, et une principale relative.

Il diminua les impôts de plus de moitié : c'est une proposition principale absolue. Le sujet est *il*, qui tient la place de *Louis XII*. Il est simple, parce qu'il désigne un être déterminé par une idée unique; il est incomplexe, parce qu'il n'est accompagné d'aucun modificatif. L'attribut est *diminuant*. Il est simple, parce qu'il n'indique qu'une manière d'être du sujet ; il est complexe, parce qu'il a pour complément objectif, *les impôts*, et pour complément circonstanciel, *de plus de moitié*.

Jamais il n'exigea de nouveaux subsides pour les dépenses de la guerre ; cette proposition est principale relative. Le sujet est *il*, qui rappelle l'idée de *Louis XII*. Il est simple, parce qu'il désigne un être unique ; il est incomplexe, parce qu'il n'a point de modificatif. L'attribut est *exigeant*. Il est simple, parce qu'il ne présente à l'esprit qu'une manière d'être du sujet ; il est complexe, parce qu'il a pour complément objectif, *de nouveaux subsides ;* pour complément terminatif, *pour les dépenses de la guerre*, et pour complément circonstanciel, l'adverbe de temps *jamais*.

S'il employa une ressource dangereuse, et jus-

qu'alors peu connue, la vénalité des charges, il ne l'étendit point aux offices de judicature, les moins susceptibles de vénalité.

Cette phrase renferme deux propositions : une principale absolue, et l'autre principale relative.

Il employa (à la vérité) *une ressource dangereuse, et jusqu'alors peu connue, la vénalité des charges ;* c'est une proposition principale absolue. Le sujet est *il* (pour *Louis XII*). Il est simple, parce qu'il ne désigne qu'un seul être ; il est incomplexe, parce qu'il n'a point de modificatif. L'attribut est *employant*. Cet attribut est simple, parce qu'il n'exprime qu'une manière d'être du sujet; il est complexe, parce qu'il a pour complément objectif, *une ressource dangereuse, et jusqu'alors peu connue, la vénalité des charges.*

(Mais) *il ne l'étendit point aux offices de judicature, les moins susceptibles de vénalité ;* cette proposition est principale relative. Le sujet est *il*, qui rappelle l'idée de *Louis XII*. Il est simple, parce qu'il désigne un être unique ; il est incomplexe, parce qu'il n'est accompagné d'aucun modificatif. L'attribut est *étendant*. Il est simple, parce qu'il n'offre à l'esprit qu'une manière d'être du sujet; il est complexe, parce qu'il a pour complément objectif, *la*, pour *elle* (la ressource), et pour complément terminatif, *aux offices de judicature, les moins susceptibles de vénalité.*

Les dignités de la robe ne se donnoient alors qu'au mérite : voilà une proposition principale. Le sujet est *dignités*. Il est simple, parce qu'il exprime une idée unique; il est complexe, parce qu'il a pour déterminatif, *de la robe*. L'attribut est *données* (Le verbe est pronominal, Grammaire, page 33 et 160). Cet attribut est simple, parce qu'il n'indique qu'une manière d'être du sujet; il est complexe, parce qu'il a pour complément terminatif, *au mérite*; et pour complément circonstanciel, l'adverbe de temps *alors*.

C'étoit l'usage que les parlements présentassent trois sujets pour une place vacante, et que le roi en nommât un.

Cette phrase nous fournit trois propositions : une principale, et deux incidentes déterminatives.

C'étoit l'usage; cette proposition est principale. Nous la ramenons à celle-ci : *l'usage étoit ceci, celui-ci*, savoir que, etc. Le sujet est *usage*. Il est simple, parce qu'il présente une idée unique; il est incomplexe, parce qu'il n'a point de modificatif. L'attribut est *ce, celui-ci*. Il est simple, parce qu'il n'indique qu'une manière d'être du sujet; il est complexe, parce qu'il a pour déterminatif, (savoir que) *les parlements présentassent, et que le roi nommât*, etc.

Que les parlements présentassent trois sujets pour une place vacante; voilà une proposition incidente déterminative. Le sujet est *parlements*. Il est simple, parce qu'il indique une idée unique; il est incomplexe, parce qu'il n'est accompagné d'aucun modificatif. L'attribut est *présentant*. Il est simple, parce qu'il n'exprime qu'une seule manière d'être du sujet;

il est complexe, parce qu'il a pour complément objectif, *trois sujets*, et pour complément terminatif, *pour une place vacante*.

Et que le roi en nommât un; c'est encore une proposition incidente déterminative. Le sujet est *roi*. Il est simple, parce qu'il désigne un être déterminé par une idée unique; il est incomplexe, parce qu'il n'a point de modificatif. L'attribut est *nommant*. Cet attribut est simple, parce qu'il n'indique qu'une seule manière d'être du sujet; il est complexe, parce qu'il a pour complément objectif, *un d'eux* (*en*, des trois sujets présentés).

Choisis entre les plus célèbres avocats, ils avoient en quelque sorte acquis le droit de juger, en se distinguant par leurs lumières et leurs vertus.

Cette phrase nous présente une proposition principale. Le sujet est *ils*, qui rappelle l'idée de *sujets*. Il est simple, parce qu'il exprime une idée unique; il est complexe, parce qu'il a pour modificatif, *choisis entre les plus célèbres avocats*. L'attribut est *acquérant* (36, 37 et 38). Il est simple, parce qu'il n'offre à l'esprit qu'une manière d'être du sujet; il est complexe, parce qu'il a pour complément objectif, *le droit de juger*, et pour compléments circonstanciels, *en quelque sorte*, et, *en se distinguant par leurs lumières et leurs vertus*.

DIX-SEPTIÈME EXERCICE.

Comme le premier penchant des peuples est d'imiter les rois, le premier devoir des rois est de donner de saints exemples aux peuples. Les hommes ordinaires ne semblent naître que pour eux seuls ; leurs vices ou leurs vertus sont obscurs comme leur destinée : confondus dans la foule, s'ils tombent ou s'ils demeurent fermes, c'est également à l'insçu du public ; leur perte ou leur salut se borne à leur personne : ou du moins leur exemple peut bien séduire, et détourner quelquefois de la vertu ; mais il ne sauroit imposer, et autoriser le vice.

ANALYSE.

Comme le premier penchant des peuples est d'imiter les rois, le premier devoir des rois est de donner de saints exemples aux peuples.

Cette phrase comprend deux propositions : une principale absolue, et l'autre principale relative.

Comme le premier penchant des peuples est (celui) *d'imiter les rois* ; cette proposition est principale absolue. Le sujet est *penchant*. Il est simple, parce qu'il exprime une idée unique ; il est complexe, parce qu'il est modifié par l'adjectif *premier*, et qu'il a pour déterminatif, *des peuples.* L'attribut est *celui*, ceci (non énoncé). Cet attribut est simple, parce qu'il n'indique qu'une manière d'être du sujet ; il est complexe, parce qu'il a pour complément terminatif, *d'imiter les rois*, et pour modificatif, *comme* (de même).

Le premier devoir des rois est (celui) *de donner de saints exemples aux peuples* ; cette proposition est principale relative. Le sujet est *devoir*. Il est simple, parce qu'il ne présente qu'une seule idée ; il est complexe, parce qu'il est modifié par l'adjectif *premier*, et déterminé par ces mots, *des rois*. L'attribut est *celui*, *ceci* (non énoncé (40). Il est simple, parce qu'il n'offre à l'esprit qu'une manière d'être du sujet; il est complexe, parce qu'il a pour complément terminatif, *de donner de saints exemples aux peuples.*

Les hommes ordinaires ne semblent naître que pour eux seuls ; leurs vices ou leurs vertus sont obscurs comme leur destinée : confondus dans la foule, s'ils tombent ou s'ils demeurent fermes, c'est également à l'insçu du public; leur perte ou leur salut se borne à leur personne : ou du moins leur exemple peut bien séduire, et détourner quelquefois de la vertu ; mais il ne saurait imposer, et autoriser le vice.

Cette phrase est composée de sept propositions, savoir, d'une principale absolue, de cinq principales relatives, et d'une incidente déterminative.

Les hommes ordinaires ne semblent naître que pour eux seuls : voilà une proposition principale absolue. Le sujet est *hommes*. Il est simple, parce qu'il exprime une idée unique; il est complexe, parce qu'il est modifié par l'adjectif *ordinaires*. L'attribut est *semblant naître* (34). Il est simple, parce qu'il n'indique qu'une manière d'être du sujet ; il est complexe, parce qu'il a pour complément terminatif, *pour eux seuls.*

Leurs vices ou leurs vertus sont obscurs comme leur

destinée ; cette proposition est principale relative. Le sujet est *vices et vertus*. Il est composé, parce qu'il comprend plusieurs idées auxquelles peut convenir séparément le même attribut; il est complexe, parce que l'adjectif possessif *leurs* le qualifie et le détermine. L'attribut est *obscurs*. Cet attribut est simple, parce qu'il n'exprime qu'une manière d'être du sujet; il est complexe, parce qu'il a pour complément circonstanciel, *comme leur destinée*.

C'est également à l'insçu du public ; cette proposition est encore principale relative. Le sujet est *ce*. Il est simple, parce qu'il indique une idée unique ; il est complexe, parce qu'il a pour déterminatif, *s'ils tombent ou*, etc., (cela, savoir, *s'ils tombent ou s'ils demeurent*, etc., *est également* arrivant). L'attribut est *se faisant, arrivant*. Cet attribut est simple, parce qu'il ne présente qu'une manière d'être du sujet; il est complexe, parce qu'il a pour complément terminatif, *à l'insçu du public*, et pour complément circonstanciel, l'adverbe *également*.

Confondus dans la foule, s'ils tombent ou s'ils demeurent fermes : voilà une proposition incidente déterminative. Le sujet est *ils*, qui rappelle l'idée d'*hommes ordinaires*. Il est simple, parce qu'il n'offre à l'esprit qu'une seule idée; il est complexe, parce qu'il a pour modificatif, *confondus dans la foule*. L'attribut est *tombant* et *demeurant fermes*. Cet attribut est composé, parce qu'il indique deux manières d'être du sujet; il est incomplexe, parce qu'il n'est accompagné d'aucun modificatif.

F.

Leur perte ou leur salut se borne à leur personne; c'est une proposition principale relative. Le sujet est *perte ou salut*. Il est composé, parce qu'il comprend deux idées auxquelles peut convenir séparément le même attribut; il est complexe, parce que l'adjectif possessif *leur* le qualifie et le détermine. L'attribut est *borné* (Le verbe est ici pronominal. Il est simple, parce qu'il n'énonce qu'une seule manière d'être du sujet; il est complexe, parce qu'il a pour complément terminatif, *à leur personne*.

Ou du moins leur exemple peut bien séduire, et détourner quelquefois de la vertu; cette proposition est principale relative. Le sujet est *exemple*. Il est simple, parce qu'il n'exprime qu'une idée; il est complexe, parce qu'il a pour modificatif, l'adjectif possessif *leur*. L'attribut est *pouvant*. Il est simple, parce qu'il n'indique qu'une manière d'être du sujet; il est complexe, parce qu'il a pour complément terminatif, *séduire, et détourner quelquefois de la vertu*, et pour compléments circonstanciels, les adverbes *bien*, *du moins*.

Mais il ne sauroit imposer, et autoriser le vice; c'est encore une proposition principale relative. Le sujet est *il* (pour *exemple*). Il est simple, parce qu'il présente une idée unique; il est incomplexe, parce qu'il n'a point de modificatif. L'attribut est *sachant*. Il est simple, parce qu'il n'indique qu'une manière d'être du sujet; il est complexe, parce qu'il a pour complément objectif, *imposer, et autoriser le vice*.

DIX-HUITIÈME EXERCICE.

Les princes et les grands, au contraire, ne semblent nés que pour les autres. Le même rang qui les donne en spectacle les propose pour modèles ; leurs mœurs forment bientôt les mœurs publiques : on suppose que ceux qui méritent nos hommages ne sont pas indignes de notre imitation : la foule n'a point d'autre loi que les exemples de ceux qui commandent : leur vie se reproduit, pour ainsi dire, dans le public; et, si leurs vices trouvent des censeurs, c'est d'ordinaire parmi ceux mêmes qui les imitent.

ANALYSE.

Les princes et les grands, au contraire, ne semblent nés que pour les autres.

Cette proposition est principale. Le sujet est *les princes et les grands*. Il est composé, parce qu'il comprend deux idées à chacune desquelles peut convenir séparément le même attribut; il est incomplexe, parce qu'il n'est accompagné d'aucun modificatif. L'attribut est *semblant nés* (34). Cet attribut est simple, parce qu'il n'offre à l'esprit qu'une manière d'être du sujet; il est complexe, parce qu'il a pour complément terminatif, *pour les autres*, et pour complément circonstanciel, la locution adverbiale *au contraire*.

Le même rang qui les donne en spectacle les propose

pose pour modèles ; leurs mœurs forment bientôt les mœurs publiques : on suppose que ceux qui méritent nos hommages ne sont pas indignes de notre imitation : la foule n'a point d'autre loi que les exemples de ceux qui commandent : leur vie se reproduit, pour ainsi dire, dans le public; et, si leurs vices trouvent des censeurs, c'est d'ordinaire parmi ceux mêmes qui les imitent.

Cette phrase renferme douze propositions, savoir, une principale absolue, cinq principales relatives, et six incidentes déterminatives.

Le même rang les propose pour modèles; c'est une proposition principale absolue. Le sujet est *rang*. Il est simple, parce qu'il exprime une idée unique; il est complexe, parce qu'il a pour modificatif, l'adjectif *même*, et pour déterminatif, *qui les donne en spectacle*. L'attribut est *proposant*. Il est simple, parce qu'il ne nous présente qu'une manière d'être du sujet; il est complexe, parce qu'il a pour complément objectif, le pronom relatif *les* (pour *les princes et les grands*), et pour complément terminatif, *pour modèles*.

Qui les donne en spectacle : voilà une proposition incidente déterminative. Le sujet est *qui* (pour *rang*). Il est simple, parce qu'il n'offre à l'esprit qu'une seule idée; il est incomplexe, parce qu'il n'a point de modificatif. L'attribut est *donnant*. Il est simple, parce qu'il n'indique qu'une manière d'être du sujet; il est complexe, parce qu'il a pour complément objectif, le pronom relatif *les* (pour *les princes et les grands*), et pour complément terminatif, *en spectacle*.

Leurs mœurs forment bientôt les mœurs publiques; cette proposition est principale relative. Le sujet est *mœurs*. Il est simple, parce qu'il n'exprime qu'une seule idée; il est complexe, parce que l'adjectif possessif *leurs* le qualifie et le détermine. L'attribut est *formant*. Il est simple, parce qu'il n'indique qu'une manière d'être du sujet; il est complexe, parce qu'il a pour complément objectif, *les mœurs publiques*, et pour complément circonstanciel, l'adverbe de temps *bientôt*.

On suppose, etc. Voilà une proposition principale relative. Le sujet est *on*. Il est simple, parce qu'il ne présente qu'une idée; il est incomplexe, parce qu'il n'a point de modificatif. L'attribut est *supposant*. Il est simple, parce qu'il n'indique qu'une manière d'être du sujet; il est complexe, parce qu'il a pour déterminatif, *que ceux qui*, etc.

Ceux(-là) *ne sont pas indignes de notre imitation;* cette proposition est incidente déterminative. Le sujet est *ceux*. Il est simple, parce qu'il n'exprime qu'une seule idée; il est complexe, parce qu'il a pour déterminatif, *qui méritent nos hommages*. L'attribut est *indignes*. Il est simple, parce qu'il n'offre à l'esprit qu'une manière d'être du sujet; il est complexe, parce qu'il a pour complément terminatif, *de notre imitation*.

Qui méritent nos hommages; c'est encore une proposition incidente déterminative. Le sujet est *qui* (pour *ceux*). Il est simple, parce qu'il présente une idée unique; il est incomplexe, parce qu'il n'est accompagné d'aucun modificatif. L'attribut est *méritant*. Il est simple, parce qu'il n'indique qu'une manière d'être du sujet; il est complexe, parce qu'il a pour complément objectif, *nos hommages*.

La foule n'a point d'autre loi que les exemples de ceux..... Cette proposition est principale relative. Le sujet est *foule*. Il est simple, parce qu'il n'exprime qu'une seule idée; il est incomplexe, parce qu'il n'a point de modificatif. L'attribut est *ayant*. Il est simple, parce qu'il n'offre à l'esprit qu'une manière d'être du sujet; il est complexe, parce qu'il a pour complément objectif, *d'autre loi que les exemples de ceux*, etc.

Qui commandent: voilà une proposition incidente déterminative. Le sujet est *qui* (pour *ceux*). Il est simple, parce qu'il exprime une idée unique; il est incomplexe, parce qu'il n'a point de modificatif. L'attribut est *commandant*. Il est simple, parce qu'il n'indique qu'une manière d'être du sujet; il est incomplexe, parce qu'il n'est accompagné d'aucun modificatif.

Leur vie se reproduit, pour ainsi dire, dans le public; cette proposition est principale relative. Le sujet est *vie*. Il est simple, parce qu'il ne présente qu'une seule idée; il est complexe, parce que l'adjectif possessif *leur* le qualifie et le détermine. L'attribut est *reproduite* (Le verbe est pronominal, Gram. p. 33 et 160). Cet attribut est simple, parce qu'il n'exprime qu'une manière d'être du sujet; il est complexe, parce qu'il a pour complément terminatif, *dans le public*, et pour complément circonstanciel, cette locution qui sert à modifier, à adoucir, *pour ainsi dire*.

C'est d'ordinaire parmi ceux mêmes qui, etc..... Cette proposition est principale relative. Le sujet est *ce*. Il est simple, parce qu'il exprime une idée unique; il est complexe, parce qu'il a pour déterminatif, *si leurs vices trouvent*, etc., (ce, cela, savoir *si leurs vices trouvent*, etc.). L'attribut est *arrivant* (40). Cet attribut est simple, parce qu'il n'offre à l'esprit qu'une manière d'être du sujet; il est complexe, parce qu'il a pour complément terminatif, *parmi ceux mêmes qui*, etc., et pour complément circonstanciel, *d'ordinaire*.

Qui les imitent; voilà une proposition incidente déterminative. Le sujet est *qui* (pour *ceux*). Il est simple, parce qu'il ne présente qu'une seule idée; il est incomplexe, parce qu'il n'est accompagné d'aucun modificatif. L'attribut est *imitant*. Il est simple, parce qu'il n'indique qu'une manière d'être du sujet; il est complexe, parce qu'il a pour complément objectif le pronom relatif *les*, qui rappelle l'idée de *ceux qui commandent*.

Si (quand) *leurs vices trouvent des censeurs;* c'est encore une proposition incidente déterminative. Le sujet est *vices*. Il est simple, parce qu'il exprime une idée unique; il est complexe, parce que l'adjectif possessif *leurs* le qualifie et le détermine. L'attribut est *trouvant*. Il est simple, parce qu'il n'offre à l'esprit qu'une manière d'être du sujet ; il est complexe, parce qu'il a pour complément objectif, *des censeurs*.

DIX-NEUVIÈME EXERCICE.

La piété véritable est l'ordre de la société ; elle laisse chacun à sa place, fait de l'état où Dieu nous a placés l'unique voie de notre salut, ne met pas une perfection chimérique dans des œuvres que Dieu ne demande pas de nous, ne sort pas de l'ordre de ses devoirs pour s'en faire d'étrangers, et regarde comme des vices les vertus qui ne sont pas de notre état.

Tout ce qui trouble l'harmonie publique est un excès de l'homme, et non un zèle et une perfection de la vertu. La religion désavoue les œuvres les plus saintes qu'on substitue aux devoirs, et l'on n'est rien devant Dieu quand on n'est pas ce que l'on doit être.

ANALYSE.

La piété véritable est l'ordre de la société ; elle laisse chacun à sa place, fait de l'état où Dieu nous a placés l'unique voie de notre salut, ne met pas une perfection chimérique dans des œuvres que Dieu ne demande pas de nous, ne sort pas de l'ordre de ses devoirs pour s'en faire d'étrangers, et regarde comme des vices les vertus qui ne sont pas de notre état.

Cette phrase comprend neuf propositions : une principale absolue, cinq principales relatives, et trois incidentes déterminatives.

La piété véritable est l'ordre de la société ; cette proposition est principale absolue. Le sujet est *piété*. Il est simple, parce qu'il exprime une idée unique ; il est complexe, parce qu'il a pour modificatif l'adjectif *véritable*. L'attribut est *l'ordre*. Il est simple, parce qu'il ne présente qu'une manière d'être du sujet ; il est complexe, parce qu'il a pour déterminatif, *de la société*.

Elle laisse chacun à sa place.... Voilà une proposition principale relative. Le sujet est *elle* (pour *la piété*). Il est simple, parce qu'il n'offre à l'esprit qu'une seule idée ; il est incomplexe, parce qu'il n'est accompagné d'aucun modificatif. L'attribut est *laisant*. Il est simple, parce qu'il n'indique qu'une manière d'être du sujet ; il est complexe, parce qu'il a pour complément objectif, *chacun*, et pour complément terminatif, *à sa place*.

(*Elle*) *fait de l'état.... l'unique voie de notre salut* ; cette proposition est principale relative. Le sujet est *elle* (pour *la piété*). Il est simple, parce qu'il ne présente qu'une seule idée ; il est incomplexe, parce qu'il n'a point de modificatif. L'attribut est *faisant*. Il est simple, parce qu'il n'indique qu'une manière d'être du sujet ; il est complexe, parce qu'il a pour complément objectif, *l'unique voie de notre salut*, et pour complément terminatif, *de l'état où*, etc.

Où Dieu nous a placés ; c'est une proposition incidente déterminative. Le sujet est *Dieu*. Il est simple, parce qu'il présente à l'esprit un être déterminé par une idée unique ; il est incomplexe, parce qu'il n'a aucun modificatif. L'attribut est *plaçant* (56, 37 et 38). Il est simple, parce qu'il n'exprime qu'une manière d'être du sujet; il est complexe, parce qu'il a pour complément objectif, *nous*, et pour complément terminatif, l'adverbe *où*.

(*Elle*) *ne met pas une perfection chimérique dans des œuvres*; cette proposition est principale relative. Le sujet est *elle* (pour *la piété*). Il est simple, parce qu'il n'exprime qu'une seule idée; il est incomplexe, parce qu'il n'a point de modificatif. L'attribut est *mettant*. Il est simple, parce qu'il ne présente qu'une manière d'être du sujet; il est complexe, parce qu'il a pour complément objectif, *une perfection chimérique*, et pour complément terminatif, *dans des œuvres que*, etc.

Que Dieu ne demande pas de nous: voilà une proposition incidente déterminative. Le sujet est *Dieu*. Il est simple, parce qu'il désigne un être déterminé par une idée unique; il est incomplexe, parce qu'il n'est accompagné d'aucun modificatif. L'attribut est *demandant*. Il est simple, parce qu'il n'indique qu'une manière d'être du sujet; il est complexe, parce qu'il a pour complément objectif, *que* (pour *les œuvres*), et pour complément terminatif, *de nous*.

(*Elle*) *ne sort pas de l'ordre de ses devoirs pour s'en faire d'étrangers*; cette proposition est principale relative. Le sujet est *elle* (pour *la piété*). Il est simple, parce qu'il exprime une idée unique; il est incomplexe, parce qu'il n'a point de modificatif. L'attribut est *sortant*. Il est simple, parce qu'il ne présente qu'une manière d'être du sujet; il est complexe, parce qu'il a pour complément terminatif, *de l'ordre de ses devoirs*, et pour complément circonstanciel, marquant le but, *pour s'en faire d'étrangers.*

Et (elle) *regarde comme des vices les vertus qui*, etc. C'est encore une proposition principale relative. Le sujet est *elle* (pour *la piété*). Il est simple, parce qu'il n'offre à l'esprit qu'une seule idée ; il est incomplexe, parce qu'il n'a point de modificatif. L'attribut est *regardant*. Il est simple, parce qu'il n'indique qu'une manière d'être du sujet; il est complexe, parce qu'il a pour complément objectif, *les vertus*, et pour complément circonstanciel, *comme des vices.*

Qui ne sont pas (celles) *de notre état ;* cette proposition est incidente déterminative. Le sujet est *qui* (pour *les vertus*). Il est simple, parce qu'il ne nous présente qu'une seule idée ; il est incomplexe, parce qu'il n'est accompagné d'aucun modificatif. L'attribut est *celles*. Il est simple, parce qu'il n'exprime qu'une manière d'être du sujet; il est complexe, parce qu'il a pour complément terminatif, *de notre état.*

Tout ce qui trouble l'harmonie publique est un excès de l'homme, et non un zèle et une perfection de la vertu.

Cette phrase renferme trois propositions : une principale absolue, une principale relative, et une incidente déterminative.

Tout ce, etc., *est un excès de l'homme :* voilà une proposition principale absolue. Le sujet est *ce*. Il est

6

simple, parce qu'il exprime une idée unique; il est complexe, parce qu'il a pour modificatif, l'adjectif collectif *tout*, et pour déterminatif, *qui trouble*. L'attribut est *excès*. Il est simple, parce qu'il n'indique qu'une manière d'être du sujet; il est complexe, parce qu'il a pour déterminatif, *de l'homme*.

Et (il) *n'est pas un zèle et une perfection de la vertu*; cette proposition est principale relative. Le sujet est *il* (pour *ce*). Ce sujet est simple, parce qu'il ne présente qu'une seule idée; il est incomplexe, parce qu'il n'a point de modificatif. L'attribut est *zèle et perfection*. Il est composé, parce qu'il indique deux manières d'être qui peuvent convenir séparément au même sujet; il est complexe, parce qu'il a pour déterminatif, *de la vertu*.

Qui trouble l'harmonie publique; c'est une proposition incidente déterminative. Le sujet est *qui* (pour *ce*). Il est simple, parce qu'il offre à l'esprit une idée unique; il est incomplexe, parce qu'il n'est accompagné d'aucun modificatif. L'attribut est *troublant*. Il est simple, parce qu'il n'exprime qu'une manière d'être du sujet; il est complexe, parce qu'il a pour complément direct, *l'harmonie publique*.

La religion désavoue les œuvres les plus saintes qu'on substitue aux devoirs, et l'on n'est rien devant Dieu quand on n'est pas ce que l'on doit être.

Cette phrase est composée de cinq propositions, savoir, d'une principale absolue, d'une principale relative, et de trois incidentes déterminatives.

La religion désavoue les œuvres les plus saintes : voilà une proposition principale absolue. Le sujet est *religion*. Il est simple, parce qu'il exprime une idée unique ; il est incomplexe, parce qu'il n'a point de modificatif. L'attribut est *désavouant*. Il est simple, parce qu'il ne présente qu'une manière d'être du sujet ; il est complexe, parce qu'il a pour complément objectif, *les œuvres les plus saintes.*

Qu'on substitue aux devoirs; c'est une proposition incidente déterminative. Le sujet est *on*. Il est simple, parce qu'il n'offre à l'esprit qu'une seule idée ; il est incomplexe, parce qu'il n'a aucun modificatif. L'attribut est *substituant*. Il est simple, parce qu'il n'indique qu'une manière d'être du sujet ; il est complexe, parce qu'il a pour complément objectif, le pronom relatif *que* (pour *œuvres saintes*), et pour complément terminatif, *aux devoirs.*

Et l'on n'est rien devant Dieu; cette proposition est principale relative. Le sujet est *on*. Il est simple, parce qu'il exprime une idée unique ; il est incomplexe, parce qu'il n'a point de modificatif. L'attribut est *rien*. Il est simple, parce qu'il ne présente qu'une manière d'être du sujet ; il est complexe, parce qu'il a pour complément terminatif, *devant Dieu.*

Quand on n'est pas ce : voilà une proposition incidente déterminative. Le sujet est *on*. Il est simple, parce qu'il n'offre à l'esprit qu'une idée ; il est incomplexe, parce qu'il n'est accompagné d'aucun modificatif. L'attribut est *ce*. Il est simple, parce qu'il n'exprime qu'une manière d'être du sujet ; il est complexe, parce qu'il a pour déterminatif, *que l'on doit être*.

Que l'on doit être; c'est encore une proposition incidente déterminative. Le sujet est *on*. Il est simple, parce qu'il exprime une idée unique; il est incomplexe, parce qu'il n'a point de modificatif. L'attribut est *devant*. Il est simple, parce qu'il ne présente qu'une manière d'être du sujet; il est complexe, parce qu'il a pour complément objectif, *être que* (quel).

VINGTIÈME EXERCICE.

Celui qui règne dans les cieux, et de qui relèvent tous les empires, à qui seul appartient la gloire, la majesté et l'indépendance, est aussi le seul qui se glorifie de faire la loi aux rois, et de leur donner, quand il lui plaît, de grandes et de terribles leçons. Soit qu'il élève les trônes, soit qu'il les abaisse, soit qu'il communique sa puissance aux princes, soit qu'il la retire à lui-même, et ne leur laisse que leur propre faiblesse, il leur apprend leurs devoirs d'une manière souveraine et digne de lui : car, en leur donnant sa puissance, il leur commande d'en user, comme il fait lui-même, pour le bien du monde ; et il leur fait voir, en la retirant, que toute leur majesté est empruntée, et que, pour être assis sur le trône, ils n'en sont pas moins sous sa main et sous son autorité suprême. C'est ainsi qu'il instruit les princes, non-seulement par des discours et par des paroles, mais encore par des effets et par des exemples.

ANALYSE.

Celui qui règne dans les cieux, et de qui relèvent touts les empires, à qui seul appartient la gloire, la majesté et l'indépendance, est aussi le seul qui se glorifie de faire la loi aux rois, et de leur donner, quand il lui plaît, de grandes et de terribles leçons.

Cette phrase contient six propositions : une principale, et cinq incidentes déterminatives.

Celui (-là) *est aussi le seul....* Voilà une proposition principale. Le sujet est *celui*. Il est simple, parce qu'il désigne un être déterminé par une idée unique ; il est complexe, parce qu'il a pour déterminatif, *qui règne dans les cieux, et de qui*, etc. L'attribut est *seul*. Il est simple, parce qu'il n'indique qu'une manière d'être du sujet ; il est complexe, parce qu'il a pour déterminatif, *qui se glorifie de*, etc.

Qui règne dans les cieux; cette proposition est incidente déterminative. Le sujet est *qui* (pour celui.) Il est simple, parce qu'il présente à l'esprit un être déterminé par une idée unique ; il est incomplexe, parce qu'il n'a point de modificatif. L'attribut est *régnant*. Il est simple, parce qu'il n'exprime qu'une manière d'être du sujet ; il est complexe, parce qu'il a pour complément terminatif, *dans les cieux*.

Et de qui relèvent touts les empires; cette proposition, suite de la précédente, est incidente déterminative. Le sujet est *empires*. Il est simple, parce qu'il n'offre à l'esprit qu'une seule idée ; il est complexe, parce qu'il a pour modificatif, l'adjectif collectif *touts*. L'attribut est *relevant*. Il est simple, parce qu'il n'indique qu'une manière d'être du sujet; il est complexe, parce qu'il a pour complément terminatif, *de qui*.

A qui seul appartient la gloire, la majesté et l'indépendance; cette proposition, suite de la précédente, est aussi incidente déterminative. Le sujet est *la gloire, la majesté et l'indépendance*. Il est composé, parce qu'il comprend plusieurs idées qui peuvent convenir séparément au même attribut; il est incomplexe, parce qu'il n'est accompagné d'aucun modificatif. L'attribut est *appartenant*. Il est simple, parce qu'il ne présente qu'une manière d'être du sujet; il est complexe, parce qu'il a pour complément terminatif, *à qui seul*.

Qui se glorifie de faire la loi aux rois, et de leur donner de grandes et de terribles leçons; cette proposition est incidente déterminative. Le sujet est *qui* (pour *celui*). Il est simple, parce qu'il désigne un être déterminé par une idée unique; il est incomplexe, parce qu'il n'a point de modificatif. L'attribut est *glorifiant*. Il est simple, parce qu'il n'exprime qu'une manière d'être du sujet; il est complexe, parce qu'il a pour complément objectif, le pronom réfléchi *se*, et pour complément terminatif, *de faire la loi aux rois, et de leur donner de grandes et de terribles leçons*.

Quand il lui plaît; cette proposition est encore incidente déterminative (55). Le sujet est *il* (pour *cela*). Il est simple, parce qu'il exprime une idée unique ; il est incomplexe, parce qu'il n'a point de modificatif. L'attribut est *plaisant*. Il est simple ; parce qu'il n'indique qu'une manière d'être du sujet ; il est complexe, parce qu'il a pour complément terminatif, *lui* (pour *à lui*) (Gramm. p. 25.).

Soit qu'il élève les trônes, soit qu'il les abaisse, soit qu'il communique sa puissance aux princes, soit qu'il la retire à lui-même, et ne leur laisse que leur propre foiblesse, il leur apprend leurs devoirs d'une manière souveraine et digne de lui : car, en leur donnant sa puissance, il leur commande d'en user, comme il fait lui-même, pour le bien du monde ; et il leur fait voir, en la retirant, que toute leur majesté est empruntée, et que, pour être assis sur le trône, ils n'en sont pas moins sous sa main et sous son autorité suprême.

Cette phrase est composée de onze propositions, savoir, d'une principale absolue, de deux principales relatives, de sept incidentes déterminatives, et d'une incidente explicative.

Il leur apprend leurs devoirs (aux princes) *d'une manière souveraine et digne de lui :* voilà une proposition principale absolue. Le sujet est *il* (pour *celui qui règne dans les cieux*, etc.). Il est simple, parce qu'il désigne un être déterminé par une idée unique ; il est incomplexe, parce qu'il n'est accompagné d'aucun modificatif. L'attribut est *apprenant*. Il est simple, parce qu'il n'offre à l'esprit qu'une manière d'être du sujet ; il est complexe, parce qu'il a pour complément direct, *leurs devoirs*; pour complément indirect, *leur* (pour *à eux*), et pour complément circonstanciel, *d'une manière souveraine et digne de lui*.

Soit qu'il élève les trônes; c'est une proposition incidente déterminative (55). Le sujet est *il* (pour *celui*). Il est simple, parce qu'il désigne un être unique; il est incomplexe, parce qu'il n'a point de modificatif. L'attribut est *élevant*. Il est simple, parce qu'il n'énonce qu'une manière d'être du sujet; il est complexe, parce qu'il a pour complément objectif, *les trônes*.

Soit qu'il les abaisse; cette proposition, suite de la précédente, est incidente déterminative. Le sujet est *il* (pour *celui*). Il est simple, parce qu'il ne désigne qu'un seul être; il est incomplexe, parce qu'il n'a aucun modificatif. L'attribut est *abaissant*. Il est simple, parce qu'il ne présente qu'une manière d'être du sujet; il est complexe, parce qu'il a pour complément objectif, *les* (pour *les trônes*).

Soit qu'il communique sa puissance aux princes; c'est une proposition incidente déterminative. Le sujet est *il* (pour *celui*). Il est simple, parce qu'il exprime un être unique; il est incomplexe, parce qu'il n'a point de modificatif. L'attribut est *communiquant*. Il est simple, parce qu'il n'indique qu'une manière d'être du sujet; il est complexe, parce qu'il a pour complément direct, *sa puissance*, et pour complément indirect, *aux princes*.

Soit qu'il la retire à lui-même : cette proposition, suite de la précédente, est aussi incidente déterminative. Le sujet est *il* (pour *celui*). Il est simple, parce qu'il désigne un être unique; il est incomplexe, parce qu'il n'a point de modificatif. L'attribut est *retirant*. Il est simple, parce qu'il ne présente qu'une manière d'être du sujet; il est complexe, parce qu'il a pour complément objectif, le pronom relatif *la*, qui rappelle l'idée de *puissance*, et pour complément terminatif, *à lui-même*.

Et (qu'il) *ne leur laisse que leur propre foiblesse*: cette proposition est encore incidente déterminative. Le sujet est *il* (pour *celui*). Il est simple, parce qu'il ne désigne qu'un seul être; il est incomplexe, parce qu'il n'a point de modificatif. L'attribut est *laissant*. Cet attribut est simple, parce qu'il n'énonce qu'une manière d'être du sujet; il est complexe, parce qu'il a pour complément direct, *leur propre foiblesse*, et pour complément indirect, *leur*, pour *à eux* (Gramm. p. 25).

Car, en leur donnant sa puissance, il leur commande d'en user pour le bien du monde: voilà une proposition principale relative. Le sujet est *il* (pour *celui*). Il est simple, parce qu'il présente à l'esprit un être déterminé par une idée unique; il est incomplexe, parce qu'il n'a point de modificatif. L'attribut est *commandant*. Cet attribut est simple, parce qu'il n'exprime qu'une manière d'être du sujet. Il est complexe, parce qu'il a pour complément direct (*ceci qui est*) *d'en user pour le bien du monde*; pour complément indirect, *leur* (pour *à eux*), et pour complément circonstanciel, *en leur donnant sa puissance*.

Comme il fait lui-même ; cette proposition est incidente explicative. Le sujet est *il* (pour *celui*). Il est simple, parce qu'il n'indique qu'un seul être ; il est complexe, parce qu'il a pour modificatif, *lui-même*. L'attribut est *faisant*. Il est simple, parce qu'il ne nous présente qu'une manière d'être du sujet ; il est complexe, parce qu'il a pour complément circonstanciel, l'adverbe de manière *comme*.

Et il leur fait voir, en la retirant.... C'est une proposition principale relative. Le sujet est *il* (pour *celui*). Il est simple, parce qu'il exprime un être unique ; il est incomplexe, parce qu'il n'est accompagné d'aucun modificatif. L'attribut est *faisant voir* (35, et Gramm. p. 168). Il est simple, parce qu'il n'offre à l'esprit qu'une manière d'être du sujet ; il est complexe, parce qu'il a pour complément indirect, *leur* (pour *à eux*) ; pour complément circonstanciel, *en la retirant*, et pour déterminatif, *que toute leur majesté*, etc.

Toute leur majesté est empruntée : voilà une proposition incidente déterminative. Le sujet est *majesté*. Il est simple parce qu'il ne présente qu'une seule idée ; il est complexe, parce qu'il a pour modificatifs, l'adjectif collectif *toute*, et l'adjectif possessif *leur*. L'attribut est *empruntée*. Il est simple, parce qu'il n'exprime qu'une manière d'être du sujet ; il est incomplexe, parce qu'il n'est accompagné d'aucun modificatif.

Et que, pour être assis sur le trône, ils n'en sont pas moins sous sa main et sous son autorité suprême ;

cette proposition, suite de la précédente, est encore incidente déterminative. Le sujet est *ils*, qui rappelle l'idée de *princes*. Il est simple, parce qu'il n'indique qu'une idée; il est complexe, parce qu'il a pour modificatif, *pour être assis* (quoique *assis*) *sur le trône*. L'attribut est *placés*, *existant* (40). Cet attribut est simple, parce qu'il n'énonce qu'une manière d'être du sujet; il est complexe, parce qu'il a pour complément terminatif, *sous sa main et sous son autorité suprême*, et pour complément circonstanciel, *pas moins*.

C'est ainsi qu'il instruit les princes, non-seulement par des discours et par des paroles, mais encore par des effets et par des exemples.

Cette phrase renferme deux propositions : une principale, et une incidente déterminative. (On pourroit la réduire à une proposition unique, qui seroit principale absolue, en la changeant en celle-ci, *il instruit ainsi*, etc.)

C'est ainsi : voilà une proposition principale. Le sujet est *ce* (pour *cela*). Il est simple, parce qu'il ne nous présente qu'une seule idée ; il est complexe, parce qu'il a pour déterminatif, *qu'il instruit* (cela, savoir *qu'il instruit*, etc., *est ainsi*). L'attribut est *arrivant*. Il est simple, parce qu'il n'exprime qu'une manière d'être du sujet ; il est complexe, parce qu'il a pour complément circonstanciel, l'adverbe de manière *ainsi*.

Qu'il instruit les princes, non-seulement par des discours et par des paroles, mais encore par des effets et *par des exemples*; cette proposition est incidente déterminative. Le sujet est *il* (pour *celui qui règne*, etc.). Il est simple, parce qu'il désigne un être déterminé par une idée unique; il est incomplexe, parce qu'il n'est accompagné d'aucun modificatif. L'attribut est *instruisant*. Il est simple, parce qu'il n'indique qu'une manière d'être du sujet; il est complexe, parce qu'il a pour complément objectif *les princes*; pour complément terminatif, *par des discours et par des paroles, par des effets et par des exemples*; et pour complément circonstanciel, *non-seulement, mais encore*.

VINGT ET UNIÈME EXERCICE.

Cromwel.

Un homme s'est rencontré d'une profondeur d'esprit incroyable, hypocrite raffiné autant qu'habile politique, capable de tout entreprendre et de tout cacher, également actif et infatigable dans la paix et dans la guerre, qui ne laissoit rien à la fortune de ce qu'il pouvoit lui ôter par conseil et par prévoyance, mais au reste si vigilant et si prêt à tout, qu'il n'a jamais manqué les occasions qu'elle lui a présentées; enfin, un de ces esprits remuants et audacieux qui semblent être nés pour changer le monde. Que le sort de tels esprits est hasardeux, et qu'il en paroit dans l'histoire à qui leur audace a été funeste ! Mais aussi que ne font-ils pas, quand il plaît à Dieu de s'en servir !

ANALYSE.

Un homme s'est rencontré d'une profondeur d'esprit incroyable, hypocrite raffiné autant qu'habile politique, capable de tout entreprendre et de tout cacher, également actif et infatigable dans la paix et dans la guerre, qui ne laissoit rien à la fortune de ce qu'il pouvoit lui ôter par conseil et par prévoyance, mais au reste si vigilant et si prêt à tout, qu'il n'a jamais manqué les occasions qu'elle lui a présentées; enfin, un de ces esprits remuants et audacieux qui semblent être nés pour changer le monde.

Cette phrase est composée de six propositions, savoir, d'une proposition principale absolue, et de cinq incidentes déterminatives.

Un homme d'une profondeur d'esprit incroyable, hypocrite raffiné autant qu'habile politique, capable de tout entreprendre et de tout cacher, également actif et infatigable dans la paix et dans la guerre, qui ne laissoit rien à la fortune... mais au reste si vigilant et si prêt à tout, qu'il... enfin, un de ces esprits remuants et audacieux qui... s'est (a été) *rencontré :* voilà une proposition principale absolue. Le sujet est *homme*. Il est simple, parce qu'il présente à l'esprit un être déterminé par une idée unique; il est complexe, parce qu'il a pour modificatif, *un, d'une profondeur d'esprit, hypocrite raffiné, capable... qui, etc.* L'attribut est *rencontré*. Il est simple, parce qu'il n'exprime qu'une manière d'être du sujet; il est incomplexe, parce qu'il n'est accompagné d'aucun modificatif.

Qui ne laissoit rien à la fortune de ce ; cette proposition est incidente déterminative. Le sujet est *qui* (pour *homme*). Il est simple, parce qu'il désigne un être déterminé par une idée unique ; il est incomplexe, parce qu'il n'a point de modificatif. L'attribut est *laissant*. Il est simple, parce qu'il n'énonce qu'une manière d'être du sujet; il est complexe, parce qu'il a pour complément direct, *rien ;* pour complément indirect, *à la fortune*, et pour complément terminatif qui marque extraction, *de ce* (27).

Qu'il pouvoit lui ôter par conseil et par prévoyance; c'est une proposition incidente déterminative. Le sujet est *il* (pour *homme*). Il est simple, parce qu'il indique un être unique; il est incomplexe, parce qu'il n'est accompagné d'aucun modificatif. L'attribut est *pouvant*. Il est simple, parce qu'il n'exprime qu'une manière d'être du sujet ; il est complexe, parce qu'il a pour complément terminatif, *ôter* (*que* pour *cela*) *lui* (à elle) *par conseil et par prévoyance.*

Qu'il n'a jamais manqué les occasions ; cette proposition est incidente déterminative. Le sujet est *il* (pour *homme*). Il est simple, parce qu'il ne désigne qu'un seul être; il est incomplexe, parce qu'il n'a point de modificatif. L'attribut est *manquant*. Il est simple, parce qu'il n'offre à l'esprit qu'une manière d'être du sujet; il est complexe, parce qu'il a pour complément objectif, *les occasions*, et pour complément circonstanciel, l'adverbe de temps *jamais*.

Qu'elle lui a présentées ; c'est une proposition incidente déterminative. Le sujet est *elle* (pour *la fortune*). Il est simple, parce qu'il exprime une idée unique ; il est incomplexe, parce qu'il n'a aucun modificatif. L'attribut est *présentant*. Il est simple, parce qu'il ne marque qu'une manière d'être du sujet; il est complexe, parce qu'il a pour complément direct, *que* (pour *occasions*), et pour complément indirect, *lui* (pour *à lui*).

Qui semblent être nés pour changer le monde ; c'est encore une proposition incidente déterminative. Le sujet est *qui* (pour *esprits*). Il est simple, parce qu'il n'exprime qu'une seule idée ; il est incomplexe, parce qu'il n'a point de modificatif. L'attribut est *semblant être nés* (34). Il est simple, parce qu'il n'indique qu'une manière d'être du sujet; il est complexe, parce qu'il a pour complément terminatif, *pour changer le monde*.

Que le sort de tels esprits est hasardeux, et qu'il en paroît dans l'histoire à qui leur audace a été funeste !

Cette phrase contient trois propositions : une principale absolue, une principale relative, et une incidente déterminative.

Que le sort de tels esprits est hasardeux ! Voilà une proposition principale absolue. Le sujet est *sort*. Il est simple, parce qu'il ne présente qu'une seule idée : il est complexe, parce qu'il a pour déterminatif, *de tels*

G

esprits. L'attribut est *hasardeux*. Il est simple, parce qu'il n'indique qu'une manière d'être du sujet ; il est complexe, parce qu'il est modifié par l'adverbe de quantité *que* (pour *combien*).

Et qu'il en paroît dans l'histoire ; cette proposition est principale relative. Elle doit être ramenée à celle-ci : *combien d'eux* (de ces esprits) *paroissent dans l'histoire*. Le sujet est *que*, pour *combien* (quel grand nombre de ces esprits) (1re partie, Analyse grammaticale, p. 13, n° 45). Ce sujet est simple, parce qu'il exprime une idée unique ; il est complexe, parce qu'il a pour déterminatif, *en* (pour *d'eux*, de ces esprits). L'attribut est *paroissant*. Il est simple, parce qu'il ne présente qu'une manière d'être du sujet ; il est complexe, parce qu'il a pour complément terminatif, *dans l'histoire*.

A qui leur audace a été funeste ! Voilà une proposition incidente déterminative. Le sujet est *audace*. Il est simple, parce qu'il n'offre à l'esprit qu'une seule idée ; il est complexe, parce que l'adjectif possessif *leur* le qualifie et le détermine. L'attribut est *funeste*. Il est simple, parce qu'il n'indique qu'une manière d'être du sujet ; il est complexe, parce qu'il a pour complément terminatif, *à qui*.

Mais aussi que ne font-ils pas quand il plaît à Dieu de s'en servir !

Cette phrase comprend deux propositions : une principale, une incidente déterminative.

Mais aussi que ne font-ils pas ! Cette proposition est principale. Le sujet est *ils* (pour *esprits*). Il est simple, parce qu'il exprime une idée unique ; il est incomplexe, parce qu'il n'est accompagné d'aucun modificatif. L'attribut est *faisant*. Il est simple, parce qu'il ne nous présente qu'une manière d'être du sujet ; il est complexe, parce qu'il a pour complément objectif, *que* (pour *quelles choses, combien de choses....*).

Quand il plaît à Dieu de s'en servir; cette proposition est incidente déterminative. Le sujet est *il* (pour *cela*). Il est simple, parce qu'il n'exprime qu'une seule idée ; il est complexe, parce qu'il a pour déterminatif, *de s'en servir* (quand cela, savoir l'action *de s'en servir, plaît à Dieu*). L'attribut est *plaisant*. Il est simple, parce qu'il n'indique qu'une manière d'être du sujet ; et il est complexe, parce qu'il a pour complément terminatif, *à Dieu*.

VINGT-DEUXIÈME EXERCICE.

Il fut donné à celui-ci de tromper les peuples, et de prévaloir contre les rois. Car, comme il eut aperçu que, dans ce mélange infini de sectes qui n'avoient plus de règles certaines, le plaisir de dogmatiser, sans être repris ni contraints par aucune autorité ecclésiastique ni séculière, étoit le charme qui possédoit les esprits, il sut si bien les concilier par-là, qu'il fit un corps redoutable de cet assemblage monstrueux. Quand une fois on a trouvé le moyen de prendre la multitude par l'appât de la liberté, elle suit en aveugle, pourvu qu'elle en entende seulement le nom. Ceux-ci, occupés du premier objet qui les avoit transportés, alloient toujours, sans regarder qu'ils alloient à la servitude; et leur subtil conducteur, qui, en combattant, en dogmatisant, en mêlant mille personnages divers, en faisant le docteur et le prophète aussi-bien que le soldat et le capitaine, vit qu'il avoit tellement enchanté le monde qu'il étoit regardé de toute l'armée comme un chef envoyé de Dieu pour la protection de l'indépendance, commença à s'apercevoir qu'il pouvoit encore les pousser plus loin.

ANALYSE.

Il fut donné à celui-ci de tromper les peuples, et de prévaloir contre les rois.

Cette phrase nous fournit une proposition principale. Le sujet est *il* (pour *cela*). Il est simple, parce qu'il n'exprime qu'une seule idée; il est complexe, parce qu'il a pour déterminatif, *de tromper les peuples, et de prévaloir contre les rois* (cela, savoir le moyen *de tromper les peuples, et de prévaloir contre les rois, fut donné à celui-ci*). L'attribut est *donné*. Il est simple, parce qu'il n'énonce qu'une manière d'être du sujet; il est complexe, parce qu'il a pour complément terminatif, *à celui-ci*.

Car, comme il eut aperçu que, dans ce mélange infini de sectes qui n'avoient plus de règles certaines, le plaisir de dogmatiser, sans être repris ni contraints par aucune autorité ecclésiastique ni séculière, étoit le charme qui possédoit les esprits, il sut si bien les concilier par-là, qu'il fit un corps redoutable de cet assemblage monstrueux.

Cette phrase est composée de six propositions, savoir, d'une principale, d'une incidente explicative, et de quatre incidentes déterminatives.

Car, il sut si bien les (les esprits) *concilier par-là :* voilà une proposition principale. Le sujet est *il* (pour *celui-ci*, cet homme). Il est simple, parce qu'il présente à l'esprit un être déterminé par une idée unique ; il est incomplexe, parce qu'il n'est accompagné d'aucun modificatif. L'attribut est *sachant*. Il est simple, parce qu'il n'exprime qu'une manière d'être du sujet ; il est complexe, parce qu'il a pour complément objectif, *les concilier par-là*, et pour complément circonstanciel *si bien*.

Comme il eut aperçu ; cette proposition est incidente explicative. Le sujet est *il* (pour *celui-ci*, cet homme). Il est simple, parce qu'il ne désigne qu'un seul être ; il est incomplexe, parce qu'il n'a point de modificatif. L'attribut est apercevant. Il est simple, parce qu'il n'offre à l'esprit qu'une manière d'être du sujet ; il est complexe, parce qu'il a pour déterminatif, *que le plaisir de*, etc.

Dans ce mélange infini de sectes..... le plaisir de dogmatiser, sans être repris ni contraints par aucune autorité ecclésiastique ni séculière, étoit le charme.... C'est une proposition incidente déterminative. Le sujet est *le plaisir*. Il est simple, parce qu'il exprime une idée unique ; il est complexe,

3

parce qu'il a pour déterminatif, *de dogmatiser, sans être repris ni contraints par aucune autorité ecclésiastique ni séculière*. L'attribut est *le charme*. Cet attribut est simple, parce qu'il n'indique qu'une manière d'être du sujet ; il est complexe, parce qu'il a pour déterminatif, *qui possédoit les esprits*, et pour complément circonstanciel, *dans ce mélange infini de sectes....*

Qui possédoit les esprits ; cette proposition est incidente déterminative. Le sujet est *qui* (pour *charme*). Il est simple, parce qu'il ne nous présente qu'une seule idée ; il est incomplexe, parce qu'il n'a aucun modificatif. L'attribut est *possédant*. Il est simple, parce qu'il n'exprime qu'une manière d'être du sujet ; il est complexe, parce qu'il a pour complément objectif, *les esprits*.

Qui n'avoient plus de règles certaines ; c'est encore une proposition incidente déterminative. Le sujet est *qui* (pour *sectes*). Ce sujet est simple, parce qu'il exprime une idée unique ; il est incomplexe, parce qu'il n'est accompagné d'aucun modificatif. L'attribut est *ayant*. Il est simple, parce qu'il n'offre à l'esprit qu'une manière d'être du sujet ; il est complexe, parce qu'il a pour complément objectif, *de règles certaines*, et pour complément circonstanciel, l'adverbe *plus*, qui marque cessation d'état, d'action.

Qu'il fit un corps redoutable de cet assemblage monstrueux : voilà une proposition incidente déterminative. Le sujet est *il* (pour celui-ci, cet homme).

Il est simple, parce qu'il désigne un être déterminé par une idée unique ; il est incomplexe, parce qu'il n'a point de modificatif. L'attribut est *faisant*. Il est simple, parce qu'il n'exprime qu'une manière d'être du sujet ; il est complexe, parce qu'il a pour complément objectif, *un corps redoutable*, et pour complément terminatif, *de cet assemblage monstrueux*.

Quand une fois on a trouvé le moyen de prendre la multitude par l'appât de la liberté, elle suit en aveugle, pourvu qu'elle en entende seulement le nom.

Cette phrase renferme trois propositions : une principale, et deux incidentes déterminatives.

Elle (la multitude) *suit en aveugle* ; cette proposition est principale. Le sujet est *elle* (pour *la multitude*). Il est simple, parce qu'il n'exprime qu'une seule idée ; il est incomplexe, parce qu'il n'a point de modificatif. L'attribut est *suivant*. Il est simple, parce qu'il n'indique qu'une manière d'être du sujet ; il est complexe parce qu'il a pour déterminatifs, *quand on a trouvé*, etc., *pourvu qu'elle entende*, etc., et pour complément circonstanciel, *en aveugle*.

Quand on a une fois trouvé le moyen de prendre la multitude par l'appât de la liberté : voilà une proposition incidente déterminative. Le sujet est *on*. Il est simple, parce qu'il offre à l'esprit une idée unique ; il est incomplexe, parce qu'il n'a point de modificatif. L'attribut est *trouvant* (36, 37 et 38). Il est simple, parce qu'il n'exprime qu'une manière d'être du sujet ; il est complexe, parce qu'il a pour complément objectif, *le moyen de prendre la multitude par l'appât de la liberté*, et pour complément circonstanciel, *une fois*.

Pourvu qu'elle en entende seulement le nom; c'est encore une proposition incidente déterminative. Le sujet est *elle* (pour *la multitude*). Il est simple, parce qu'il ne présente qu'une idée. Il est incomplexe, parce qu'il n'est accompagné d'aucun modificatif. L'attribut est *entendant*. Il est simple, parce qu'il ne marque qu'une manière d'être du sujet ; il est complexe, parce qu'il a pour complément objectif, le nom *en* (*d'elle*, de la liberté), et pour complément circonstanciel, l'adverbe *seulement*.

Ceux-ci, occupés du premier objet qui les avoit transportés, alloient toujours, sans regarder qu'ils alloient à la servitude ; et leur subtil conducteur, qui, en combattant, en dogmatisant, en mêlant mille personnages divers, en faisant le docteur et le prophète aussi-bien que le soldat et le capitaine, vit qu'il avoit tellement enchanté le monde qu'il étoit regardé de toute l'armée comme un chef envoyé de Dieu pour la protection de l'indépendance, commença à s'apercevoir qu'il pouvoit encore les pousser plus loin.

Cette phrase comprend huit propositions : une principale absolue, une principale relative, une incidente explicative, et cinq incidentes déterminatives.

Ceux-ci occupés du premier objet.... alloient toujours, sans regarder : voilà une proposition principale absolue. Le sujet est *ceux-ci*. Il est simple, parce qu'il n'offre à l'esprit qu'une seule idée; il est complexe, parce qu'il a pour modificatif, *occupés du premier objet*. L'attribut est *allant*. Il est simple, parce qu'il n'indique qu'une manière d'être du sujet; il est complexe, parce qu'il a pour compléments circonstanciels, *toujours*, *sans regarder*.

Qui les avoit transportés; cette proposition est incidente déterminative. Le sujet est *qui* (pour *premier objet*). Il est simple, parce qu'il exprime une idée unique; il est incomplexe, parce qu'il n'a point de modificatif. L'attribut est *transportant* (36, 37 et 38). Il est simple, parce qu'il ne présente qu'une manière d'être du sujet; il est complexe, parce qu'il a pour complément objectif, *les* (pour *eux*, ecux-ci).

Qu'ils alloient à la servitude; c'est encore une proposition incidente déterminative. Le sujet est *ils* pour *ceux-ci*). Il est simple, parce qu'il ne présente qu'une seule idée; il est incomplexe, parce qu'il n'est accompagné d'aucun modificatif. L'attribut est *allant*. Il est simple, parce qu'il n'indique qu'une manière d'être du sujet; il est complexe, parce qu'il a pour complément terminatif, *à la servitude*.

Et leur subtil conducteur... commença à s'apercevoir: voilà une proposition principale relative. Le sujet est *conducteur*. Il est simple, parce qu'il présente à l'esprit un être déterminé par une idée unique; il est complexe, parce qu'il a pour modificatifs, *leur*, *subtil*, *qui vit que*, etc. L'attribut est *commençant*. Il est simple, parce qu'il n'exprime qu'une manière d'être du sujet; il est complexe, parce qu'il a pour complément terminatif, *à s'apercevoir.*

Qui, en combattant, en dogmatisant, en mêlant mille personnages divers, en faisant le docteur et le prophète, aussi-bien que le soldat et le capitaine, vit.. Cette proposition est incidente explicative. Le sujet est *qui* (pour *conducteur*). Il est simple, parce qu'il tient la place d'un être déterminé par une idée unique; il est incomplexe, parce qu'il n'a point de modificatif. L'attribut est *voyant*. Il est simple, parce qu'il n'offre à l'esprit qu'une manière d'être du sujet; il est complexe, parce qu'il a pour déterminatif, *qu'il avoit enchanté*, etc., et pour complément circonstanciel, *en combattant, en dogmatisant, en mêlant*, etc., *en faisant*, etc.

Il avoit tellement enchanté le monde ; cette proposition est incidente déterminative. Le sujet est *il*, qui rappelle l'idée de *conducteur*. Il est simple, parce qu'il désigne un être unique; il est incomplexe, parce qu'il n'a point de modificatif. L'attribut est *enchantant*. Il est simple, parce qu'il ne présente qu'une manière d'être du sujet; il est complexe, parce qu'il a pour complément objectif, *le monde*, et pour complément circonstanciel, *tellement qu'il étoit regardé*, etc.

Qu'il étoit regardé de toute l'armée comme un chef envoyé de Dieu pour la protection de l'indépendance; cette proposition est incidente déterminative. Le sujet est *il* (pour *subtil conducteur*). Il est simple, parce qu'il exprime un être unique; il est incomplexe, parce qu'il n'est accompagné d'aucun modificatif. L'attribut est *regardé*. Cet attribut est simple, parce qu'il ne nous présente qu'une manière d'être du sujet; il est complexe, parce qu'il a pour complément terminatif, *de toute l'armée*, et pour complément circonstanciel, *comme un chef envoyé de Dieu pour la protection de l'indépendance*.

Qu'il pouvoit encore les pousser plus loin : voilà une proposition incidente déterminative. Le sujet est *il* (pour *conducteur*). Il est simple, parce qu'il ne désigne qu'un seul être; il est incomplexe, parce qu'il n'a point de modificatif. L'attribut est *pouvant*. Il est simple, parce qu'il n'indique qu'une manière d'être du sujet; il est complexe, parce qu'il a pour complément terminatif, *pousser (les) plus loin*, et pour complément circonstanciel, l'adverbe *encore*.

VINGT-TROISIÈME EXERCICE.

Je ne vous raconterai pas la suite trop fortunée de ses entreprises, ni ses fameuses victoires, dont la vertu étoit indignée, ni cette longue tranquillité qui a étonné l'univers. C'étoit le conseil de Dieu d'instruire les rois à ne point quitter son église. Il vouloit découvrir par un grand exemple tout ce que peut l'hérésie, combien elle est naturellement indocile et indépendante, combien fatale à la royauté et à toute autorité légitime. Au reste, quand ce grand Dieu a choisi quelqu'un pour être l'instrument de ses desseins, rien n'en arrête le cours; ou il enchaîne, ou il aveugle, ou il dompte tout ce qui est capable de résistance... Voyez comme les temps sont marqués, comme les générations sont comptées : Dieu détermine jusqu'à quand doit durer l'assoupissement, et quand aussi se doit réveiller le monde.

ANALYSE.

Je ne vous raconterai point la suite trop fortunée de ses entreprises, ni ses fameuses victoires, dont la vertu étoit indignée, ni cette longue tranquillité qui a étonné l'univers.

Cette phrase renferme trois propositions, savoir, une principale, une incidente explicative, et une incidente déterminative.

Je ne vous raconterai point la suite trop fortunée de ses entreprises, ni ses fameuses victoires, ni cette longue tranquillité..., etc. Voilà une proposition principale. Le sujet est *je*. Il est simple, parce qu'il désigne un être déterminé par une idée unique ; il est incomplexe, parce qu'il n'a point de modificatif. L'attribut est *racontant*. Il est simple, parce qu'il ne présente qu'une manière d'être du sujet ; il est complexe, parce qu'il a pour complément objectif, *la suite trop fortunée de ses entreprises, ni ses fameuses victoires, ni cette longue tranquillité...*, etc.

Dont la vertu étoit indignée ; cette proposition est incidente explicative. Le sujet est *vertu*. Il est simple, parce qu'il exprime une idée unique ; il est incomplexe, parce qu'il n'a point de modificatif. L'attribut est *indignée*. Il est simple, parce qu'il n'indique qu'une manière d'être du sujet ; il est complexe, parce qu'il a pour complément terminatif, *dont*, pour *de lesquelles* (victoires).

Qui a étonné l'univers; c'est une proposition incidente déterminative. Le sujet est *qui* (pour *longue tranquillité*). Il est simple, parce qu'il n'offre à l'esprit qu'une seule idée ; il est incomplexe, parce qu'il n'est accompagné d'aucun modificatif. L'attribut est *étonnant*. Il est simple, parce qu'il n'exprime qu'une manière d'être du sujet ; il est complexe, parce qu'il a pour complément objectif, *l'univers*.

C'étoit le conseil de Dieu d'instruire les rois à ne point quitter son église.

Cette phrase ne nous donne qu'une seule proposition, qui est principale. Nous la ramenons à celle-ci : *ceci*, savoir l'action *d'instruire les rois à ne point quitter l'église, étoit le conseil de Dieu.* Le sujet est *ce*, *ceci*. Il est simple, parce qu'il exprime une idée unique; il est complexe, parce qu'il a pour déterminatif, *d'instruire les rois à ne point quitter son église*. L'attribut est *conseil*. Il est simple, parce qu'il n'indique qu'une manière d'être du sujet ; il est complexe, parce qu'il a pour complément déterminatif, *de Dieu*.

Il vouloit découvrir par un grand exemple tout ce que peut l'hérésie, combien elle est naturellement indocile et indépendante, combien fatale à la royauté et à toute autorité légitime.

Cette phrase comprend quatre propositions : une principale, et trois incidentes déterminatives.

Il vouloit découvrir par un grand exemple tout ce... combien... combien, etc. Cette proposition est principale. Le sujet est *il*, qui tient la place de *Dieu*. Il est simple, parce qu'il désigne un être déterminé par une idée unique ; il est incomplexe, parce qu'il n'est accompagné d'aucun modificatif. L'attribut est *voulant*. Il est simple, parce qu'il ne nous présente qu'une manière d'être du sujet ; il est complexe, parce qu'il a pour complément objectif, *découvrir par un grand exemple tout ce... combien... combien...*

Que peut l'hérésie : voilà une proposition incidente déterminative. Le sujet est *hérésie*. Il est simple, parce qu'il n'offre à l'esprit qu'une seule idée ; il est incomplexe, parce qu'il n'a point de modificatif. L'attribut est *pouvant*. Il est simple, parce qu'il n'indique qu'une manière d'être du sujet ; il est complexe, parce qu'il a pour complément terminatif, *faire* (sousent.) *que* pour *ce*.

Combien elle est naturellement indocile et indépendante ; cette proposition, suite de la précédente, est incidente déterminative. Le sujet est *elle* (pour *l'hérésie*). Il est simple, parce qu'il exprime une idée unique ; il est incomplexe, parce qu'il n'a point de modificatif. L'attribut est *indocile et indépendante*. Cet attribut est composé, parce qu'il comprend deux manières d'être qui peuvent convenir séparément au même sujet ; il est complexe, parce qu'il a pour modificatifs, les adverbes, *combien*, *naturellement*.

Combien (elle est) fatale à la royauté et à toute autorité légitime ; cette proposition, suite des deux précédentes, est encore incidente déterminative. Le sujet est *elle* (pour *l'hérésie*). Il est simple, parce qu'il ne présente qu'une seule idée ; il est incomplexe, parce qu'il n'a point de modificatif. L'attribut est *fatale*. Il est simple, parce qu'il n'exprime qu'une manière d'être du sujet ; il est complexe, parce qu'il a pour complément terminatif, *à la royauté et à toute autorité légitime*, et pour modificatif, l'adv. *combien*.

Au reste, quand ce grand Dieu a choisi quelqu'un pour être l'instrument de ses desseins, rien n'en arrête le cours ; ou il enchaîne, ou il aveugle, ou il dompte tout ce qui est capable de résistance.

Cette phrase est composée de six propositions, savoir, d'une principale absolue, de trois principales relatives, et de deux incidentes déterminatives.

Au reste, rien n'en arrête le cours ; cette proposition est principale absolue. Le sujet est *rien*. Il est simple, parce qu'il exprime une idée unique ; il est incomplexe, parce qu'il n'est accompagné d'aucun modificatif. L'attribut est *arrêtant*. Il est simple, parce qu'il ne présente qu'une manière d'être du sujet ; il est complexe, parce qu'il a pour complément objectif, *le cours* (*en*, des desseins), et pour complément déterminatif, *quand Dieu a choisi*, etc.

Quand ce grand Dieu a choisi quelqu'un pour être l'instrument de ses desseins : voilà une proposition incidente déterminative. Le sujet est *Dieu*. Il est simple, parce qu'il désigne un être déterminé par une idée unique ; il est complexe, parce qu'il a pour modificatifs les adjectifs, *ce* et *grand*. L'attribut est *choisissant*. Cet attribut est simple, parce qu'il n'indique qu'une manière d'être du sujet; il est complexe, parce qu'il a pour complément objectif, *quelqu'un*, et pour complément terminatif, *pour être l'instrument de ses desseins*.

Ou il enchaîne tout ce... Cette proposition est principale relative. Le sujet est *il*, qui rappelle l'idée de *Dieu*. Il est simple, parce qu'il exprime un être unique; il est incomplexe, parce qu'il n'est accompagné d'aucun modificatif. L'attribut est *enchaînant*. Il est simple, parce qu'il ne nous présente qu'une manière d'être du sujet; il est complexe, parce qu'il a pour complément objectif, *tout ce*.

Ou il aveugle tout ce... C'est une proposition principale relative. Le sujet est *il*, qui tient la place de *Dieu*. Il est simple, parce qu'il désigne un être unique; il est incomplexe, parce qu'il n'a point de modificatif. L'attribut est *aveuglant*. Il est simple, parce qu'il n'offre à l'esprit qu'une manière d'être du sujet; il est complexe, parce qu'il a pour complément objectif, *tout ce*.

Ou il dompte tout ce... C'est encore une proposition principale relative. Le sujet est *il*, qui tient la place de *Dieu*. Il est simple, parce qu'il désigne un être unique; il est incomplexe, parce qu'il n'a point de modificatif. L'attribut est *domptant*. Il est simple, parce qu'il n'énonce qu'une manière d'être du sujet; il est complexe, parce qu'il a pour complément objectif, *tout ce*.

Qui est capable de résistance: voilà une proposition incidente déterminative. Le sujet est *qui* (pour *ce*). Il est simple, parce qu'il ne présente qu'une idée ; il est incomplexe, parce qu'il n'est accompagné d'aucun modificatif. L'attribut est *capable*. Il est simple, parce qu'il n'exprime qu'une manière d'être du sujet; il est complexe, parce qu'il a pour complément terminatif, *de résistance*.

Voyez comme les temps sont marqués, comme les générations sont comptées : Dieu détermine jusqu'à quand doit durer l'assoupissement, et quand aussi se doit réveiller le monde.

Cette phrase renferme six propositions : une principale absolue, une principale relative, et quatre incidentes déterminatives.

Voyez... Cette proposition est principale absolue. Le sujet est *vous* (vous, soyez voyant). Ce sujet est simple, parce qu'il exprime une idée unique ; il est incomplexe, parce qu'il n'a aucun modificatif. L'attribut est *voyant*. Il est simple, parce qu'il n'offre à l'esprit qu'une seule manière d'être du sujet ; il est complexe, parce qu'il a pour complément objectif, *ce*, savoir, *comme les temps sont marqués, comme les générations sont comptées*.

Comme les temps sont marqués; cette proposition est incidente déterminative. Le sujet est *temps*. Il est simple, parce qu'il exprime une idée unique ; il est incomplexe, parce qu'il n'est accompagné d'aucun modificatif. L'attribut est *marqués*. Il est simple, parce qu'il n'indique qu'une manière d'être du sujet ; il est complexe, parce qu'il est modifié par l'adverbe *comme*.

Comme les générations sont comptées ; cette proposition, suite de la précédente, est encore incidente déterminative. Le sujet est *générations*. Il est simple, parce qu'il ne présente qu'une seule idée : il est incomplexe, parce qu'il n'a point de modificatif. L'attribut est *comptées*. Il est simple, parce qu'il n'énonce qu'une manière d'être du sujet ; il est complexe, parce qu'il est modifié par l'adverbe *comme*.

Dieu détermine : voilà une proposition principale relative. Le sujet est *Dieu*. Il est simple, parce qu'il désigne un être déterminé par une idée unique ; il est incomplexe, parce qu'il n'est accompagné d'aucun modificatif. L'attribut est *déterminant*. Il est simple, parce qu'il n'exprime qu'une manière d'être du sujet ; il est complexe, parce qu'il a pour complément objectif, *ce*, savoir, *jusqu'à quand doit durer, et quand*, etc.

Jusqu'à quand doit durer l'assoupissement ; c'est une proposition incidente déterminative. Le sujet est *assoupissement*. Il est simple, parce qu'il exprime une idée unique ; il est incomplexe, parce qu'il n'a point de modificatif. L'attribut est *devant*. Il est simple, parce qu'il n'offre à l'esprit qu'une manière d'être du sujet ; il est complexe, parce qu'il a pour complément objectif, *durer (jusqu'à quand)*....

Et quand aussi se doit réveiller le monde ; cette proposition, suite de la précédente, est pareillement incidente déterminative. Le sujet est *monde*. Il est simple, parce qu'il n'exprime qu'une seule idée ; il est incomplexe, parce qu'il n'est accompagné d'aucun modificatif. L'attribut est *devant*. Cet attribut est simple, parce qu'il n'indique qu'une manière d'être du sujet; il est complexe, parce qu'il a pour complément objectif, *se réveiller* (*quand*, *aussi*).

VINGT-QUATRIÈME EXERCICE.

Un homme, nommé Zopire, très habile physionomiste, se piquoit, d'après l'examen de la conformation et de la figure d'une personne, de distinguer ses mœurs et ses passions dominantes. Ayant un jour considéré Socrate, il jugea que ce ne pouvoit être qu'un homme d'un mauvais esprit, et livré à des penchants vicieux, dont il nomma quelques-uns. Alcibiade, l'ami et le disciple de Socrate, qui connoissoit tout le mérite de son maître, ne put s'empêcher de rire du jugement du physionomiste, et de le taxer d'une profonde ignorance. Mais Socrate avoua qu'il avoit réellement reçu de la nature des dispositions à touts les vices qu'on venoit de lui reprocher, et qu'il ne s'en étoit préservé que par les efforts continuels de sa raison.

ANALYSE.

Un homme, nommé Zopire, très habile physionomiste, se piquoit, d'après l'examen de la conformation et de la figure d'une personne, de distinguer ses mœurs et ses passions dominantes.

Cette phrase nous donne une proposition principale absolue. Le sujet est *homme*. Ce sujet est simple, parce qu'il présente un être déterminé par une idée unique; il est complexe, parce qu'il a pour déterminatif, *nommé Zopire*, et pour modificaifs, *un*, et *très habile physionomiste*. L'attribut est *piquant*. Il est simple, parce qu'il n'indique qu'une manière d'être du sujet; il est complexe, parce qu'il a pour complément objectif, *se*, et pour complément terminatif, *de distinguer les mœurs et les passions dominantes, d'après l'examen de la conformation et de la figure d'une personne*.

Ayant un jour considéré Socrate, il jugea que ce ne pouvoit être qu'un homme d'un mauvais esprit, et livré à des penchants vicieux, dont il nomma quelques-uns.

Cette phrase comprend trois propositions : une principale, une incidente déterminative, et une incidente explicative.

Ayant un jour considéré Socrate, il jugea... Voilà une proposition principale. Le sujet est *il* pour *un homme* (Zopire). Il est simple, parce qu'il désigne un être unique; il est complexe, parce qu'il a pour modificatif, *ayant un jour considéré Socrate*. L'attribut est *jugeant*. Il est simple, parce qu'il ne nous présente qu'une manière d'être du sujet; il est complexe, parce qu'il a pour déterminatif, *que ce ne pouvoit être*, etc.

Que ce ne pouvoit être qu'un homme d'un mauvais esprit, et livré à des penchants vicieux : voilà une proposition incidente déterminative. Le sujet est *ce*, pour *Socrate*. Il est simple, parce qu'il nous présente un être déterminé par une idée unique; il est incomplexe, parce qu'il n'est accompagné d'aucun modificatif. L'attribut est *pouvant*. Il est simple, parce qu'il n'indique qu'une manière d'être du sujet; il est complexe, parce qu'il a pour complément terminatif, *être un homme d'un mauvais esprit, et livré à des penchants vicieux.*

Dont il nomma quelques-uns ; c'est une proposition incidente explicative. Le sujet est *il* (pour *Zopire*). Il est simple, parce qu'il ne désigne qu'un seul être; il est incomplexe, parce qu'il n'a point de modificatif. L'attribut est *nommant*. Il est simple, parce qu'il n'énonce qu'une manière d'être du sujet; il est complexe, parce qu'il a pour complément direct, *quelques-uns* (*dont*, pour *de lesquels*, penchants vicieux).

Alcibiade, l'ami et le disciple de Socrate, qui connoissoit tout le mérite de son maître, ne put s'empêcher de rire du jugement du physionomiste, et de le taxer d'une profonde ignorance.

Cette phrase comprend deux propositions : une principale, et une incidente explicative.

Alcibiade, l'ami et le disciple de Socrate, ne put s'empêcher de rire du jugement du physionomiste, et de le taxer d'une profonde ignorance : voilà la proposition principale. Le sujet est *Alcibiade*. Il est simple, parce qu'il présente à l'esprit un être déterminé par une idée unique; il est complexe, parce qu'il a pour modificatifs, *l'ami et le disciple de Socrate, qui connoissoit*, etc. L'attribut est *pouvant*. Il est simple, parce qu'il n'indique qu'une manière d'être du sujet; il est complexe, parce qu'il a pour complément ter-

minatif, s'empêcher de rire du jugement du physio-
miste, et de le taxer d'une profonde ignorance.

Qui connoissoit tout le mérite de son maître ; cette
proposition est incidente explicative. Le sujet est
qui (pour *Alcibiade*). Il est simple, parce qu'il
exprime un être unique; il est incomplexe, parce
qu'il n'a point de modificatif. L'attribut est *connois-
sant.* Il est simple, parce qu'il n'énonce qu'une manière d'être du sujet; il est complexe, parce qu'il a
pour complément objectif, *tout le mérite de son
maître.*

*Mais Socrate avoua qu'il avoit réellement reçu de
la nature des dispositions à touts les vices qu'on venoit
de lui reprocher, et qu'il ne s'en étoit préservé que par
les efforts continuels de sa raison.*

Cette phrase renferme quatre propositions : une
principale, et trois incidentes déterminatives.

Mais Socrate avoua; c'est une proposition principale. Le sujet est *Socrate.* Il est simple, parce qu'il
présente à l'esprit un être déterminé par une idée
unique; il est incomplexe, parce qu'il n'est accompagné d'aucun modificatif. L'attribut est *avouant.* Il
est simple, parce qu'il n'exprime qu'une manière
d'être du sujet; il est complexe, parce qu'il a pour
déterminatif, qu'il avoit réellement reçu..., et qu'il
ne s'étoit préservé, etc.

*Qu'il avoit réellement reçu de la nature des dispo-
sitions à touts les vices ;* voilà une proposition incidente déterminative. Le sujet est *il* (pour *Socrate*).
Il est simple, parce qu'il ne désigne qu'un seul être;

il est incomplexe, parce qu'aucun modificatif ne s'y trouve joint. L'attribut est *recevant*. Il est simple, parce qu'il ne présente qu'une manière d'être du sujet ; il est complexe, parce qu'il a pour complément objectif, *des dispositions à touts les vices* ; pour complément terminatif, *de la nature*, et pour complément circonstanciel, *réellement*.

Qu'on venoit de lui reprocher ; cette proposition est incidente déterminative. Le sujet est *on*. Il est simple, parce qu'il ne présente qu'une seule idée ; il est incomplexe, parce qu'il n'a point de modificatif. L'attribut est *venant*. Il est simple, parce qu'il n'énonce qu'une manière d'être du sujet ; il est complexe, parce qu'il a pour complément terminatif, *de lui reprocher* (*que*).

Et qu'il ne s'en étoit préservé que par les efforts continuels de sa raison ; c'est encore une proposition incidente déterminative. Le sujet est *il*, qui tient la place de *Socrate*. Il est simple, parce qu'il désigne un être unique ; il est incomplexe, parce qu'il n'est accompagné d'aucun modificatif. L'attribut est *préservant* (Le verbe est *réfléchi*). Il faut changer *s'étoit préservé* en *avoit préservé lui*, ou *avoit été préservant lui* (Gramm., 157). Cet attribut est simple, parce qu'il n'offre à l'esprit qu'une manière d'être du sujet ; il est complexe, parce qu'il a pour complément objectif, *se* (pour *lui*) ; pour complément terminatif, *en* (*de ces vices*), et pour complément circonstanciel, *par les efforts continuels de sa raison*.

VINGT-CINQUIÈME EXERCICE.

LE CORBEAU ET LE RENARD.

FABLE.

Maître Corbeau, sur un arbre perché,
   Tenoit en son bec un fromage.
Maître Renard, par l'odeur alléché,
   Lui tint à peu près ce langage :
   Hé ! bonjour, monsieur du Corbeau !
Que vous êtes joli ! Que vous me semblez beau !
   Sans mentir, si votre ramage
   Se rapporte à votre plumage,
Vous êtes le phénix des hôtes de ces bois.
A ces mots, le Corbeau ne se sent pas de joie,
   Et, pour montrer sa belle voix,
Il ouvre un large bec, laisse tomber sa proie.
Le Renard s'en saisit, et dit : Mon bon Monsieur,
   Apprenez que tout flatteur
Vit aux dépens de celui qui l'écoute :
Cette leçon vaut bien un fromage sans doute.
   Le Corbeau, honteux et confus,
Jura, mais un peu tard, qu'on ne l'y prendroit plus.

ANALYSE.

Maître Corbeau, sur un arbre perché,
Tenoit en son bec un fromage.

Cette phrase nous fournit une proposition principale. Le sujet est *Corbeau*. Il est simple, parce qu'il présente un être déterminé par une idée unique;

il est complexe, parce qu'il a pour modificatifs, *maître*, et *perché sur un arbre*. L'attribut est *tenant*. Il est simple, parce qu'il n'indique qu'une manière d'être du sujet ; il est complexe, parce qu'il a pour complément objectif, *un fromage*, et pour complément terminatif, *en son bec*.

Maître Renard, par l'odeur alléché,
Lui tint à peu près ce langage :
Hé ! bonjour, monsieur du Corbeau !

Cette phrase renferme deux propositions : une principale, et une incidente déterminative. Nous ne parlons point de l'interjection *hé !*, qui équivaut à une proposition entière, mais que nous ne soumettons point à l'analyse. Cette interjection équivaut à la proposition : *à propos de ce que je vous vois, je vous souhaite*, etc. (30 et 31).

Maître Renard, par l'odeur alléché, lui tint à peu près ce langage : voilà une proposition principale. Le sujet est *Renard*. Il est simple, parce qu'il ne désigne qu'un seul être ; il est complexe, parce qu'il a pour modificatifs, *maître*, et *alléché par l'odeur*. L'attribut est *tenant*. Il est simple, parce qu'il n'offre à l'esprit qu'une manière d'être du sujet ; il est complexe, parce qu'il a pour complément objectif, *ce langage* ; pour complém. termin. *lui* (pour *à lui*) ; et pour complément circonstanciel, *à peu près*.

(*Je vous souhaite le*) *bonjour, monsieur du Corbeau* ; cette proposition est incidente déterminative. Le sujet est *je* (pour *Renard*). Il est simple, parce qu'il exprime un être unique ; il est incomplexe,

H

parce qu'il n'a point de modificatif. L'attribut est *souhaitant (donnant)*. Cet attribut est simple, parce qu'il n'indique qu'une manière d'être du sujet ; il est complexe, parce qu'il a pour complément direct, *le bonjour*, et pour complément indirect, *vous* (pour *à vous*). Les mots, *monsieur du Corbeau*, placés en apostrophe, ne contribuent point à rendre l'attribut complexe) (29).

Que vous êtes joli ! Voilà une proposition principale. Le sujet est *vous*, qui tient la place de *Corbeau*. Il est simple, parce qu'il ne désigne qu'un seul être ; il est incomplexe, parce qu'il n'est accompagné d'aucun modificatif. L'attribut est *joli*. Il est simple, parce qu'il n'exprime qu'une manière d'être du sujet ; il est complexe, parce qu'il a pour modificatif l'adverbe de quantité *que* (pour *combien*).

Que vous me semblez beau ! C'est encore une proposition principale. Le sujet est *vous* (pour *Corbeau*). Il est simple, parce qu'il indique un être déterminé par une idée unique ; il est incomplexe, parce qu'il n'a point de modificatif. L'attribut est *semblant beau* (34). Cet attribut est simple, parce qu'il n'énonce qu'une manière d'être du sujet ; il est complexe, parce qu'il a pour complément terminatif, *me* (pour *à moi*), et pour modificatif, *que* (pour *combien*).

Sans mentir, si votre ramage
Se rapporte à votre plumage,
Vous êtes le phénix des hôtes de ces bois.

Cette phrase est composée de deux propositions, savoir, d'une proposition principale, et d'une proposition incidente déterminative.

Sans mentir, vous êtes le phénix des hôtes de ces bois; cette proposition est principale. Le sujet est *vous* (pour *Corbeau*). Il est simple, parce qu'il présente à l'esprit un être déterminé par une idée unique; il est incomplexe, parce qu'aucun modificatif ne s'y trouve joint. L'attribut est *phénix*. Il est simple, parce qu'il n'indique qu'une manière d'être du sujet; il est complexe, parce qu'il a pour déterminatif, *des hôtes de ces bois*, et pour complément circonstanciel, *sans mentir*.

Si votre ramage se rapporte à votre plumage; cette proposition est incidente déterminative. Le sujet est *ramage*. Il est simple, parce qu'il n'exprime qu'une seule idée; il est complexe, parce qu'il a pour modificatif l'adjectif possessif *votre*. L'attribut est *rapporté* (convenant en rapport). Cet attribut est simple, parce qu'il ne présente qu'une manière d'être du sujet; il est complexe, parce qu'il a pour complément terminatif, *à votre plumage*.

A ces mots, le corbeau ne se sent pas de joie;
Et, pour montrer sa belle voix,
Il ouvre un large bec, laisse tomber sa proie.

Cette phrase comprend trois propositions : une principale absolue, et deux principales relatives.

A ces mots, le Corbeau ne se sent pas de joie: voilà une proposition principale absolue. Le sujet est *Corbeau*. Il est simple, parce qu'il ne désigne qu'un seul être; il est incomplexe, parce qu'il n'a point de modificatif. L'attribut est *sentant*. Il est simple, parce qu'il n'exprime qu'une manière d'être du sujet; il est complexe, parce qu'il a pour complément objectif, le pronom réfléchi *se* ; pour complément terminatif, *de joie* ; et pour complément circonstanciel, *à ces mots*.

Et il ouvre un large bec, pour montrer sa belle voix; c'est une proposition principale relative. Le sujet est *il* (pour *Corbeau*). Il est simple, parce qu'il rappelle l'idée d'un être unique; il est incomplexe, parce qu'il n'est accompagné d'aucun modificatif. L'attribut est *ouvrant*. Il est simple, parce qu'il ne marque qu'une seule manière d'être du sujet; il est complexe, parce qu'il a pour complément objectif, *un large bec*, et pour complément circonstanciel, marquant le but, la tendance, *pour montrer sa belle voix*.

(Il) *laisse tomber sa proie* ; c'est encore une proposition principale relative. Le sujet est *il* (censé répété pour *Corbeau*). Il est simple, parce qu'il désigne un être unique; il est incomplexe, parce qu'il n'a point de modificatif. L'attribut est *laissant*. Il est simple, parce qu'il ne présente qu'une manière d'être du sujet; il est complexe, parce qu'il a pour complément objectif, *sa proie*, et pour complément terminatif, (dans cet état) *tomber*.

Le Renard s'en saisit, et dit: Mon bon Monsieur,
 Apprenez que tout flatteur
 Vit aux dépens de celui qui l'écoute :
Cette leçon vaut bien un fromage sans doute.

Cette phrase est composée de six propositions,

savoir, d'une principale absolue, d'une principale relative, et de quatre incidentes déterminatives.

Le Renard s'en saisit : voilà une proposition principale absolue. Le sujet est *Renard*. Il est simple, parce qu'il désigne un être unique ; il est incomplexe, parce qu'il n'est accompagné d'aucun modificatif. L'attribut est *se saisissant*. Il est simple, parce qu'il n'exprime qu'une manière d'être du sujet ; il est complexe, parce qu'il a pour complément terminatif, *en* (d'elle, de la *proie*).

Et (il) *dit;* cette proposition est principale relative. Le sujet est *il* (censé répété, et rappelant l'idée de *Renard*). Il est simple, parce qu'il n'offre à l'esprit qu'un seul être ; il est incomplexe, parce qu'il n'a point de modificatif. L'attribut est *disant*. Il est simple, parce qu'il ne marque qu'une manière d'être du sujet ; il est complexe, parce qu'il a pour déterminatifs, *apprenez que....* et, *cette leçon vaut bien*, etc.

Mon bon Monsieur, apprenez...... C'est une proposition incidente déterminative. Le sujet est *vous* (vous, soyez apprenant). Ce sujet est simple, parce qu'il n'exprime qu'une idée ; il est incomplexe, parce qu'il n'a point de modificatif. L'attribut est *apprenant*. Il est simple, parce qu'il n'énonce qu'une manière d'être du sujet ; il est complexe, parce qu'il a pour déterminatif, *que tout flatteur vit aux dépens*, etc.

Que tout flatteur vit aux dépens de celui... Cette proposition est incidente déterminative. Le sujet est *flatteur.* Il est simple, parce qu'il désigne un être unique ; il est complexe, parce que l'adjectif *tout* le qualifie et le détermine. L'attribut est *vivant.* Il est simple, parce qu'il ne présente qu'une manière d'être du sujet ; il est complexe, parce qu'il a pour complément terminatif, *aux dépens de celui qui*, etc.

Qui l'écoute ; cette proposition est incidente déterminative. Le sujet est *qui* (pour *celui*). Il est simple, parce qu'il n'offre à l'esprit qu'une seule idée ; il est incomplexe, parce qu'aucun modificatif n'y est joint. L'attribut est *écoutant.* Il est simple, parce qu'il n'indique qu'une manière d'être du sujet ; il est complexe, parce qu'il a pour complément objectif, *le* (pour *flatteur*).

Cette leçon vaut bien un fromage sans doute ; c'est encore une proposition incidente déterminative. Le sujet est *leçon*. Il est simple, parce qu'il n'exprime qu'une idée ; il est complexe, parce que l'adjectif démonstratif *cette* le qualifie et le détermine. L'attribut et *valant*. Il est simple, parce qu'il n'indique qu'une manière d'être du sujet ; il est complexe, parce qu'il a pour complément terminatif, *un fromage* (Analyse grammaticale, p. 174), et pour complémens circonstanciels, les adverbes *bien*, et, *sans doute*.

Le Corbeau, honteux et confus,
Jura, mais un peu tard, qu'on ne l'y prendroit plus.

Cette phrase renferme deux propositions : une principale, et l'autre incidente déterminative.

Le Corbeau, honteux et confus, jura, mais un peu tard.... Voilà une proposition principale. Le sujet est *Corbeau*. Il est simple, parce qu'il désigne un être déterminé par une idée unique; il est complexe, parce qu'il a pour modificatifs, *honteux* et *confus*. L'attribut est *jurant*. Cet attribut est simple, parce qu'il n'exprime qu'une manière d'être du sujet; il est complexe, parce qu'il a pour complément circonstanciel, *mais un peu tard*, et pour déterminatif, *qu'on ne l'y prendroit plus*.

Qu'on ne l'y prendroit plus; cette proposition est incidente déterminative. Le sujet est *on*. Il est simple, parce qu'il n'offre à l'esprit qu'une idée; il est incomplexe, parce qu'il n'a point de modificatif. L'attribut est *prenant*. Il est simple, parce qu'il n'énonce qu'une manière d'être du sujet; il est complexe, parce qu'il a pour complément objectif, *le* (pour *lui*); pour complément terminatif, *y* (à cela); et pour complément circonstanciel, l'adverbe *plus*, qui marque cessation.

VINGT-SIXIÈME EXERCICE.

Alexandre fit passer toute son armée jusqu'à la ville de Tarse, où elle arriva précisément dans le temps que les Perses y mettoient le feu, de peur que l'ennemi ne profitât du butin d'une ville si opulente. Mais Parménion, que le roi y avoit envoyé avec quelque cavalerie, y arriva fort à propos pour empêcher l'embrasement, et entra dans la ville qu'il avoit sauvée, les barbares ayant pris la fuite au premier bruit de son arrivée.

A travers cette ville passe le Cydnus, rivière moins renommée pour la grandeur de son canal que pour la beauté de ses eaux, qui sont extrêmement claires, mais aussi extrêmement froides, à cause de l'ombrage dont ses rives sont couvertes.

ANALYSE.

Alexandre fit passer toute son armée jusqu'à la ville de Tarse, où elle arriva précisément dans le temps que les Perses y mettoient le feu, de peur que l'ennemi ne profitât du butin d'une ville si opulente.

Cette phrase renferme quatre propositions, savoir, une principale, une incidente explicative, et deux incidentes déterminatives.

Alexandre fit passer toute son armée jusqu'à la ville de Tarse : voilà la proposition principale. Le sujet est *Alexandre*. Il est simple, parce qu'il exprime un être déterminé par une idée unique; il est incomplexe, parce qu'il n'est accompagné d'aucun modificatif. L'attribut est *faisant passer* (35). Il est simple, parce qu'il n'exprime qu'une seule manière d'être du sujet : il est complexe, parce qu'il a pour complément objectif, *toute son armée*, et pour complément terminatif, *jusqu'à la ville de Tarse*.

Où elle arriva précisément dans le temps; c'est une proposition incidente explicative. Le sujet est *elle* (pour *l'armée*). Il est simple, parce qu'il exprime une idée unique ; il est incomplexe, parce qu'il n'est modifié par aucun qualificatif ni déterminatif. L'attribut est *arrivant*. Il est simple, parce qu'il n'exprime qu'une seule manière d'être du sujet; il est complexe, parce qu'il a pour compléments, *dans le temps*, ce qui exprime une circonstance; l'adverbe *où*, qui marque la situation ; et cet autre adverbe *précisément*, qui marque la manière.

Que les Perses y mettoient le feu : voilà une proposition incidente déterminative. Son sujet est *les Perses*. Il est simple, parce qu'il n'exprime qu'une seule idée; il est incomplexe, parce qu'il n'est accompagné d'aucun modificatif. L'attribut est *mettant*. Il est simple, parce qu'il n'exprime qu'une seule manière d'être du sujet; il est complexe, parce qu'il a pour complément objectif, *le feu*, et pour complément terminatif le pronom relatif *y*, qui rappelle l'idée de *la ville de Tarse*.

De peur que l'ennemi ne profitât du butin d'une ville si opulente ; c'est une proposition incidente déterminative. Le sujet est *l'ennemi*. Il est simple, parce qu'il énonce une idée unique ; il est incomplexe, parce qu'il n'est accompagné d'aucun modificatif. L'attribut est *profitant*. Il est simple, parce qu'il ne représente qu'une manière d'être du sujet ; et il est complexe, parce qu'il a pour complément terminatif, *du butin d'une ville si opulente*.

Mais Parménion, que le roi y avoit envoyé avec quelque cavalerie, y arriva fort à propos pour empêcher l'embrasement, et entra dans la ville qu'il avoit

5

sauvée, les barbares ayant pris la fuite au premier bruit de son arrivée.

Il y a dans cette phrase quatre propositions : deux principales, une incidente explicative, et une incidente déterminative.

Mais Parménion y arriva fort à propos pour empêcher l'embrasement : voilà une proposition principale absolue. Son sujet est *Parménion*. Il est simple, parce qu'il exprime un être déterminé par une idée unique ; il est complexe, parce qu'il a pour modificatif, *que le roi y avoit envoyé.* L'attribut est *arrivant*. Il est simple, parce qu'il n'exprime qu'une manière d'être du sujet ; il est complexe, parce qu'il est modifié par la locution adverbiale *fort à propos*, et qu'il a pour compléments terminatifs, le pronom relatif *y*, et, *pour empêcher l'embrasement*.

Que le roi y avoit envoyé avec quelque cavalerie ; c'est une proposition incidente explicative. Le sujet est *le roi*. Il est simple, parce qu'il n'exprime qu'un seul être, et il est incomplexe, parce qu'il n'est accompagné d'aucun modificatif. L'attribut est *envoyant* (36, 37 et 38). Il est simple, parce qu'il n'exprime qu'une manière d'être du sujet ; il est complexe, à cause du complément objectif, *que*, qui réveille l'idée de *Parménion* ; du complément terminatif, *y* ; et du complément circonstanciel, *avec quelque cavalerie*.

Et (il) *entra dans la ville :* voilà une proposition principale relative. Le sujet est *il* (pour *Parménion*). Il est simple, parce qu'il exprime un être déterminé par une idée unique ; il est incomplexe, parce qu'il n'a pas de modificatif. L'attribut est *entrant*. Il est simple, parce qu'il n'exprime qu'une seule manière d'être du sujet ; il est complexe, parce qu'il a pour complément terminatif, *dans la ville*.

Qu'il avoit sauvée, les barbares ayant pris la fuite au premier bruit de son arrivée ; c'est une proposition incidente déterminative. Son sujet est *il*, qui rappelle l'idée de *Parménion*. Il est simple, parce qu'il désigne un être déterminé par une idée unique ; il est incomplexe, parce qu'il n'est accompagné d'aucun modificatif. L'attribut est *sauvant*. Il est simple, parce qu'il n'énonce qu'une manière d'être du sujet ; et complexe, parce qu'il a un complément objectif, *que*, représentant *la ville*, et un complément circonstanciel, *les barbares ayant pris la fuite au premier bruit de son arrivée*.

A travers cette ville passe le Cydnus, rivière moins renommée pour la grandeur de son canal que pour la beauté de ses eaux, qui sont extrêmement claires, mais aussi extrêmement froides, à cause de l'ombrage dont ses rives sont couvertes.

Il y a dans cette phrase trois propositions : une principale, une incidente explicative, et une incidente déterminative.

A travers cette ville passe le Cydnus, rivière moins renommée pour la grandeur de son canal que pour la beauté de ses eaux : voilà une proposition principale. Son sujet est le *Cydnus*. Il est simple, parce qu'il représente un seul objet ; il est complexe, à cause du modificatif, *rivière moins renom-*

mée pour la grandeur de son canal que pour la beauté de ses eaux. L'attribut est *passant.* Il est simple, parce qu'il n'offre qu'une seule manière d'être du sujet ; il est complexe, parce qu'il a un complément terminatif, *à travers cette ville.*

Qui sont extrêmement claires, mais aussi extrêmement froides, à cause de l'ombrage, etc. C'est une proposition incidente explicative. Le sujet est *qui*, représentant *les eaux.* Il est simple, parce n'exprime qu'une seule idée ; il est incomplexe, parce qu'il n'a aucun complément explicatif ni déterminatif. L'attribut est *claires, mais aussi froides.* Il est composé, parce qu'il représente deux manières d'être du sujet ; et il est complexe, parce qu'il est modifié par l'adverbe *extrêmement*, qui accompagne chaque attribut; et par les mots, *à cause de l'ombrage*, qui tombent sur le second.

Dont ses rives sont couvertes ; c'est une proposition incidente déterminative. Le sujet est *rives.* Il est simple, parce qu'il ne représente qu'une seule idée ; il est complexe, à cause de l'adjectif possessif *ses.* L'attribut est *couvertes.* Il est simple, parce qu'il n'exprime qu'une manière d'être du sujet ; et complexe, parce qu'il a pour complément terminatif, le pronom relatif *dont*, pour *duquel* (ombrage).

VINGT-SEPTIÈME EXERCICE.

On étoit alors vers la fin de l'été, dont les chaleurs sont très grandes en Cilicie. C'étoit encore au plus chaud du jour ; et, comme le roi arrivoit tout couvert de sueur et de poussière, voyant cette eau si claire et si belle, il lui prit envie de s'y baigner. Il n'y fut pas si tôt entré, qu'il se sentit saisi d'un frisson si grand qu'on crut qu'il alloit mourir. On l'emmena dans sa tente, ayant perdu toute connoissance. La consternation fut générale dans tout le camp.

ANALYSE.

On étoit alors vers la fin de l'été, dont les chaleurs sont très grandes en Cilicie.

Il y a dans cette phrase deux propositions, savoir, une principale, et une incidente explicative.

On étoit alors vers la fin de l'été; cette proposition est principale. Le sujet est *on*. Il est simple, parce qu'il exprime une idée unique; il est incomplexe, parce qu'il n'a point de modificatif. L'attribut est *parvenu* (non énoncé). Il est simple, parce qu'il n'exprime qu'une manière d'être du sujet; il est complexe, parce qu'il est modifié par l'adverbe *alors*, et par le complément terminatif, *vers la fin de l'été*.

Dont les chaleurs sont très grandes en Cilicie: voilà une proposition incidente explicative. Le sujet est *chaleurs*. Il est simple, parce qu'il n'exprime qu'une seule idée; complexe, parce qu'il a un complément déterminatif, *dont* (pour *de l'été*.) L'attribut est *grandes*. Il est simple, parce qu'il n'énonce qu'une manière d'être du sujet; il est complexe, parce qu'il est modifié par l'adverbe *très*, et accompagné d'un complément circonstanciel, *en Cilicie*.

C'étoit encore au plus chaud du jour; et, comme

le roi arrivoit tout couvert de sueur et de poussière, voyant cette eau si claire et si belle, il lui prit envie de s'y baigner.

Il y a dans cette phrase trois propositions : deux principales, l'une absolue, l'autre relative; et la troisième incidente explicative.

C'étoit encore au plus chaud du jour : voilà une proposition principale absolue. Son sujet est *ce* (pour *ceci*). Il est simple, parce qu'il exprime une seule idée; il est complexe, parce qu'il est accompagné du déterminatif, *au plus chaud du jour* (*ceci*, ce temps, *au plus chaud du jour étoit encore*). L'attribut est *existant*. Cet attribut est simple, parce qu'il n'exprime qu'une seule manière d'être du sujet; et complexe, parce qu'il est modifié par l'adverbe *encore*.

Et... voyant cette eau si claire et si belle, il lui prit envie de s'y baigner : voilà une proposition principale relative. Le sujet de cette proposition est *il*, (*ceci*, savoir) *l'envie de s'y baigner*. Il est simple, parce qu'il ne présente qu'une seule idée; il est complexe, à cause du complément déterminatif, *l'envie de s'y baigner*. L'attribut est *prenant*. Il est simple, parce qu'il n'exprime qu'une manière d'être du sujet; il est complexe, à cause de son complément terminatif, à *lui*, *voyant cette eau si claire et si belle*.

Comme le roi arrivoit tout couvert de sueur et de poussière; c'est une proposition incidente explicative, qui a pour sujet *roi*. Ce sujet est simple, parce qu'il exprime un être déterminé par une seule idée;

il est incomplexe, parce qu'il n'a point de modificatif. L'attribut est *arrivant*. Il est simple, parce qu'il n'exprime qu'une manière d'être du sujet; et complexe, parce qu'il a pour complément circonstanciel, (dans cet état, lui) *tout couvert de sueur et de poussière.*

Il n'y fut pas si tôt entré, qu'il se sentit saisi d'un frisson si grand qu'on crut qu'il alloit mourir.

Il y a dans cette phrase quatre propositions : une principale, et trois incidentes déterminatives.

Il n'y fut pas si tôt entré; c'est une proposition principale. Le sujet est *il* (pour *le roi*). Il est simple, parce qu'il exprime un être déterminé par une idée unique; il est incomplexe, parce qu'il n'est accompagné d'aucun modificatif. L'attribut est *entré.* Cet attribut est simple, parce qu'il n'exprime qu'une manière d'être du sujet; il est complexe, parce qu'il est modifié par l'adverbe *si tôt*, et qu'il a un complément terminatif, le pronom relatif *y*.

Qu'il se sentit saisi d'un frisson si grand : voilà une proposition incidente déterminative. Le sujet est *il*, qui rappelle l'idée du *roi*. Ce sujet est simple, parce qu'il présente à l'esprit un être déterminé par une idée unique; il est incomplexe, parce qu'il n'a pas de modificatif. L'attribut est *sentant.* Il est simple, parce qu'il n'énonce qu'une manière d'être du sujet; Il est complexe, parce qu'il a pour complément objectif, *se* (lui), *saisi d'un frisson si grand.*

Qu'on crut; c'est encore une proposition incidente déterminative. Le sujet est *on*. Il est simple, parce qu'il exprime une idée unique; il est incomplexe, parce qu'il n'a point de modificatif. L'attribut est *croyant*. Il est simple, parce qu'il ne présente à l'esprit qu'une seule manière d'être du sujet; il est complexe, parce qu'il a pour complément déterminatif, *qu'il alloit mourir*.

Qu'il alloit mourir ; cette proposition est également incidente déterminative. Le sujet est *il*. Il est simple, parce qu'il ne renferme qu'un seul être; il est incomplexe, parce qu'il n'est accompagné d'aucun modificatif. L'attribut est *allant*. Il est simple, parce qu'il n'offre qu'une manière d'être du sujet; il est complexe, à cause de son complément terminatif, *à cette chose, à cet état*, (savoir) *mourir*.

On l'emmena dans sa tente, ayant perdu toute connoissance.

Cette phrase renferme une proposition principale. Le sujet est *on*. Il est simple, parce qu'il n'exprime qu'une seule idée; il est incomplexe, parce qu'il n'a pas de modificatif. L'attribut est *emmenant*. Il est simple, parce qu'il ne représente qu'une manière d'être du sujet; et complexe, à cause de son complément objectif, *le* (lui), *ayant perdu toute connoissance*.

La consternation fut générale dans tout le camp.

Nous trouvons dans cette phrase une proposition principale. Le sujet est *la consternation*. Il est simple, parce qu'il offre à l'esprit une idée unique; il est incomplexe, parce qu'il n'est accompagné d'aucun modificatif. L'attribut est *générale*. Il est simple, parce qu'il ne présente qu'une manière d'être du sujet ; il est complexe, à cause du complément terminatif, *dans tout le camp.*

VINGT-HUITIÈME EXERCICE.

Ils fondoient touts en larmes, et se plaignoient
« de ce que le plus grand roi qui eût jamais été leur
« étoit ravi au milieu de ses prospérités et de ses
« conquêtes, non dans une bataille ou dans un
« assaut de ville, mais pour s'être baigné dans une
« rivière; que Darius, près d'arriver, se trouveroit
« vainqueur avant que d'avoir vu l'ennemi; qu'ils
« seroient contraints de se retirer comme fugitifs
« par les mêmes pays par où ils étoient venus triom-
« phants; et que, rencontrant par-tout des lieux ra-
« vagés ou déserts, la faim seule, quand ils n'au-
« roient point d'autre ennemi à combattre, suffiroit
« pour les faire périr.

ANALYSE.

Ils fondoient touts en larmes, et se plaignoient de ce que le plus grand roi qui eût jamais été leur étoit ravi au milieu de ses prospérités et de ses conquêtes, non dans une bataille ou dans un assaut de ville, mais pour s'être baigné dans une rivière.

Nous trouvons dans cette phrase quatre propositions, savoir, deux principales, et deux incidentes déterminatives.

Ils fondoient touts en larmes; voilà une proposition principale absolue, dont le sujet est *ils* (pour *les soldats d'Alexandre.*) Ce sujet est simple, parce qu'il énonce une idée unique ; il est complexe, parce qu'il a pour modificatif l'adjectif *touts*. L'attribut est *fondant*. Il est simple, parce qu'il n'exprime qu'une manière d'être du sujet ; et complexe, parce qu'il a pour complément terminatif, *en larmes*.

Et (ils) *se plaignoient de ce*, etc. C'est une proposition principale relative. Son sujet est *ils*. Il est simple, parce qu'il n'offre à l'esprit qu'une idée ; il est incomplexe, parce qu'il n'a aucun modificatif. L'attribut est *plaignant*. Cet attribut est simple, parce qu'il n'énonce qu'une manière d'être du sujet ; et il est complexe, parce qu'il a pour complément objectif, *se*, et pour complément déterminatif, *de ce que*, etc.

Que le plus grand roi... leur étoit ravi au milieu de ses prospérités et de ses conquêtes, non dans une bataille ou dans un assaut de ville, mais pour s'être baigné dans une rivière : voilà une proposition incidente déterminative. Le sujet est *roi*. Il est simple, parce qu'il indique un être déterminé par une idée unique ; il est complexe, parce qu'il a un modificatif, *le plus grand*, etc. L'attribut est *ravi*. Il est simple, parce qu'il ne présente à l'esprit qu'une seule manière d'être du sujet ; et il est complexe, parce qu'il a pour complément terminatif, *leur* (pour *à eux*), et pour compléments circonstanciels, *au milieu de ses prospérités et de ses conquêtes, non dans une bataille ou dans un assaut de ville, mais pour s'être baigné dans une rivière.*

Qui eût jamais été ; c'est une proposition incidente déterminative. Le sujet est *qui* (pour *roi*).

Ce sujet est simple, parce qu'il offre un être unique ; il est incomplexe, parce qu'il n'a point de modificatif. L'attribut est *existant*. Il est simple, parce qu'il n'exprime qu'une manière d'être du sujet; et il est complexe, à cause de l'adverbe *jamais*, qui le modifie.

Que Darius, près d'arriver, se trouveroit vainqueur avant que d'avoir vu l'ennemi; proposition incidente déterminative. La proposition principale, *ils disoient*, est censée la précéder. Le sujet est *Darius*. Il est simple, parce qu'il représente un être déterminé par une idée unique; il est complexe, à cause du complément circonstanciel, *près d'arriver*. L'attribut est *trouvant* Il est simple, parce qu'il n'exprime qu'une manière d'être du sujet; et il est complexe, parce qu'il a pour complément objectif *se*, pour complément terminatif, (dans cet état, lui) *vainqueur*, et pour complément circonstanciel, *avant que d'avoir vu l'ennemi*.

Qu'ils seroient contraints de se retirer comme fugitifs par les mêmes pays par où ils étoient venus triomphants ; et que, rencontrant par-tout des lieux ravagés ou déserts, la faim seule, quand ils n'auroient point d'autre ennemi à combattre, suffiroit pour les faire périr.

Cette phrase comprend quatre propositions incidentes déterminatives.

Qu'ils seroient contraints de se retirer comme fugitifs par les mêmes pays.... Voilà une proposition incidente déterminative. La proposition principale, *ils disoient*, est sous-entendue. Le sujet est *ils*. Il est simple, parce qu'il n'offre qu'une seule idée ; incomplexe, parce qu'il n'a point de modificatif. L'attribut est *contraints.* Cet attribut est simple, parce qu'il n'énonce qu'une manière d'être du sujet ; il est complexe, parce qu'il a pour complément terminatif, *de se retirer comme fugitifs par les mêmes pays*, etc.

Par où ils étoient venus triomphants ; c'est une proposition incidente déterminative. Le sujet est *ils*. Il est simple, parce qu'il représente une idée unique ; il est incomplexe, parce qu'il n'a point de modificatif. L'attribut est *venant*. Il est simple, parce qu'il n'offre qu'une manière d'être du sujet ; il est complexe à cause du complément terminatif, *par où*, et du complément circonstanciel, (dans cet état, eux) *triomphants*.

Et que, rencontrant par-tout des lieux ravagés et déserts, la faim seule... suffiroit pour les faire périr ; proposition incidente déterminative. Le sujet est *la faim*. Il est simple, parce qu'il exprime une idée unique ; il est complexe, à cause du modificatif *seule*. L'attribut est *suffisant*. Il est simple, parce qu'il ne présente qu'une manière d'être du sujet ; il est complexe, parce qu'il a un complément terminatif, *pour les faire périr*, (pour faire périr eux) *rencontrant par-tout des lieux ravagés et déserts*.

Quand ils n'auroient point d'autre ennemi à combattre ; c'est une proposition incidente déterminative. Le sujet est *ils*. Il est simple, parce qu'il ne présente qu'une seule idée ; et incomplexe, parce qu'il n'a point de modificatif. L'attribut est *ayant*. Il est simple, parce qu'il n'indique qu'une manière d'être du sujet; il est complexe, parce qu'il a pour complément objectif, *d'autre ennemi à combattre*.

VINGT-NEUVIÈME EXERCICE.

Cependant le roi reprenoit ses esprits; et, peu à peu revenant à lui, il reconnoissoit ceux qui étoient autour de lui, quoique son mal ne semblât s'être relâché qu'en ce qu'il commençoit à le sentir. Mais l'esprit étoit encore plus agité que le corps n'étoit malade; car il avoit nouvelles que Darius pourroit bientôt arriver. Il ne cessoit de se plaindre de sa destinée, qui le livroit sans défense à son ennemi, et lui déroboit une si belle victoire, le réduisant à mourir dans une tente, d'une mort obscure, et bien éloignée de cette gloire qu'il s'étoit promise.

ANALYSE.

Cependant le roi reprenoit ses esprits ; et, peu à peu revenant à lui, il reconnoissoit ceux qui étoient autour de lui, quoique son mal ne semblât s'être relâché qu'en ce qu'il commençoit à le sentir.

Il y a dans cette phrase cinq propositions, savoir, une principale absolue, une principale relative, deux incidentes déterminatives, et une incidente explicative.

Cependant le roi reprenoit ses esprits : voilà une proposition principale absolue. Le sujet est *le roi.* Ce sujet est simple, parce qu'il exprime un être déterminé par une idée unique ; il est incomplexe, parce qu'il n'est accompagné d'aucun modificatif. L'attribut est *reprenant.* Il est simple, parce qu'il n'énonce qu'une manière d'être du sujet ; et il est complexe, à cause du complément objectif, *ses esprits.*

Et, peu à peu revenant à lui, il reconnoissoit ceux... Cette proposition est principale relative. Le sujet est *il.* Il est simple, parce qu'il n'énonce qu'une seule idée ; il est complexe, parce qu'il a pour modificatif, *peu à peu revenant à lui.* L'attribut est *reconnoissant.* Il est simple, parce qu'il n'exprime qu'une manière d'être du sujet ; il est complexe, à cause de son complément objectif, *ceux.*

Qui étoient autour de lui ; c'est une proposition incidente déterminative. Le sujet est *qui* pour *ceux.* Il est simple, parce qu'il n'exprime qu'une seule idée ; et il est incomplexe, parce qu'il n'est accompagné d'aucun modificatif. L'attribut est *assemblés* (sous-entendu). Il est simple, parce qu'il n'offre à l'esprit qu'une manière d'être du sujet ; il est complexe, à cause du complément terminatif, *autour de lui.*

Quoique son mal ne semblât s'être relâché... Cette proposition est incidente explicative. Le sujet est *son mal.* Il est simple, parce qu'il exprime une seule idée ; il est complexe, à cause de l'adjectif possessif *son.* L'attribut est *semblant.* Il est simple, parce qu'il n'exprime qu'une manière d'être du sujet ; il est complexe à cause du complément terminatif, *s'être relâché,* et de cet autre, *qu'en ce qu'il commençoit,* etc.

Qu'en ce qu'il commençoit à le sentir ; c'est une proposition incidente déterminative. Son sujet est *il,* qui rappelle l'idée du *roi.* Ce sujet est simple, parce qu'il exprime un être déterminé par une idée unique ; il est incomplexe, parce qu'il n'a point de modificatif. L'attribut est *commençant.* Il est simple, parce qu'il n'exprime qu'une manière d'être du sujet; il est complexe, à cause du complément terminatif, *à le sentir.*

Mais l'esprit étoit encore plus agité que le corps n'étoit malade ; car il avoit nouvelles que Darius pourroit bientôt arriver.

Il y a dans cette phrase quatre propositions, savoir, une principale absolue, une principale relative, et deux incidentes déterminatives.

Mais l'esprit étoit encore plus agité... C'est une proposition principale absolue. Le sujet est *l'esprit.* Il est simple, parce qu'il n'énonce qu'une seule idée; il est incomplexe, parce qu'il n'a aucun modificatif. L'attribut est *agité.* Il est simple, parce qu'il ne représente qu'une manière d'être du sujet ; et il est complexe, parce qu'il est modifié par les adverbes *encore* et *plus.*

Que le corps n'étoit malade, proposition incidente déterminative. Le sujet est *le corps.* Il est simple, parce qu'il exprime une idée unique ; il est incomplexe, parce qu'il n'a point de modificatif. L'attribut est *malade*. Il est simple, parce qu'il n'exprime qu'une manière d'être du sujet ; il est incomplexe, parce qu'il n'a aucun modificatif.

Car il avoit nouvelles que... Voilà une proposition principale relative. Le sujet est *il*, qui rappelle l'idée du *roi*. Ce sujet est simple, parce qu'il offre à l'esprit un être déterminé par une idée unique ; il est incomplexe, parce qu'il n'est accompagné d'aucun modificatif. L'attribut est *ayant*. Cet attribut est simple, parce qu'il n'exprime qu'une manière d'être du sujet ; il est complexe, à cause de son complément objectif, *nouvelles*.

Que Darius pourroit bientôt arriver ; c'est une proposition incidente déterminative. Le sujet est *Darius*. Il est simple parce qu'il exprime un seul être ; il est incomplexe, parce qu'il n'a point de modificatif. L'attribut est *pouvant*. Il est simple, parce qu'il ne présente qu'une manière d'être du sujet ; il est complexe, parce qu'il a pour modificatif, l'adverbe *bientôt*, et pour complément terminatif, l'infinitif *arriver*.

Il ne cessoit de se plaindre de sa destinée, qui le livroit sans défense à son ennemi, et lui déroboit une si belle victoire, le réduisant à mourir dans une tente, d'une mort obscure, et bien éloignée de cette gloire qu'il s'étoit promise.

Nous trouvons dans cette phrase quatre propositions : une principale, deux incidentes explicatives, et une incidente déterminative.

Il ne cessoit de se plaindre de sa destinée : voilà une proposition principale. Le sujet est *il* (pour *le roi*). Il est simple, parce qu'il énonce une idée unique ; et incomplexe, parce qu'il n'est accompagné d'aucun modificatif. L'attribut est *cessant*. Il est simple, parce qu'il n'exprime qu'une manière d'être du sujet ; et il est complexe, parce qu'il a pour complément terminatif, *de se plaindre de sa destinée.*

Qui le livroit sans défense à son ennemi ; c'est une proposition incidente explicative. Le sujet est *qui* (pour *destinée*). Il est simple, parce qu'il exprime une seule idée ; il est incomplexe, parce qu'il n'a aucun modificatif. L'attribut est *livrant*. Il est simple, parce qu'il ne présente qu'une manière d'être du sujet ; il est complexe, parce qu'il a un complément objectif, *le* ; un complément terminatif, *à son ennemi ;* et un complément circonstanciel, *sans défense.*

Et (qui) *lui déroboit une aussi belle victoire, le réduisant à mourir dans une tente, d'une mort obscure, et bien éloignée de cette gloire....* C'est encore une proposition incidente explicative. Le sujet est *qui* (pour *destinée*). Il est simple, parce qu'il énonce une seule idée ; et incomplexe, parce qu'il n'a aucun modificatif. L'attribut est *dérobant.* Il est simple, parce qu'il n'exprime qu'une manière d'être du sujet ; et complexe, à cause du complément objectif, *une si belle victoire ;* du complément terminatif, *lui* (pour

I

à lui); et du complément circonstanciel, *le réduisant à mourir dans une tente, d'une mort obscure, et bien éloignée de cette gloire.*

Qu'il s'étoit promise : voilà une proposition incidente déterminative. Le sujet est *il* (pour *Alexandre*). Il est simple, parce qu'il présente à l'esprit un être déterminé par une idée unique; il est incomplexe, parce qu'il n'est accompagné d'aucun modificatif. L'attribut est *promettant* (le verbe est réfléchi; c'est comme s'il y avoit, *avoit promis, avoit été promettant à lui*, Traité de la Proposition, n°* 36, 37 et 38). Il est simple, parce qu'il n'exprime qu'une manière d'être du sujet; il est complexe, parce qu'il a pour complément objectif, *que* (*laquelle gloire*), et pour complément terminatif, *se* (pour *à lui*).

TRENTIÈME EXERCICE.

Ayant fait entrer ses confidents et ses médecins, « Vous voyez, leur dit-il, dans quelle extrémité « pressante la fortune me réduit. Il me semble en- « tendre déjà les armes ennemies, et voir arriver « Darius. Il étoit sans doute d'intelligence avec ma « mauvaise fortune, quand il écrivoit à ses satrapes « des lettres si pleines de hauteur et de fierté à mon « égard. Mais il n'en est pas où il pense, pourvu que « l'on me traite à mon gré. »

ANALYSE.

Ayant fait entrer ses confidents et ses médecins,

Vous voyez, leur dit-il, dans quelle extrémité pressante la fortune me réduit.

Nous trouvons dans cette phrase trois propositions, savoir, une principale, une incidente explicative, et une incidente déterminative.

Vous voyez : voilà une proposition principale. Son sujet est *vous* (pour *confidents et médecins*). Il est simple, parce qu'il présente à l'esprit une seule idée ; il est incomplexe, parce qu'il n'est accompagné d'aucun modificatif. L'attribut est *voyant*. Il est simple, parce qu'il n'exprime qu'une manière d'être du sujet ; et il est complexe, parce qu'il est déterminé par la proposition suivante, *dans quelle extrémité pressante la fortune m'a réduit*.

Leur dit-il, ayant fait entrer ses confidents et ses médecins ; cette proposition est incidente explicative. Le sujet est *il* (pour *Alexandre*). Ce sujet est simple, parce qu'il exprime une seule idée ; il est incomplexe, parce qu'il n'a pas de modificatif. L'attribut est *disant*. Il est simple, parce qu'il n'énonce qu'une manière d'être du sujet ; il est complexe, parce qu'il a pour complément terminatif, le pronom personnel *leur* (à *eux*), et pour complément circonstanciel, *ayant fait entrer ses confidents et ses médecins*.

Dans quelle extrémité pressante la fortune m'a réduit ; proposition incidente déterminative. Le sujet est *fortune*. Il est simple, parce qu'il ne présente qu'une idée ; il est incomplexe, parce qu'il n'a pas de modificatif. L'attribut est *réduisant*. Il est simple, parce qu'il présente une seule manière d'être du sujet ; et complexe, à cause du complément objectif, *me* (moi), et du complément terminatif, *dans quelle extrémité pressante.*

Il me semble entendre déjà les armes ennemies, et voir arriver Darius ; c'est une proposition principale. Le sujet est *il* (ceci). Ce sujet est simple, parce que, comme collectif, il ne présente qu'une idée ; il est complexe, à cause des compléments déterminatifs qui l'accompagnent, *il* (ceci, savoir, *entendre déjà les armes ennemies, et voir arriver Darius*). L'attribut est *semblant*. Il est simple, parce qu'il qu'il n'exprime qu'une manière d'être du sujet ; il est complexe, parce qu'il a un complément terminatif, *me* (pour *à moi*).

Il étoit sans doute d'intelligence avec ma mauvaise fortune, quand il écrivoit à ses satrapes des lettres si pleines de hauteur et de fierté à mon égard.

Cette phrase contient deux propositions : une principale, et une incidente déterminative.

Il étoit sans doute d'intelligence avec ma mauvaise fortune ; proposition principale. Le sujet est *il* (pour *Darius*). Il est simple, parce qu'il exprime un être déterminé par une idée unique ; il est incomplexe, parce qu'il n'a point de modificatif. L'attribut, qui est sous-entendu, est *uni*. Cet attribut est simple, parce qu'il ne présente qu'une manière d'être du sujet ; il est complexe, à cause du modificatif, *sans doute*, et du complément terminatif, *d'intelligence avec ma mauvaise fortune*, et de cette proposition, *quand il écrivoit*, etc.

Quand il écrivoit à ses satrapes des lettres si pleines de hauteur et de fierté à mon égard; c'est une proposition incidente déterminative, qui a pour sujet le pronom *il* (pour *Darius*). Ce sujet est simple, parce qu'il ne présente qu'un seul être; il est incomplexe, parce qu'il n'est accompagné d'aucun modificatif. L'attribut est *écrivant*. Il est simple, parce qu'il n'énonce qu'une manière d'être du sujet; et complexe, à cause du complément objectif, *des lettres si pleines*, etc., et du complément terminatif, *à ses satrapes*.

Mais il n'en est pas où il pense, pourvu qu'on me traite à mon gré.

Cette phrase renferme trois propositions : une principale, et deux incidentes déterminatives.

Mais il n'en est pas où.... Voilà une proposition principale. Le sujet est *il*, qui rappelle l'idée de *Darius*. Ce sujet est simple, parce qu'il représente un être déterminé par une idée unique; il est incomplexe, parce qu'il n'est accompagné d'aucun modificatif. L'attribut, qui est sous-entendu, est *parvenu*. Il est simple, parce qu'il n'exprime qu'une seule manière d'être du sujet; il est complexe, parce qu'il a pour complément terminatif, l'adverbe *où*, et pour complément circonstanciel, le pronom relatif *en*.

Il pense; proposition incidente déterminative. Le sujet est *il* (pour *Darius*). Ce sujet est simple, parce qu'il ne présente qu'une seule idée; il est incomplexe, parce qu'il n'a point de modificatif. L'attribut est *pensant*. Il est simple, parce qu'il n'énonce qu'une manière d'être du sujet; il est incomplexe, parce qu'il n'a ni complément ni modificatif énoncés.

Pourvu qu'on me traite à mon gré; c'est encore une proposition incidente déterminative. Le sujet est *on*. Il est simple, parce qu'il n'exprime qu'une seule idée; il est incomplexe, parce qu'il n'a point de modificatif. L'attribut est *traitant*. Il est simple, parce qu'il présente une seule manière d'être du sujet; et complexe, parce qu'il a un complément objectif, *me*, et un complément circonstanciel, *à mon gré*.

TRENTE ET UNIÈME EXERCICE.

LE RENARD ET LA CIGOGNE.

FABLE.

Compère le Renard se mit un jour en frais,
Et retint à dîner commère la Cigogne.
Le régal fut petit et sans beaucoup d'apprêts:
    Le galant, pour toute besogne,
Avoit un brouet clair; il vivoit chichement.
Ce brouet fut par lui servi sur une assiette:
La Cigogne au long bec n'en put attraper miette;
Et le drôle eut lapé le tout en un moment.
    Pour se venger de cette tromperie,
A quelque temps de là, la Cigogne le prie.
Volontiers, lui dit-il; car avec mes amis
    Je ne fais point cérémonie.

ANALYSE.

Compère le Renard se mit un jour en frais,
Et retint à dîner commère la Cigogne.

Nous trouvons ici deux propositions : une principale absolue, et une principale relative.

Compère le Renard se mit un jour en frais ; c'est la proposition principale absolue. Le sujet est *Renard*. Il est simple, parce qu'il exprime un être déterminé par une idée unique ; il est complexe, à cause du modificatif *compère*. L'attribut est *mettant*. Il est simple, parce qu'il n'énonce qu'une manière d'être du sujet ; il est complexe, parce qu'il a pour complément objectif, le pronom réfléchi *se* ; pour complément terminatif, *en frais* ; et pour complément circonstanciel, *un jour*.

Et (il) *retint à dîner commère la Cigogne* ; c'est la proposition principale relative. Le sujet est *il* (pour *Renard*). Il est simple, parce qu'il ne désigne qu'un seul être ; il est incomplexe, parce qu'il n'a point de modificatif. L'attribut est *retenant*. Il est simple, parce qu'il n'indique qu'une manière d'être du sujet ; il est complexe, parce qu'il a pour complément objectif, *commère la Cigogne*, et pour complément terminatif, *à dîner*.

Le régal fut petit et sans beaucoup d'apprêts :
Le galant, pour toute besogne,
Avoit un brouet clair ; il vivoit chichement.

Cette phrase comprend trois propositions : une principale absolue, et deux principales relatives.

Le régal fut petit, et (fait) *sans beaucoup d'apprêts ;* cette proposition est principale absolue. Le sujet est *régal.* Il est simple, parce qu'il n'offre à l'esprit qu'une idée ; et incomplexe, parce qu'il n'est accompagné d'aucun modificatif. L'attribut est *petit* et *fait.* Cet attribut est composé, parce qu'il énonce deux manières d'être du sujet ; il est complexe, parce que *fait* est modifié par ces mots, *sans beaucoup d'apprêts.*

Le galant, pour toute besogne, avoit un brouet clair ; c'est une proposition principale relative. Le sujet est *galant.* Il est simple, parce qu'il désigne un être déterminé par une idée unique ; il est incomplexe, parce qu'il n'a point de modificatif. L'attribut est *ayant.* Il est simple, parce qu'il ne présente qu'une manière d'être du sujet ; il est complexe, parce qu'il a pour complément direct, *un brouet clair,* et pour complément terminatif, *pour toute besogne.*

Il vivoit chichement ; c'est encore une proposition principale relative. Le sujet est *il,* qui rappelle l'idée du *Renard.* Il est simple, parce qu'il ne désigne qu'un seul être ; il est incomplexe, parce qu'il n'a point de modificatif. L'attribut est *vivant.* Il est simple, parce qu'il n'exprime qu'une manière d'être du sujet ; il est complexe, à cause du modificatif, *chichement.*

Ce brouet fut par lui servi sur une assiette :
La Cigogne au long bec n'en put attraper miette ;
Et le drôle eut lapé le tout en un moment.

Nous avons ici trois propositions : une principale absolue, et deux principales relatives.

Ce brouet fut par lui servi sur une assiette : voilà une proposition principale absolue. Le sujet est *brouet*. Il est simple, parce qu'il n'exprime qu'une idée ; il est complexe, parce que l'adjectif démonstratif *ce* le qualifie et le détermine. L'attribut est *servi*. Il est simple, parce qu'il n'indique qu'une manière d'être du sujet ; il est complexe, parce qu'il a pour complément terminatif, *par lui*, et pour complément circonstanciel, *sur une assiette*.

La Cigogne au long bec n'en put attraper miette ; cette proposition est principale relative. Le sujet est *Cigogne*. Il est simple, parce qu'il ne présente qu'un seul être ; il est complexe, parce qu'il a pour modificatif, *au long bec*. L'attribut est *pouvant*. Il est simple, parce qu'il n'énonce qu'une manière d'être du sujet ; il est complexe, parce qu'il a pour complément terminatif, *attraper miette* (du brouet) *en*.

Et le drôle eut lapé le tout en un moment : voilà encore une proposition principale relative. Le sujet est *drôle*. Il est simple, parce qu'il exprime un être déterminé par une idée unique ; il est incomplexe, parce qu'il n'est accompagné d'aucun modificatif. L'attribut est *lapant*. Il est simple, parce qu'il n'indique qu'une manière d'être du sujet ; il est complexe, parce qu'il a pour complément objectif, *le tout*, et pour complément circonstanciel, *en un moment*.

Pour se venger de cette tromperie,
A quelque temps de là, la Cigogne le prie.

Cette phrase nous donne une proposition principale. Le sujet est *Cigogne*. Il est simple, parce qu'il indique un être unique ; il est incomplexe, parce qu'il n'est accompagné d'aucun modificatif. L'attribut est *priant*. Il est simple, parce qu'il n'offre qu'une manière d'être du sujet ; il est complexe, parce qu'il a pour complément objectif, *le* (pour *lui*, le Renard) ; pour complément terminatif, *pour se venger de cette tromperie* ; et pour complément circonstanciel, *à quelque temps de là*.

Volontiers, lui dit-il ; car avec mes amis
Je ne fais point cérémonie.

Il y a ici trois propositions : une principale absolue, une incidente explicative, et une principale relative.

(J'accepte) *volontiers* : voilà une proposition principale absolue. Le sujet est *je* (pour *Renard*). Il est simple, parce qu'il ne désigne qu'un seul être ; il est incomplexe, parce qu'il n'a aucun modificatif. L'attribut est *acceptant*. Il est simple, parce qu'il n'indique qu'une manière d'être du sujet ; il est complexe, à cause du modificatif *volontiers*.

Lui dit-il ; c'est une proposition incidente explicative. Le sujet est *il* (pour *le Renard*). Il est simple, parce qu'il exprime un être unique ; il est incomplexe, parce qu'il n'a point de modificatif. L'attribut est *disant*. Il est simple, parce qu'il n'offre à l'esprit qu'une manière d'être du sujet ; il est incomplexe, parce qu'il n'est accompagné d'aucun modificatif.

Car avec mes amis, je ne fais point cérémonie ; cette proposition est principale relative. Le sujet est *je* (pour *renard*). Il est simple, parce qu'il ne désigne qu'un seul être ; il est incomplexe, parce qu'il n'a point de modificatif. L'attribut est *faisant*. Il est simple, parce qu'il n'énonce qu'une manière d'être du sujet ; il est complexe, parce qu'il a pour complément objectif, *cérémonie*, et pour complément circonstanciel, *avec mes amis*.

TRENTE-DEUXIÈME EXERCICE.

A l'heure dite, il courut au logis
De la Cigogne son hôtesse,
Loua très fort sa politesse,
Trouva le dîner cuit à point :
Bon appétit sur-tout ; renards n'en manquent point.
Il se réjouissoit à l'odeur de la viande
Mise en menus morceaux, et qu'il croyoit friande.
On servit, pour l'embarrasser,
En un vase à long col et d'étroite embouchure.
Le bec de la Cigogne y pouvoit bien passer,
Mais le museau du sire étoit d'autre mesure.
Il lui fallut à jeun retourner au logis,
Honteux comme un renard qu'une poule auroit pris,
Serrant la queue, et portant bas l'oreille.

Trompeurs, c'est pour vous que j'écris ;
Attendez-vous à la pareille.

ANALYSE.

A l'heure dite, il courut au logis
De la Cigogne son hôtesse,
Loua très fort sa politesse,
Trouva le dîner cuit à point :
Bon appétit sur-tout ; renards n'en manquent point.

Nous avons ici cinq propositions, savoir, une principale absolue, et quatre principales relatives.

A l'heure dite, il courut au logis de la Cigogne son hôtesse ; c'est une proposition principale absolue. Le sujet est *il*, qui rappelle l'idée du *Renard*. Il est simple, parce qu'il ne représente qu'un seul être ; il est incomplexe, parce qu'il n'a point de modificatif. L'attribut est *courant*. Cet attribut est simple, parce qu'il n'indique qu'une manière d'être du sujet ; il est complexe, parce qu'il a pour complément terminatif, *au logis de la Cigogne son hôtesse*, et pour complément circonstanciel, *à l'heure dite*.

(Il) *loua très fort sa politesse :* voilà une proposition principale relative. Le sujet est *il*, censé répété pour tenir la place du *Renard*. Ce sujet est simple, parce qu'il désigne un être déterminé par une idée unique ; il est incomplexe, parce qu'il n'a aucun modificatif. L'attribut est *louant*. Il est simple, parce qu'il ne marque qu'une manière d'être du sujet ; il est complexe, parce qu'il a pour complément objectif, *sa politesse*, et pour complément circonstanciel, *très fort*.

(Il) *trouva le dîner cuit à point ;* cette proposition est principale relative. Le sujet est *il*, qui rappelle l'idée du *Renard*. Simple, parce qu'il indique un être unique ; incomplexe, parce qu'il n'a point de modificatif. L'attribut est *trouvant*. Il est simple, parce qu'il n'énonce qu'une manière d'être du sujet ; et complexe, parce qu'il a pour complément objectif, *le dîner cuit à point.*

(Il avoit) *bon appétit sur-tout ;* c'est une proposition principale relative. Le sujet est *il* (pour *le Renard*). Il est simple, parce qu'il n'indique qu'un seul être ; il est incomplexe, parce qu'il n'a point de modificatif. L'attribut est *ayant* (non énoncé). Cet attribut est simple, parce qu'il ne nous offre qu'une manière d'être du sujet ; il est complexe, parce qu'il a pour complément objectif, *bon appétit*, et pour modificatif, l'adverbe *sur-tout.*

Renards n'en manquent point ; c'est encore une proposition principale relative. Le sujet est *renards*. Il est simple, parce qu'il n'exprime qu'une idée ; il est incomplexe, parce qu'il n'est accompagné d'aucun modificatif. L'attribut est *manquant*. Il est simple, parce qu'il n'indique qu'une manière d'être du sujet ; il est complexe, parce qu'il a pour complément terminatif, le pronom relatif *en*, (pour de *ceci*, de *bon appétit*).

Il se réjouissoit à l'odeur de la viande
Mise en menus morceaux, et qu'il croyoit friande.

Cette phrase nous fournit deux propositions : une principale, et une incidente explicative.

Il se réjouissoit à l'odeur de la viande mise en menus morceaux; c'est une proposition principale. Le sujet est *il*, qui rappelle l'idée du *Renard*. Il est simple, parce qu'il désigne un être unique ; il est incomplexe, parce qu'il n'a point de modificatif. L'attribut est *réjouissant*. Il est simple, parce qu'il n'exprime qu'une manière d'être du sujet ; il est complexe, parce qu'il a pour complément objectif le pronom *se*, et pour complément terminatif, *à l'odeur de la viande mise en menus morceaux, et qu'il croyoit*, etc.

Et qu'il croyoit friande: voilà une proposition incidente explicative. Le sujet est *il* (pour *le Renard*). Il est simple, parce qu'il exprime un être déterminé par une idée unique ; il est incomplexe, parce qu'il n'a aucun modificatif. L'attribut est *croyant*. Il est simple, parce qu'il ne présente qu'une manière d'être du sujet ; il est complexe, à cause du complément direct, *que, pour elle* (la viande) *friande*.

On servit, pour l'embarrasser,
En un vase à long col et d'étroite embouchure.

Cette phrase est composée d'une proposition principale. Le sujet est *on*. Il est simple, parce qu'il n'offre à l'esprit qu'une seule idée ; il est incomplexe, parce qu'il n'a point de modificatif. L'attribut est *servant*. Il est simple, parce qu'il n'énonce qu'une manière d'être du sujet ; il est complexe, parce qu'il a pour complément terminatif, *en un vase à long col et d'étroite embouchure*, et pour complément circonstanciel, *pour l'embarrasser*.

Le bec de la Cigogne y pouvoit bien passer,
Mais le museau du sire étoit d'autre mesure.

On trouve ici deux propositions : une principale absolue, et l'autre principale relative.

Le bec de la Cigogne y pouvoit bien passer ; cette proposition est principale absolue. Le sujet est *bec*. Il est simple, parce qu'il n'exprime qu'une idée; il est complexe, à cause du déterminatif, *de la Cigogne*. L'attribut est *pouvant*. Il est simple, parce qu'il n'indique qu'une manière d'être du sujet ; il est complexe, parce qu'il a pour complément terminatif, *y passer*, et pour modificatif, l'adverbe *bien*.

Mais le museau du sire étoit (fait) *d'autre mesure*: voilà une proposition principale relative. Le sujet est *museau*. Il est simple, parce qu'il présente une idée unique; il est complexe, parce qu'il a pour déterminatif, *du sire*. Son attribut est *fait* (ou *existant*). Cet attribut est simple, parce qu'il ne marque qu'une manière d'être du sujet; il est complexe, parce qu'il a pour complément terminatif, *d'une autre mesure*.

Il lui fallut à jeun retourner au logis,
Honteux comme un renard qu'une poule auroit pris,
Serrant la queue, et portant bas l'oreille.

Cette phrase renferme deux propositions : l'une principale, et l'autre incidente déterminative.

Il lui fallut à jeun retourner au logis, honteux comme un renard...., serrant la queue, et portant bas l'oreille; c'est la proposition principale. Nous la ramenons à celle-ci : il (cela, retourner à jeun au logis) fut *fallant* à lui honteux comme un renard....

serrant la queue, et portant bas l'oreille. Le sujet est *il* (pour *cela*). Il est simple, parce qu'il ne présente qu'une seule idée ; il est complexe, parce qu'il a pour déterminatif, *retourner à jeun au logis.* L'attribut est *fallant.* Cet attribut est simple, parce qu'il n'exprime qu'une manière d'être du sujet ; il est complexe, parce qu'il a pour complément terminatif, *à lui, honteux comme un renard..., serrant la queue, et portant bas l'oreille.*

Qu'une poule auroit pris ; cette proposition est incidente déterminative. Le sujet est *poule.* Il est simple, parce qu'il désigne un être déterminé par une idée unique ; il est complexe, parce que l'adjectif *une* le qualifie et le détermine. L'attribut est *prenant.* Il est simple, parce qu'il n'offre à l'esprit qu'une manière d'être du sujet ; il est complexe, parce qu'il a pour complément objectif, *que* (pour *Renard*).

Trompeurs, c'est pour vous que j'écris ;
Attendez-vous à la pareille.

Nous avons ici trois propositions : une principale absolue, une principale relative, et une incidente déterminative.

Trompeurs, c'est pour vous : voilà une proposition principale absolue. Le sujet est *ce* (pour *cela*). Il est simple, parce qu'il n'exprime qu'une idée ; il est complexe, parce qu'il a pour déterminatif, *j'écris* (*ce,* cela, savoir, *j'écris*). L'attribut est *destiné* (cela, savoir, *j'écris, est* destiné *pour vous*). Cet attribut est simple, parce qu'il n'indique qu'une manière d'être du sujet; il est complexe, parce qu'il a pour complément terminatif, *pour vous*. (Le mot *trompeurs*, placé en apostrophe, ne contribue point à rendre l'attribut complexe.— 29 .)

Que j'écris ; cette proposition est incidente déterminative. Le sujet est *je*. Il est simple, parce qu'il désigne un être unique. Il est incomplexe, parce qu'il n'a point de modificatif. L'attribut est *écrivant*. Simple, parce qu'il ne marque qu'une manière d'être du sujet; incomplexe, parce qu'aucun modificatif ne s'y trouve joint.

Attendez-vous à la pareille ; c'est une proposition principale relative. Le sujet est *vous*(vous, soyez, etc.). Ce sujet est simple, parce qu'il n'énonce qu'une seule idée; il est incomplexe, parce qu'il n'a point de modificatif. L'attribut est *attendant*. Il est simple, parce qu'il n'indique qu'une manière d'être du sujet; il est complexe, parce qu'il a pour complément objectif, *vous*, et pour complément terminatif, *à la pareille*.

TRENTE-TROISIÈME EXERCICE.

Le lion, lorsqu'il a faim, attaque de face tous les animaux qui se présentent; mais, comme il est fort redouté, et que tous cherchent à éviter sa rencontre, il est souvent obligé de se cacher et de les attendre au passage : il se tapit sur le ventre dans un endroit fourré, d'où il s'élance avec tant de force qu'il les saisit souvent du premier bond. Dans les déserts et les forêts, sa nourriture la plus ordinaire sont les gazelles et les singes, quoiqu'il ne prenne ceux-ci que lorsqu'ils sont à terre; car il ne grimpe pas sur les arbres, comme le tigre ou le puma.

ANALYSE.

Le lion, lorsqu'il a faim, attaque de face touts les animaux qui se présentent; mais, comme il est fort redouté, et que touts cherchent à éviter sa rencontre, il est souvent obligé de se cacher et de les attendre au passage.

Nous trouvons dans cette phrase six propositions: une principale absolue, une principale relative, deux incidentes déterminatives et deux incidentes explicatives.

Le lion... attaque de face touts les animaux... C'est une proposition principale absolue. Le sujet est *le lion*. Il est simple, parce qu'il n'énonce qu'une seule idée; il est incomplexe, parce qu'il n'a pas de modificatif. L'attribut est *attaquant*. Il est simple, parce qu'il n'exprime qu'une manière d'être du sujet; et complexe, à cause du complément objectif, *touts les animaux*, et du complément circonstanciel, *de face*; et qu'il est déterminé par la proposition, *lorsqu'il a faim*.

Qui se présentent; proposition incidente déterminative. Le sujet est *qui* (pour *animaux*). Simple, parce qu'il n'exprime qu'une idée; incomplexe, parce qu'il n'a point de modificatif. L'attribut est *présentant*. Il est simple, parce qu'il n'indique qu'une manière d'être du sujet; et complexe, à cause du complément objectif, *se*.

Lorsqu'il a faim; c'est encore une proposition incidente déterminative. Son sujet est *il*, qui rappelle l'idée du *lion*. Ce sujet est simple, parce qu'il ne présente à l'esprit qu'une seule idée ; il est incomplexe, parce qu'il n'est accompagné d'aucun modificatif. L'attribut est *ayant faim*. Cet attribut est simple, parce qu'il n'énonce qu'une manière d'être du sujet ; et incomplexe, parce qu'il n'a ni complément ni modificatif.

Mais..... il est souvent obligé de se cacher et de les attendre au passage ; proposition principale relative. Son sujet est *il*, qui tient la place de *lion*. Il est simple, parce qu'il présente à l'esprit un être déterminé par une idée unique ; il est incomplexe, parce qu'il n'a point de modificatif. L'attribut est *obligé*. Cet attribut est simple, parce qu'il n'exprime qu'une manière d'être du sujet ; et complexe, à cause du modificatif *souvent*, et des compléments terminatifs, *de se cacher, de les attendre au passage*.

Comme il est fort redouté ; c'est une proposition incidente explicative. Le sujet est *il*, représentant *le lion*. Ce sujet est simple, parce qu'il n'exprime qu'un seul être ; et incomplexe, parce qu'il n'est accompagné d'aucun modificatif. L'attribut est *redouté*. Il est simple, parce qu'il n'énonce qu'une manière d'être du sujet ; il est complexe, à cause de son modificatif *fort*.

Et que tous cherchent à éviter sa rencontre ; c'est encore une proposition incidente explicative. Le sujet est *tous* (pour *les animaux*). Il est simple, parce qu'il ne présente à l'esprit qu'une seule idée ; il est incomplexe, parce qu'il n'a aucun modificatif. L'attribut est *cherchant*. Il est simple, parce qu'il n'énonce qu'une manière d'être du sujet ; et complexe, parce qu'il a un complément terminatif, *à éviter sa rencontre.*

Il se tapit sur le ventre dans un endroit fourré, d'où il s'élance avec tant de force qu'il les saisit souvent du premier bond.

Il y a dans cette phrase trois propositions, savoir, une principale, une incidente explicative, et une incidente déterminative.

Il se tapit sur le ventre dans un endroit fourré ; cette proposition est principale. Le sujet est *il* (pour *le lion*). Il est simple, parce qu'il exprime un seul être ; il est incomplexe, parce qu'il n'est accompagné d'aucun modificatif. L'attribut est *tapi* (il place lui *tapi*). Cet attribut est simple, parce qu'il n'énonce qu'une manière d'être du sujet ; il est complexe, parce qu'il a pour complément terminatif, *sur le ventre*, et pour complément circonstanciel, *dans un endroit fourré.*

D'où il s'élance avec tant de force....; proposition incidente explicative. Le sujet est *il*, qui rappelle l'idée du *lion*. Ce sujet est simple, parce qu'il exprime un être déterminé par une idée unique ; il est incomplexe, parce qu'il n'est accompagné d'aucun modificatif. L'attribut est *élançant.* Il est simple, parce qu'il n'énonce qu'une manière d'être du sujet ; il est complexe, parce qu'il a pour complément objectif, *se* (*lui*); pour complément terminatif, *d'où;* et pour complément circonstanciel, *avec tant de force.*

Qu'il les saisit souvent du premier bond; c'est une proposition incidente déterminative. Le sujet est *il*

(pour *le lion*). Il est simple, parce qu'il exprime un être unique ; il est incomplexe, parce qu'il n'a aucun modificatif. L'attribut est *saisissant.* Il est simple, parce qu'il ne représente qu'une manière d'être du sujet ; il est complexe, parce qu'il a pour complément objectif, *les (eux)* ; pour complément circonstanciel, *du premier bond;* et pour modificatif, l'adverbe *souvent.*

Dans les déserts et les forêts, sa nourriture la plus ordinaire sont les gazelles et les singes, quoiqu'il ne prenne ceux-ci que lorsqu'ils sont à terre ; car il ne grimpe pas sur les arbres, comme le tigre ou le puma.

Cette phrase est composée de quatre propositions, savoir, d'une proposition principale absolue, d'une principale relative, d'une incidente explicative, et d'une incidente déterminative.

Dans les déserts et les forêts, sa nourriture la plus ordinaire sont les gazelles et les singes ; c'est une proposition principale absolue. Le sujet est *les gazelles et les singes.* Il est composé, parce qu'il comprend plusieurs êtres auxquels on peut donner séparément le même attribut ; il est incomplexe, parce qu'il n'a point de modificatif. L'attribut est *nourriture.* Il est simple, parce qu'il ne présente qu'une seule idée ; et il est complexe, à cause du modificatif, *la plus ordinaire;* du complément circonstanciel, *dans les bois et dans les forêts;* et de l'adjectif possessif *sa* qui le qualifie et le détermine.

Quoiqu'il ne prenne ceux-ci.... C'est une proposition incidente explicative. Le sujet est *il*, qui rappelle l'idée du *lion.* Il est simple, parce qu'il présente un être déterminé par une idée unique; il est incomplexe, parce qu'il n'est accompagné d'aucun modificatif. L'attribut est *prenant*. Cet attribut est simple, parce qu'il n'exprime qu'une manière d'être du sujet; il est complexe, à cause de son complément objectif, *ceux-ci* (*les singes*).

Que lorsqu'ils sont à terre; cette proposition est incidente déterminative. Son sujet est *ils* (pour *les singes*). Ce sujet est simple, parce qu'il ne présente qu'une seule idée; il est incomplexe, parce qu'il n'a pas de modificatif. L'attribut, qui est sous-entendu, est *placés*. Il est simple, parce qu'il n'énonce qu'une manière d'être du sujet; il est complexe, à cause de son complément terminatif, *à terre*.

Car il ne grimpe pas sur les arbres, comme le tigre ou le puma : voilà une proposition principale relative. Le sujet est *il*, qui rappelle l'idée du *lion*. Ce sujet est simple, parce qu'il ne représente qu'un seul être; il est incomplexe, parce qu'il n'est accompagné d'aucun modificatif. L'attribut est *grimpant*. Il est simple, parce qu'il n'exprime qu'une manière d'être du sujet; et il est complexe, parce qu'il a pour complément terminatif, *sur les arbres*, et pour complément circonstanciel, *comme le tigre ou le puma*.

TRENTE-QUATRIÈME EXERCICE.

La démarche ordinaire du lion est fière, grave, et lente, quoique toujours oblique : sa course ne se fait pas par des mouvements égaux, mais par sauts et par bonds; et ses mouvements sont si brusques, qu'il ne peut s'arrêter à l'instant, et qu'il passe presque toujours son but. Lorsqu'il saute sur sa proie, il fait un bond de douze ou quinze pieds, tombe dessus, la saisit avec les pattes de devant, la déchire avec les ongles, et ensuite la dévore avec les dents. Tant qu'il est jeune et qu'il a de la légèreté, il vit du produit de sa chasse, et quitte rarement ses déserts et ses forêts, où il trouve assez d'animaux sauvages pour subsister aisément.

ANALYSE.

La démarche ordinaire du lion est fière, grave, et lente, quoique toujours oblique: sa course ne se fait pas par des mouvements égaux, mais par sauts et par bonds; et ses mouvements sont si brusques, qu'il ne peut s'arrêter à l'instant, et qu'il passe presque toujours son but.

Cette phrase renferme six propositions, savoir, une principale absolue, deux principales relatives, une incidente explicative, et deux incidentes déterminatives.

La démarche ordinaire du lion est fière, grave, et lente : voilà une proposition principale absolue. Le sujet est *la démarche du lion*. Ce sujet est simple, parce qu'il n'exprime qu'une seule idée ; il est complexe, parce qu'il est modifié par l'adjectif *ordinaire*, et par le complément déterminatif *du lion*. L'attribut est *fière, grave, lente*. Il est composé, parce qu'il présente plusieurs manières d'être du sujet ; et incomplexe, parce qu'il n'a aucun modificatif.

Quoique (elle soit) *toujours oblique;* c'est une proposition incidente explicative. Le sujet, qui est sous-entendu, est *elle* (pour *démarche*). Ce sujet est simple, parce qu'il n'énonce qu'une seule idée; il est incomplexe, parce qu'il n'est accompagné d'aucun modificatif. L'attribut est *oblique.* Il est simple, parce qu'il n'exprime qu'une manière d'être du sujet ; il est complexe, à cause du modificatif *toujours.*

Sa course ne se fait pas par des mouvements égaux, mais par sauts et par bonds; c'est une proposition principale relative. Le sujet est *sa course.* Il est simple, parce qu'il n'exprime qu'une seule idée ; il est complexe, à cause de l'adjectif possessif *sa.* L'attribut est *faite* (car le verbe est ici *pronominal;* voyez Gramm. page 33). Cet attribut est simple, parce qu'il n'énonce qu'une manière d'être du sujet; et complexe, parce qu'il a pour compléments circonstanciels , *par des mouvements égaux, mais par sauts et par bonds.*

Et ses mouvements sont si brusques... C'est encore une proposition principale relative. Le sujet est *ses mouvements.* Il est simple, parce qu'il n'exprime qu'une seule et même idée ; il est complexe, parce qu'il est modifié et déterminé par l'adjectif possessif *ses.* L'attribut est *brusques.* Cet attribut est simple, parce qu'il n'énonce qu'une manière d'être du sujet; et complexe, à cause de l'adverbe *si*, qui le modifie, et des propositions incidentes déterminatives qui suivent.

Qu'il ne peut s'arrêter à l'instant; cette proposition, comme je viens de le dire, est incidente déterminative. Le sujet est *il*, qui rappelle l'idée du *lion*. Il est simple, parce qu'il offre à l'esprit un être déterminé par une idée unique; il est incomplexe, parce qu'il n'a aucun modificatif. L'attribut est *pouvant*. Il est simple, parce qu'il n'indique qu'une manière d'être du sujet; il est complexe, à cause de son complément terminatif, *s'arrêter à l'instant*.

Et qu'il passe presque toujours son but : voilà encore une proposition incidente déterminative. Le sujet est *il* (pour *le lion*). Il est simple, parce qu'il ne présente qu'un seul être; et il est incomplexe, parce qu'il n'est accompagné d'aucun modificatif. L'attribut est *passant*. Cet attribut est simple, parce qu'il n'énonce qu'une manière d'être du sujet; il est complexe, à cause de son complément objectif, *son but*, et du complément circonstanciel, *presque toujours*.

Lorsqu'il saute sur sa proie, il fait un bond de douze ou quinze pieds, tombe dessus, la saisit avec les pattes de devant, la déchire avec les ongles, et ensuite la dévore avec les dents.

Nous trouvons dans cette phrase six propositions : une principale absolue, quatre principales relatives, et une incidente déterminative.

Il fait un bond de douze ou quinze pieds : voilà une proposition principale absolue. Le sujet est *il*, qui rappelle l'idée du *lion*. Ce sujet est simple, parce qu'il désigne un être déterminé par une idée unique; et il est incomplexe, parce qu'il n'a aucun modificatif. L'attribut est *faisant*. Il est simple, parce qu'il n'exprime qu'une manière d'être du sujet; et il est complexe, à cause du complément objectif, *un bond de douze ou quinze pieds*, et de la proposition déterminative, *lorsqu'il saute*, etc.

Lorsqu'il saute sur sa proie; c'est une proposition incidente déterminative. Le sujet est *il*, qui tient lieu du substantif *lion*. Ce sujet est simple, parce qu'il n'exprime qu'une seule idée; et il est incomplexe, parce qu'il n'a aucun modificatif. L'attribut est *sautant*. Il est simple, parce qu'il n'énonce qu'une manière d'être du sujet; il est complexe, à cause de son complément terminatif, *sur sa proie*.

(Il) *tombe-dessus*; cette proposition est principale relative. Le sujet, qui n'est pas énoncé, est *il*. Ce sujet est simple, parce qu'il exprime un être déterminé par une idée unique; il est incomplexe, n'étant accompagné d'aucun modificatif. L'attribut est *tombant*. Il est simple, parce qu'il n'offre à l'esprit qu'une manière d'être du sujet; il est complexe, à cause de l'adverbe *dessus*.

(Il) *la saisit avec les pattes de devant*; proposition principale relative. Le sujet, non exprimé, est *il*. Ce sujet est simple, parce qu'il désigne un seul être; et incomplexe, parce qu'il n'a aucun modificatif. L'attribut est *saisissant*. Il est simple, parce qu'il n'énonce qu'une manière d'être du sujet; il est complexe, à cause de son complément objectif, *la* (pour *la proie*), et du complément terminatif, *avec les pattes de devant*.

(Il) *la déchire avec les ongles*; c'est encore une

proposition principale relative. Le sujet, qui est sous-entendu, est *il*. Ce sujet est simple, parce qu'il exprime un être déterminé par une idée unique ; il est incomplexe, n'étant accompagné d'aucun modificatif. L'attribut est *déchirant*. Il est simple, parce qu'il n'exprime qu'une manière d'être du sujet ; et complexe, parce qu'il a pour complément objectif, le pronom *la*, et pour complément circonstanciel, *avec les ongles*.

Et ensuite (il) *la dévore avec les dents* ; cette proposition est principale relative. Le sujet, non énoncé, est *il*. Ce sujet est simple, parce qu'il n'exprime qu'une seule idée ; il est incomplexe, parce qu'il n'a aucun modificatif. L'attribut est *dévorant*. Il est simple, parce qu'il n'exprime qu'une manière d'être du sujet ; et complexe, parce qu'il a pour complément objectif, le pronom *la*, et pour complément circonstanciel, *avec les dents*.

Tant qu'il est jeune et qu'il a de la légèreté, il vit du produit de sa chasse, et quitte rarement ses déserts et ses forêts, où il trouve assez d'animaux sauvages pour subsister.

Cette phrase renferme cinq propositions : une principale absolue, et une principale relative ; une incidente explicative, et deux incidentes déterminatives.

Il vit du produit de sa chasse : voilà une proposition principale absolue. Le sujet est *il* (pour *le lion*). Ce sujet est simple, parce qu'il n'exprime qu'une seule idée ; il est incomplexe, parce qu'il n'a aucun modificatif. L'attribut est *vivant*. Il est simple, parce qu'il n'énonce qu'une manière d'être du sujet; il est complexe, parce qu'il a pour complément terminatif, *du produit de sa chasse*, et qu'il est déterminé par les propositions, *tant qu'il est jeune et qu'il a de la légèreté.*

Tant qu'il est jeune; cette proposition est incidente déterminative. Le sujet est *il*. Ce sujet est simple, parce qu'il présente à l'esprit un être déterminé par une idée unique; il est incomplexe, parce qu'il n'est accompagné d'aucun modificatif. L'attribut est *jeune*. Il est simple, parce qu'il n'exprime qu'une manière d'être du sujet; et incomplexe, parce qu'il n'a ni modificatif ni complément. (*tant que*, est une conjonction: voir mon dictionnaire).

Et (tant) *qu'il a de la légèreté*; cette proposition est encore incidente déterminative. Le sujet est *il* (pour *le lion*). Il est simple, parce qu'il ne désigne qu'un seul être; il est incomplexe, parce qu'il n'a point de modificatif. L'attribut est *ayant*. Il est simple, parce qu'il n'offre à l'esprit qu'une manière d'être du sujet; il est complexe, parce qu'il a pour complément objectif, *de la légèreté*.

Et (il) *quitte rarement ses déserts et ses forêts*; cette proposition est principale relative. Le sujet est *il*, qui n'est pas énoncé. Ce sujet est simple, parce qu'il n'exprime qu'un seul être; il est incomplexe, n'étant accompagné d'aucun modificatif. L'attribut est *quittant*. Il est simple, parce qu'il n'énonce qu'une manière d'être du sujet; et complexe, à cause du complément objectif, *ses déserts et ses forêts*, et du complément circonstanciel, *rarement*.

Où il trouve assez d'animaux sauvages pour subsister; c'est une proposition incidente explicative. Le sujet est *il*. Ce sujet est simple, parce qu'il énonce une seule idée; il est incomplexe, parce qu'il n'a pas de modificatif. L'attribut est *trouvant*. Il est simple, parce qu'il n'exprime qu'une manière d'être du sujet; il est complexe, parce qu'il a pour complément objectif, *assez* (une quantité suffisante) *d'animaux*; pour complément terminatif, *pour subsister*; et pour complément circonstanciel, l'adverbe *où*.

TRENTE-CINQUIÈME EXERCICE.

Il s'est trouvé dans touts les temps des hommes qui ont su commander aux autres par la puissance de la parole. Ce n'est néanmoins que dans les siècles éclairés que l'on a bien écrit et bien parlé. La véritable éloquence suppose l'exercice du génie et la culture de l'esprit. Elle est bien différente de cette facilité naturelle de parler qui n'est qu'un talent, une qualité accordée à touts ceux dont les passions sont fortes, les organes souples, et l'imagination prompte. Ces hommes sentent vivement, s'affectent de même, le marquent fortement au-dehors; et, par une impression purement mécanique, ils transmettent aux autres leur enthousiasme et leurs affections.

ANALYSE.

Il s'est trouvé dans touts les temps des hommes qui ont su commander aux autres par la puissance de la parole.

Il y a dans cette phrase deux propositions, savoir, une principale, et une incidente déterminative.

Il s'est trouvé dans touts les temps des hommes; c'est une proposition principale, qui se décompose ainsi : *il* (c'est-à-dire, *ceci, des hommes qui*, etc.) *s'est trouvé dans touts les temps.* Le sujet est *il* (pour *ceci*). Il est simple, parce qu'il n'exprime qu'une seule idée; il est complexe, parce qu'il a pour déterminatif *des hommes*, etc. L'attribut est *trouvé* (Gramm. p. 33). Il est simple, parce qu'il n'énonce qu'une manière d'être du sujet; et il est complexe, à cause du complément circonstanciel, *dans touts les temps.*

Qui ont su commander aux autres par la puissance de la parole : voilà une proposition incidente déterminative. Le sujet est *qui* (pour *hommes*). Il est simple, parce qu'il n'exprime qu'une seule idée; il est incomplexe, parce qu'il n'a point de modificatif. L'attribut est *sachant*. Cet attribut est simple, parce qu'il n'exprime qu'une manière d'être du sujet; et complexe, à cause du complément objectif, *commander aux autres*, et du complément circonstanciel, *par la puissance de la parole.*

Ce n'est néanmoins que dans les siècles éclairés que l'on a bien écrit et bien parlé.

Cette phrase, dans laquelle on trouve une proposition principale et deux incidentes déterminatives, ne peut être soumise à l'analyse qu'étant présentée de cette manière : *ceci, que l'on a bien écrit et bien parlé, n'est* (existant) *néanmoins que dans les siècles éclairés.*

Ceci n'est (existant) *néanmoins que dans les siècles éclairés*; proposition principale. Le sujet est *ceci*. Il est simple, parce qu'il n'exprime qu'une seule idée; il est complexe, parce qu'il a pour déterminatif, *que l'on a bien écrit et bien parlé*. L'attribut est *existant*. Il est simple, parce qu'il n'exprime qu'une manière d'être du sujet; et complexe, à cause du modificatif *néanmoins*, et du complément circonstanciel, *dans les siècles éclairés*.

Que l'on a bien écrit; proposition incidente déterminative. Le sujet est *l'on*. Il est simple, parce qu'il n'exprime qu'une seule idée; il est incomplexe, parce qu'il n'a aucun modificatif. L'attribut est *écrivant* (36, 37, 38). Il est simple, parce qu'il n'énonce qu'une manière d'être du sujet; et complexe, à cause de son modificatif, *bien*.

Et (que l'on a) *bien parlé*; c'est encore une proposition incidente déterminative. Le sujet est *l'on*. Il est simple, parce qu'il n'énonce qu'une seule idée; il est incomplexe, parce qu'il n'a aucun modificatif. L'attribut est *parlant* (36, 37, 38). Il est simple, parce qu'il n'exprime qu'une manière d'être du sujet ; et complexe, parce qu'il a pour modificatif, l'adverbe *bien*.

La véritable éloquence suppose l'exercice du génie et la culture de l'esprit.

Cette phrase comprend une proposition principale. Le sujet est *la véritable éloquence*. Il est simple, parce qu'il n'exprime qu'une seule idée ; il est complexe, à cause du modificatif *véritable*. L'attribut est *supposant*. Il est simple, parce qu'il n'énonce qu'une manière d'être du sujet ; il est complexe, à cause des compléments objectifs, *l'exercice du génie*, *la culture de l'esprit*.

Elle est bien différente de cette facilité naturelle de parler qui n'est qu'un talent, une qualité accordée à tous ceux dont les passions sont fortes, les organes souples, et l'imagination prompte.

Nous trouvons dans cette phrase cinq propositions, savoir, une principale, et quatre incidentes déterminatives.

Elle est bien différente de cette facilité naturelle de parler : voilà une proposition principale. Le sujet est *elle*, qui rappelle l'idée de *la véritable éloquence*. Ce sujet est simple, parce qu'il n'exprime qu'une seule idée ; et il est incomplexe, parce qu'il n'est accompagné d'aucun modificatif. L'attribut est *différente*. Il est simple, parce qu'il énonce une seule manière d'être du sujet ; il est complexe, à cause de son complément déterminatif, *de cette facilité naturelle*, et du modificatif *bien*.

Qui n'est qu'un talent, une qualité accordée à tous ceux dont... C'est une proposition incidente déterminative. Le sujet est *qui* (pour la *facilité naturelle de parler*). Ce sujet est simple, parce qu'il présente à l'esprit une idée unique; il est incomplexe, parce qu'il n'a aucun modificatif. L'attribut est *un talent, une qualité,* etc. Il est composé, parce qu'il exprime deux idées; et complexe, à cause de l'adjectif numéral *un, une,* et du modificatif *accordée à tous ceux dont,* etc.

Dont *les passions sont fortes;* cette proposition est incidente déterminative. Le sujet est *les passions*. Il est simple, parce qu'il énonce une seule idée; et complexe, à cause du déterminatif *dont* (pour *desquels*). L'attribut est *fortes.* Il est simple, parce qu'il n'exprime qu'une manière d'être du sujet; et incomplexe, parce qu'il n'a ni modificatif ni complément.

Dont les organes (sont) *souples;* c'est une proposition incidente déterminative. Le sujet est *les organes*. Il est simple, parce qu'il n'exprime qu'une seule idée; et complexe, parce qu'il a pour déterminatif, *dont* (pour *desquels*). L'attribut est *souples.* Il est simple, parce qu'il ne présente qu'une manière d'être du sujet; il est incomplexe, parce qu'il n'est accompagné d'aucun modificatif.

Et (dont) *l'imagination* (est) *prompte ;* c'est encore une proposition incidente déterminative. Son sujet est *l'imagination.* Il est simple, parce qu'il n'offre à l'esprit qu'une seule idée; et complexe, à cause du déterminatif *dont,* censé répété. L'attribut est *prompte*. Cet attribut est simple, parce qu'il n'exprime qu'une manière d'être du sujet; il est incomplexe, n'ayant pas de modificatif ni de complément.

Ces hommes sentent vivement, s'affectent de même, le marquent fortement au-dehors; et, par une impression purement mécanique, ils transmettent aux autres leur enthousiasme et leurs affections.

Cette phrase renferme quatre propositions : une principale absolue, et trois principales relatives.

Ces hommes sentent vivement; c'est une proposition principale absolue. Le sujet est *ces hommes*. Il est simple, parce qu'il n'exprime qu'une même idée; il est complexe, à cause de l'adjectif démonstratif *ces*. L'attribut est *sentant*. Il est simple, parce qu'il n'énonce qu'une manière d'être du sujet; et complexe, à cause de l'adverbe *vivement*, complément circonstanciel.

(Ils) *s'affectent de même :* voilà une proposition principale relative. Le sujet, qui n'est pas énoncé, est *ils*. Ce sujet est simple, parce qu'il n'offre à l'esprit qu'une seule idée; et incomplexe, n'étant accompagné d'aucun modificatif. L'attribut est *affecté* (Gramm. p. 33). Il est simple, parce qu'il n'exprime qu'une manière d'être du sujet; et complexe, à cause du complément circonstantiel, *de même*.

(Ils) *le marquent fortement au-dehors;* c'est une proposition principale relative. Le sujet est *ils*. Il est simple, parce qu'il présente une idée unique; il est incomplexe, parce qu'il n'a aucun modificatif. L'attribut est *marquant*. Il est simple, parce qu'il n'énonce qu'une manière d'être du sujet; et complexe, à cause du complément objectif, *le* (pour *cela*), et des compléments circonstanciels, *fortement*, *au-dehors*.

Et, par une impression purement mécanique, ils transmettent aux autres leur enthousiasme et leurs affections : voilà encore une proposition principale relative. Le sujet est *ils*. Ce sujet est simple, parce qu'il n'exprime qu'une seule et même idée; il est incomplexe, parce qu'il n'a aucun modificatif. L'attribut est *transmettant*. Il est simple, parce qu'il n'énonce qu'une manière d'être du sujet; il est complexe, parce qu'il a pour complément objectif, *leur enthousiasme et leurs affections*; pour complément terminatif, *aux autres*, et pour complément circonstanciel, *par une impression purement mécanique*.

TRENTE-SIXIÈME EXERCICE.

C'est le corps qui parle au corps; tous les mouvements, tous les signes concourent et servent également. Que faut-il pour émouvoir la multitude et l'entraîner? Que faut-il pour ébranler la plupart même des autres hommes, et les persuader? Un ton véhément et pathétique, des gestes expressifs et fréquents, des paroles rapides et sonnantes. Mais, pour le petit nombre de ceux dont la tête est ferme, le goût délicat, et le sens exquis, et qui comptent pour peu le ton, les gestes, et le vain son des mots, il faut des choses, des pensées, des raisons ; il faut savoir les présenter, les nuancer, les ordonner : il ne suffit pas de frapper l'oreille, et d'occuper les yeux ; il faut agir sur l'ame, et toucher le cœur en parlant à l'esprit.

ANALYSE.

C'est le corps qui parle au corps ; tous les mouvemens, tous les signes concourent et servent également.

Cette phrase renferme quatre propositions : une principale absolue, deux principales relatives, et une incidente déterminative.

C'est le corps.... c'est-à-dire, *ceci, le corps qui... est existant;* voilà une proposition principale absolue. Le sujet est *ce* (*le corps*). Il est simple, parce qu'il n'exprime qu'une seule idée ; il est complexe, à cause du déterminatif, *le corps qui*, etc. L'attribut est *existant*. Il est simple, parce qu'il n'énonce qu'une manière d'être du sujet; et incomplexe, n'étant accompagné d'aucun modificatif.

Qui parle au corps ; c'est une proposition incidente déterminative. Le sujet est *qui* (pour *ce, le corps*). Il est simple, parce qu'il présente un être déterminé par une idée unique ; il est incomplexe, parce qu'il n'a aucun modificatif. L'attribut est *parlant*. Il est simple, parce qu'il n'exprime qu'une manière d'être du sujet; et complexe, parce qu'il a pour complément terminatif, *au corps*.

Touts les mouvements, touts les signes concourent ; cette proposition est principale relative. Le sujet est *touts les mouvements, touts les signes.* Il est composé, parce qu'il présente deux idées ; et complexe, à cause de l'adjectif *touts*, qui précède chacun des deux sujets. L'attribut est *concourant.* Il est simple, parce qu'il n'exprime qu'une manière d'être du sujet; et il est incomplexe, parce qu'il n'a aucun modificatif.

Et (ils) *servent également ;* c'est encore une proposition principale relative. Le sujet est *ils*, qui rappelle l'idée des *mouvements* et des *signes.* Il est simple, parce qu'il n'énonce qu'une seule idée ; et incomplexe, n'étant accompagné d'aucun modificatif. L'attribut est *servant.* Il est simple, parce qu'il n'offre qu'une manière d'être du sujet ; et complexe, à cause du complément circonstanciel, *également.*

Que faut-il pour émouvoir la multitude et l'entraîner ? Pour analyser cette phrase, il faut nécessairement remplir l'ellipse qu'elle présente, et par conséquent la rétablir de cette manière : Je demande la chose *qu'il faut* avoir *pour émouvoir la multitude et l'entraîner.*

Il y a donc ici deux propositions : une principale, et une incidente déterminative.

(*Je demande la chose*): voilà une proposition principale. Le sujet est *je.* Il est simple, parce qu'il présente un être déterminé par une idée unique; il est incomplexe, parce qu'il n'a aucun modificatif. L'attribut est *demandant*. Il est simple, parce qu'il n'exprime qu'une manière d'être du sujet; et complexe, à cause de son complément objectif, *la chose*.

Qu'il faut (avoir) *pour émouvoir la multitude et l'entraîner;* c'est une proposition incidente déterminative. Le sujet est *il* (pour *ceci,* avoir laquelle chose *pour émouvoir la multitude et l'entraîner*). Ce sujet est simple, parce qu'il énonce une seule idée; il est complexe, parce qu'il est déterminé par les mots *avoir laquelle chose*, etc. L'attribut est *fallant* (qui n'est usité qu'étant contracté avec le verbe *être*). Il est simple, parce qu'il n'exprime qu'une seule manière d'être du sujet; et incomplexe, parce qu'il n'a pas de modificatif.

Que faut-il pour ébranler la plupart même des autres hommes, et les persuader?

Cette phrase, comme celle qui précède, équivaut à celle-ci : Je demande la chose *qu'il faut* avoir *pour ébranler*, etc.

(*Je demande la chose*) : proposition principale, qui s'analyse de la même manière que la précédente.

Qu'il faut (avoir) *pour ébranler la plupart même des autres hommes, et les persuader;* c'est une proposition incidente déterminative. Le sujet est *il* pour *ceci*, avoir laquelle chose *pour ébranler la* plupart même des hommes, et les persuader. Il est simple, parce qu'il n'exprime qu'une seule idée; il est complexe, parce qu'il est déterminé par les mots, *avoir laquelle chose*, etc. L'attribut est *fallant*. Il est simple, parce qu'il n'exprime qu'une manière d'être du sujet; il est incomplexe, parce qu'il n'a pas de modificatif.

(Il faut avoir) *un ton véhément et pathétique, des gestes expressifs et fréquents, des paroles rapides et sonnantes.*

Cette phrase renferme une proposition principale. Le sujet est *il* (pour *ceci*, avoir *un ton véhément et pathétique, des gestes expressifs et fréquents, des paroles rapides et sonnantes*). Ce sujet est simple, parce qu'il ne présente qu'une idée; et il est complexe, à cause du déterminatif, *avoir un ton véhément, des gestes, des paroles*, etc. L'attribut est *fallant, manquant* (Analyse grammaticale, p. 16, n° 53). Il est simple, parce qu'il n'exprime qu'une manière d'être du sujet; et incomplexe, parce qu'il n'a ni modificatif ni complément.

Mais, pour le petit nombre de ceux dont la tête est ferme, le goût délicat, et le sens exquis, et qui comptent pour peu le ton, les gestes, et le vain son des mots, il faut des choses, des pensées, des raisons; il faut savoir les présenter, les nuancer, les ordonner: il ne suffit pas de frapper l'oreille, et d'occuper les yeux; il faut agir sur l'ame, et toucher le cœur en parlant à l'esprit.

Il y a dans cette phrase huit propositions : une principale absolue, trois principales relatives, et quatre incidentes déterminatives.

Mais il faut des choses, des pensées, des raisons, pour le petit nombre de ceux dont... C'est une proposition principale absolue. Le sujet est *il* (pour *ceci*, avoir *des choses, des pensées, des raisons*). Ce sujet est simple, parce qu'il n'exprime qu'une idée ; il est complexe, à cause du déterminatif, *savoir des choses, des pensées, des raisons*. L'attribut est *fallant*. Il est simple, parce qu'il n'énonce qu'une seule idée ; il est complexe, à cause du complément terminatif, *pour le petit nombre de ceux dont*, etc.

Dont la tête est ferme ; c'est une proposition incidente déterminative. Le sujet est *la tête*. Il est simple, parce qu'il n'exprime qu'une seule idée ; il est complexe, parce qu'il a pour déterminatif, *dont* (*desquels*). L'attribut est *ferme*. Il est simple, parce qu'il ne présente qu'une manière d'être du sujet ; et incomplexe, n'étant accompagné d'aucun modificatif.

Dont *le goût* (est) *délicat*; c'est une proposition incidente déterminative. Son sujet est *le goût*. Il est simple, parce qu'il exprime un objet déterminé par une idée unique ; il est complexe, parce qu'il a pour déterminatif le pronom relatif, *dont*. L'attribut est *délicat*. Il est simple, parce qu'il n'énonce qu'une manière d'être du sujet ; il est incomplexe, parce qu'il n'est accompagné d'aucun complément.

Et (dont) *le sens* (est) *exquis* ; cette proposition

est incidente déterminative. Le sujet est *le sens*. Il est simple, parce qu'il présente un seul objet ; et complexe, parce qu'il a pour déterminatif, *dont* (pour *desquels*), censé répété. L'attribut est *exquis*. Il est simple, parce qu'il n'exprime qu'une manière d'être du sujet ; et incomplexe, parce qu'il n'a aucun complément.

Et qui comptent pour peu le ton, les gestes et le vain son des mots; c'est encore une proposition incidente déterminative. Le sujet est *qui* (pour *ceux*). Il est simple, parce qu'il n'exprime qu'une seule idée, il est incomplexe, parce qu'il n'a aucun modificatif. L'attribut est *comptant*. Il est simple, parce qu'il n'exprime qu'une manière d'être du sujet ; et complexe, à cause des compléments objectifs, *le ton, les gestes, et le vain son des mots*, et du complément circonstanciel, *pour peu*.

Il faut savoir les présenter, les nuancer, les ordonner : voilà une proposition principale relative. Son sujet est *il* (pour *ceci*, *savoir les présenter, les nuancer, les ordonner*). Ce sujet est simple, parce qu'il n'énonce qu'une seule et même idée ; il est complexe, à cause du déterminatif, *savoir les présenter, les nuancer, les ordonner*. L'attribut est *fallant*. Il est simple, parce qu'il n'exprime qu'une manière d'être du sujet, et incomplexe, parce qu'il n'a ni modificatif ni complément.

Il ne suffit pas de frapper l'oreille, et d'occuper les yeux; c'est une proposition principale relative. Elle a pour sujet *il*, pour *ceci* (l'action) *de frapper l'oreille*, *d'occuper les yeux*. Il est simple, parce que, considéré comme collectif, il ne présente qu'une idée ; il est complexe, parce qu'il a pour déterminatif, *l'action de frapper l'oreille, et d'occuper les yeux*. L'attribut est *suffisant*. Il est simple, parce qu'il ne peint qu'une manière d'être du sujet ; il est incomplexe, parce qu'il n'a point de modificatif.

Il faut agir sur l'ame, et toucher le cœur en parlant à l'esprit ; c'est encore une proposition principale relative. Son sujet est *il* (pour *ceci*, *agir sur l'ame, et toucher le cœur en parlant à l'esprit*). Il est simple, parce que, comme collectif, il n'offre qu'une idée ; et complexe, à cause du déterminatif, *agir sur l'ame, et toucher le cœur*, etc. L'attribut est *fallant*. Il est simple, parce qu'il n'exprime qu'une manière d'être du sujet ; il est incomplexe, parce qu'il n'est accompagné d'aucun modificatif.

FIN.